旅行社经营管理实务

王 宁　伍建海　廖建华　主　编
郑文丽　陈　兰　罗志慧　王少娜　副主编

清华大学出版社
北京

内 容 简 介

本书以旅行社工作流程为主线来设计工作项目和组织教材内容，包括旅行社设立、旅行社产品设计与开发、旅行社计调业务、旅行社产品销售业务、旅行社接待业务，以及旅行社综合管理，贯穿旅行社经营的全过程。

本书内容全面，层次清晰，可读性强，具有以下特点：任务引领、项目教学；立足行业、企业参与；重视能力、突出重点；体系创新、流程导向。

本书既适用于高职高专旅游管理专业教学，也可作为旅游管理的培训教材。为方便教学，本书配备了电子课件等教学资源。

本书封面贴有清华大学出版社防伪标签，无标签者不得销售。
版权所有，侵权必究。举报：010-62782989，beiqinquan@tup.tsinghua.edu.cn。

图书在版编目(CIP)数据

旅行社经营管理实务/王宁，伍建海，廖建华主编. —北京：清华大学出版社，2020.6（2024.8重印）
ISBN 978-7-302-55814-9

Ⅰ. ①旅… Ⅱ. ①王… ②伍… ③廖… Ⅲ. ①旅行社—企业经营管理—高等学校—教材 Ⅳ. ①F590.654

中国版本图书馆 CIP 数据核字(2020)第 103038 号

责任编辑：	孟 攀
装帧设计：	杨玉兰
责任校对：	吴春华
责任印制：	刘海龙

出版发行：清华大学出版社
网　　址：https://www.tup.com.cn，https://www.wqxuetang.com
地　　址：北京清华大学学研大厦 A 座　　邮　编：100084
社 总 机：010-83470000　　邮　购：010-62786544
投稿与读者服务：010-62776969, c-service@tup.tsinghua.edu.cn
质量反馈：010-62772015, zhiliang@tup.tsinghua.edu.cn
课件下载：https://www.tup.com.cn，010-83470410

印 装 者：	北京鑫海金澳胶印有限公司
经　　销：	全国新华书店
开　　本：	185mm×230mm　　印　张：20.5　　字　数：447 千字
版　　次：	2020 年 7 月第 1 版　　印　次：2024 年 8 月第 12 次印刷
定　　价：	59.00 元

产品编号：087150-01

前　言

近年来,我国旅游行业快速发展,2019 年全年国内游客 60.1 亿人次,比上年增长 8.4%;国内旅游收入 57251 亿元,增长 11.7%;入境游客 14531 万人次,增长 2.9%;国际旅游收入 1313 亿美元,增长 3.3%;国内居民出境 16921 万人次,增长 4.5%。本土旅游企业国际化扩张和国际旅游企业进入中国的步伐加快,因此,具有国际化视野的复合型旅游专业技术技能人才严重短缺。

培养高素质的复合型旅游人才,是旅游管理专业教育的终极目标。面对现代信息技术的高速发展,旅游市场环境发生翻天覆地的变化,旅游消费者行为出现新特征,旅游行业出现了多种新业态。旅游产业转型导致旅游新业态不断产生,旅游新业态将成为旅游经济增长的新引擎,在带来崭新商业机会的同时,对传统旅行社企业的组织结构、产品形态和经营模式影响深远。在此背景下,旅游消费者变得越来越成熟,旅游企业竞争变得越来越激烈,旅游管理专业人才培养体系和培养质量面临更大挑战。

"旅行社经营管理实务"作为旅游管理专业的核心课程之一,在旅游管理专业课程体系中占有重要地位。在旅游新业态背景下,"旅行社经营管理实务"进行全面的课程体系改革,包括重构课程体系、提升课程标准、完善教学案例、改良评价方式等内容,才能适应新的旅游经济环境和旅行社的最新需求。基于此,本书紧紧围绕培养高素质的复合型旅游人才的培养目标,与旅游行业和企业紧密结合,对接旅游行业新业态,参照最新的国家旅游行业标准,梳理旅行社业务的工作流程,更新旅游行业最新发展状况和经典案例,做到充分与旅游行业企业接轨。

为响应国家职业教育改革实施方案(职教 20 条)提出倡导使用新型活页式、工作手册式教材并配套开发信息化资源的要求,本书在编写过程中以"任务驱动、项目导向、规范流程"的逻辑主线组织教材内容,力求展现旅行社工作流程中的各项具体工作任务,为旅游管理专业学生提供工作手册式的教学内容和案例。与同类教材相比,本书具有以下特点。

1. 任务引领、项目教学

以国际旅行社的典型工作任务为引领,从旅行社设立、旅游产品设计与开发、旅行社计调业务、旅行社产品销售业务,到旅游接待业务和旅行社综合管理,每个项目分为若干个子任务,每个子任务用任务单导入,任务单内容涵盖任务描述、任务重点、任务能力分解目标和任务实施步骤等。本书通过引用和分析大量源自大型国际旅行社一线工作中出现的案例场景和经典做法,使学生能够逐步掌握当前旅行社现实业务的工作流程及相关岗位的工作技能,能够胜任旅行社及相关企业的产品设计、计调业务、产品销售、接待服务和质量管理等工作岗位要求。

2. 立足行业、企业参与

旅游管理专业立足现代旅游服务业的发展，坚持以满足旅游行业企业的需求为宗旨。本书在编写过程中，得到多家大型旅行社的关注与支持，在此要特别感谢为本书提供案例的广东省旅行社行业协会，以及广东同程创游国际旅行社、广州广之旅国际旅行社、广东南湖国际旅行社、广州喜玩国际旅行社、广东羊城之旅国际旅行社、广东粤美国际旅行社、湖南郴州假期旅行社等公司，正是这些旅游行业协会和公司的大力参与和帮助，才使本书各个项目的内容更加与企业接轨，更加与市场贴近。

3. 重视能力、突出重点

本书定位于培养旅游管理专业学生的职业发展能力，是旅游管理专业的工学结合教材，教材以企业案例导入，设立案例及案例分析、知识拓展等内容，参照国家旅游行业标准，使学生在掌握专业知识和技能的基础上突出项目化教学，重点训练学生运用所学专业知识解决旅行社设立、旅游线路设计、旅游产品采购、旅游产品销售、旅游服务接待等具体问题的能力，实现"教、学、做"一体化，从而全面提升学生的旅游专业职业技能。

4. 体系创新、流程导向

本书以旅行社工作流程为主线，最终将旅行社业务确定为计调、销售和接待服务三大岗位群，以此来设计工作项目和组织教材内容，贯穿于设立一家旅行社、设计和开发旅游产品、销售旅游产品、旅游服务接待的全过程。此外，将旅游企业人力资源管理、旅游服务质量管理和旅游电子商务等内容放在"旅行社综合管理"项目中进行概括性介绍，保证了本书内容的全面性和完整性。在本书附录部分，依据本书的六个项目顺序，精心设计和挑选了各项目设计的工作流程和标准，为专业教师和学生进一步学习提供有益的参考。

本书由王宁、伍建海、廖建华担任主编，郑文丽、陈兰、罗志慧和王少娜担任副主编。通过总结国内外旅行社发展模式，分析当前传统旅行社在信息技术更迭、旅游消费市场发生重大变化和经营模式受到严重挑战的过程中面临的主要困惑，为传统旅行社转型升级提供行之有效的路径。此外，打破过去的此类教材编写模式，在旅游新业态对旅行社的冲击和影响下，重构课程体系、提升课程标准、完善教学案例，为旅游管理专业师生提供有益的教学资料和研究参考。

本书在写作过程中参考和借鉴了多位专家学者的著作和研究成果、大量优秀教材、众多旅游企业案例，以及互联网上的公开资料，其资料来源和参考文献，已经一一列于教材内容和参考文献中，在此一并表示衷心的感谢。

本书的编写得益于文化和旅游部万名旅游英才计划"双师型"教师培养项目，在内容上力求对接旅游行业新业态，为读者展示旅行社行业新动向和旅行社企业新动态，期望本

前言

书的出版有利于职业院校与旅行社企业的产教融合，让旅游管理专业建设更加贴近行业和企业发展要求，带动旅游管理其他专业课程进行倒逼式改革，形成学校和专业的特色，促进旅游专业教师发展和旅游专业学生的学习成长。

由于编写组水平有限，有感于旅游行业的瞬息万变，加之时间紧迫，疏漏和欠妥之处在所难免，真诚地希望得到各位旅游行业专家、旅游教育同行和旅游专业读者的批评与指正。

编　者

目 录

项目一　旅行社设立 1

任务一　认知旅行社 3
　　任务目标 3
　　任务实施过程 3
　　任务评价 4
　　任务相关知识点 4
　　情境一　认识旅行社的产生与发展 4
　　　　一、国外旅行社的产生与发展 4
　　　　二、中国旅行社的产生与发展 7
　　情境二　了解旅行社的职能 16
　　　　一、旅行社的性质 17
　　　　二、旅行社的职能 17
　　　　三、旅行社的行业特点 18
　　情境三　熟悉旅行社基本业务 19
　　　　一、旅行社的分类 20
　　　　二、旅行社的基本业务 22

任务二　设立旅行社 24
　　任务目标 24
　　任务实施过程 24
　　任务评价 26
　　任务相关知识点 27
　　情境一　分析影响旅行社设立的因素 27
　　　　一、外部因素 27
　　　　二、内部因素 29
　　情境二　了解旅行社的设立条件 31
　　　　一、基本要求 31
　　　　二、保证金要求 32
　　情境三　模拟设立旅行社 33
　　　　一、到工商行政管理部门办理《企业法人营业执照》 33
　　　　二、准备设立旅行社所必需的相关文件 34
　　　　三、向旅游行政管理部门提交文件，申请营业许可 35
　　　　四、存入质量保证金 36

任务三　营业场所选择和布局 37
　　任务目标 37
　　任务实施过程 37
　　任务评价 38
　　任务相关知识点 38
　　情境一　确定旅行社营业场所 38
　　情境二　布局营业场所 40
　　　　一、室外设计 40
　　　　二、室内布局 42
　　　　三、室内装潢 43

任务四　设计组织结构 46
　　任务目标 46
　　任务实施过程 46
　　任务评价 47
　　任务相关知识点 47
　　情境一　划分旅行社基本部门 47
　　　　一、旅行社的机构设置 47
　　　　二、主要部门职责 47
　　情境二　设计旅行社的组织结构 49
　　　　一、按照职能划分部门 50
　　　　二、按照客源区域划分部门 51
　　　　三、按照产品划分部门 51

项目小结 54
思考与能力训练 54

项目二　旅行社产品设计与开发 57

任务一　认知旅行社产品 59
　　任务目标 59
　　任务实施过程 59
　　任务评价 59
　　任务相关知识点 60
　情境一　界定旅行社产品 60
　　　一、旅行社产品的定义 60
　　　二、旅行社产品的特点 60
　情境二　产品构成及分类 62
　　　一、旅行社产品的构成 62
　　　二、旅行社产品的分类 65
　情境三　产品创新与趋势 71
　　　一、旅游产品设计的创新性要求 ... 71
　　　二、旅行社产品开发的趋势 73
任务二　调研旅游市场 75
　　任务目标 75
　　任务实施过程 75
　　任务评价 76
　　任务相关知识点 76
　情境一　明确目标市场 76
　　　一、界定旅游市场调研 76
　　　二、明确调查的目标市场 77
　情境二　选择调研方法 78
　　　一、收集一手资料的方法 78
　　　二、调查手段和技术 79
　情境三　开展市场调研 82
　　　一、邮寄问卷 82
　　　二、电话询问 83
　　　三、面访 83

情境四　分析调研结果 83
　　　一、分析信息 83
　　　二、形成调研报告 84
任务三　设计旅行社线路产品 87
　　任务目标 87
　　任务实施过程 87
　　任务评价 87
　　任务相关知识点 88
　情境一　产品设计影响因素 88
　　　一、影响旅行社线路设计的外部
　　　　　因素 88
　　　二、影响旅行社线路设计的内部
　　　　　因素 89
　情境二　产品设计基本原则 91
　　　一、市场导向原则 91
　　　二、突出特色原则 92
　　　三、不重复原则 92
　　　四、多样化原则 92
　　　五、时间合理性原则 92
　　　六、安全第一原则 93
　　　七、与时俱进原则 93
　情境三　产品设计要求 96
　　　一、旅游线路类型 96
　　　二、旅游线路产品的要求 98
　情境四　产品设计流程 99
　　　一、旅行社线路设计的流程 100
　　　二、旅游线路设计的比较和优化 ... 107
项目小结 108
思考与能力训练 109

项目三　旅行社计调业务 113

任务一　认知旅行社计调业务 114
　　任务目标 114

	任务实施过程 114	
	任务评价 115	
	任务相关知识点 115	
情境一	认知旅行社计调 115	
	一、计调工作特点 116	
	二、计调的基本业务 117	
	三、计调人员的分类和素质要求 120	
情境二	旅行社计调工作标准 123	
	一、计调的作业质量 123	
	二、计调的信息质量 124	
	三、计调的内涵表达 125	
	四、需要注意的其他问题 126	

任务二　旅游服务采购 129
　　任务目标 129
　　任务实施过程 129
　　任务评价 130
　　任务相关知识点 130
　情境一　认知旅游采购服务 130
　　一、什么是旅游采购服务 131
　　二、旅游采购服务的内容 131
　情境二　认知旅游服务合同 140

任务三　掌握计调业务流程 143
　　任务目标 143
　　任务实施过程 143
　　任务评价 144
　　任务相关知识点 144
　情境一　组团社计调业务流程 144
　　一、组团计调的业务流程 146
　　二、国内游组团业务及注意事项 148
　　三、出境游组团业务及注意事项 151
　情境二　地接计调业务流程 153
项目小结 157
思考与练习 157

项目四　旅行社产品销售业务 161

任务一　制定旅行社产品价格 164
　　任务目标 164
　　任务实施 164
　　任务评价考核点 164
　　任务相关知识点 165
　情境一　了解旅行社产品的价格构成 165
　情境二　分析旅行社产品价格影响
　　　　　因素 167
　情境三　制定旅行社产品价格策略 169
　情境四　确定旅行社产品定价方法 172

任务二　选择旅行社产品的销售渠道 174
　　任务目标 174
　　任务实施 174
　　任务评价考核点 175
　　任务相关知识点 175
　情境一　认知旅行社销售渠道类型 175
　情境二　灵活运用旅行社销售渠道
　　　　　策略 177
　情境三　选择旅游中间商 180
　情境四　管理旅游中间商 182

任务三　促销旅行社产品 183
　　任务目标 183
　　任务实施 183
　　任务评价考核点 183
　　任务相关知识点 184
　情境一　旅行社广告促销 184
　情境二　旅行社销售促进 189
　情境三　旅行社人员推销 191
　情境四　公共关系促销 193
　情境五　APP(手机移动客户端)促销 196

任务四　旅行社门市销售 197

任务目标 197
　　任务实施 197
　　任务评价考核点 198
　　任务相关知识点 198
　情境一　制定旅行社门市销售业务
　　　　　流程 198
　情境二　认知旅行社门市销售类型 ... 206
　情境三　分析旅行社门市销售技巧 ... 208
　项目小结 216
　思考与能力训练 216

项目五　旅行社接待业务 223

任务一　旅行社团体接待 225
　　任务目标 225
　　任务实施 225
　　任务评价考核点 225
　　任务相关知识点 226
　情境一　认识旅行社团体接待业务 ... 226
　　一、团体旅游接待服务的特点 ... 226
　　二、团体旅游接待的服务程序 ... 228
　情境二　地陪和全陪的工作流程 ... 230
　　一、地陪的工作流程 230
　　二、全陪的工作流程 234
任务二　旅行社散客接待 239
　　任务目标 239
　　任务实施 239
　　任务评价考核点 239
　　任务相关知识点 240
　　一、散客旅游接待服务的特点 ... 240
　　二、散客旅游接待程序 242
任务三　大型团队和特种团队接待 ... 243
　　任务目标 243
　　任务实施 243

　　任务评价考核点 244
　　任务相关知识点 244
　情境一　大型旅游团队接待服务 ... 244
　　一、大型旅游团队接待服务的
　　　　特点 244
　　二、大型旅游团队接待服务的
　　　　要求 245
　　三、大型旅游团队接待服务的
　　　　操作 248
　情境二　特种旅游团队接待服务 ... 249
　　一、特种旅游团队接待服务的
　　　　特点 249
　　二、特种旅游团队接待服务的
　　　　操作 250
任务四　导游员管理 261
　　任务目标 261
　　任务实施 261
　　任务评价考核点 262
　　任务相关知识点 262
　　一、专职导游员的管理 262
　　二、兼职导游员的管理 264
　项目小结 267
　思考与练习 267

项目六　旅行社综合管理 271

任务一　旅行社人力资源管理 272
　　任务目标 272
　　任务实施 272
　　任务评价考核点 273
　　任务相关知识点 273
　　一、旅行社人力资源规划 274
　　二、旅行社员工招聘 275
　　三、旅行社员工培训 278

四、旅行社的薪酬设计 280

任务二　旅行社质量管理 283
　　任务目标 283
　　任务实施 283
　　任务评价考核点 284
　　任务相关知识点 284
　　一、旅行社质量管理的特点 284
　　二、旅行社质量管理的内容 287
　　三、旅行社质量管理的意义 289
　　四、旅行社质量管理的评价标准 290
　　五、旅行社质量管理的实施 293
　　六、旅行社质量管理的方法 297

任务三　旅游电子商务 303
　　任务目标 303
　　任务实施 303
　　任务评价考核点 304
　　任务相关知识点 304
　　一、旅游电子商务概述 304
　　二、旅游电子商务的特征 306
　　三、旅游电子商务的应用层次 306
　　四、旅游电子商务模式 307

项目小结 313

思考与练习 313

项目一

旅行社设立

【学习目标】

知识目标：认知旅行社的产生与发展；了解旅行社的主要职能和业务；熟悉旅行社设立的影响因素和条件；掌握旅行社设立的基本流程；了解旅行社选址的影响因素，对营业场所进行布局；认识并能设计旅行社基本部门和组织结构。

能力目标：培养较强的学习能力、总结分析能力及团队协作能力；撰写设立旅行社的申请材料；模拟旅行社设立的流程；布局旅行社营业场所。

素质目标：热爱旅行社工作，具有较强的责任心，与团队成员的合作精神和创新意识。

【关键词】

旅行社认知　旅行社设立　旅行社营业场所的选择和布局　旅行社组织结构

JTB 集团

JTB 集团(JTB Corporation)是日本最大、世界排名第三的跨国旅游集团，成立于 1912 年，原名为"日本旅游局"，总部位于东京。2001 年 1 月 1 日，公司更名为"JTB 公司"，基金会保留了日本旅游局的名称。

JTB 集团由日本国内及分布于世界各地的 172 家公司组成，26000 名员工活跃在各大领域。JTB 业务涉及旅游观光、休闲度假、饭店餐饮、会议展览、金融保险、房屋地产、建筑装饰、教育卫生、技术情报、广告娱乐、印刷出版、运输物流、网络 IT 等。其中，旅游产业营收占比达到 80%。

2016 年，JTB 实现营业收入 12965.38 亿日元，约 780 亿元人民币，是中国国旅 2016 年营业收入的 3 倍多。

在日本国内，JTB 共拥有旅游门市店铺 935 家，在世界 35 个国家的 99 个城市建立了 482 家分支机构，2007 年进入韩国市场，在中国及欧洲地区也在积极开展各项事业。JTB 全球网络拥有跨越全球的专有网络，是少数能在世界各地提供客户所需的全面旅游服务的集团企业。

JTB 集团为了加速发展在中国的各项事业，于 2007 年 8 月成立了 JTB CHINA[佳天美(中国)企业管理有限公司]，旨在统括管理中国的各事业公司。旗下共有 10 家事业公司，主要事业内容涉及旅游业、大型活动及会展事业、咨询事业和观光巴士事业，各事业公司分布于北京、上海、广州、澳门和香港。

JTB 集团发展历程如下。

1912 年 3 月 12 日，Japan Tourist Bureau(日本旅行协会)成立，以"Kihinkai"(贵宾会)为宗旨。

1963 年 11 月，Japan Travel Bureau Inc.(株式会社日本交通公社)成立。

1964 年 3 月，在入境旅游市场推出 Sunrise Tours。

1968 年 6 月，推出 LOOK 品牌。

1971 年 1 月，推出 ACE 品牌的销售。

1989 年 7 月，与美国的 AIG 合资，成立 JI Accident & Fire Insurance Co., Ltd.。

2000 年 2 月，JTB Benefit Service Corp 成立，从事福利及其他利益的外包。

2000 年 3 月，由雅虎和日本软银成立 Tavigator Inc.，作为在线旅游售票机构。12 月，与 Carlson Wagonlit Travel (CWT)合资成立 JTB-CWT Business Travel Solutions, Inc.，作为商务旅游公司。

2007 年 4 月，开设"JAPANiCAN.com"网站，为参访日本的海外游客提供在线多语种服务，6 月与 JCB Co., Ltd.联合创建 Nice Gift 礼券，全日本 500000 家零售店通用。

2008年1月，收购 Tumlare Group 的股份。

2010年12月，"Rurubu"作为全世界销售量最大的旅游指南系列得到 Guinness Book of Records™的正式认可。

2011年4月，制定新的集团品牌口号"The JTB Way"。

2011年5月，在中国，New Century International Tour Co., Ltd.(新纪元国际旅行社)获得中华人民共和国公民海外旅游销售的批准。同年9月，公司开始销售旅游产品"Youyi(悠逸)"。

2012年3月，JTB成立100周年。

(资料来源：张荣娟，叶晓颖. 旅行社经营与管理[M]. 北京：北京理工大学出版社，2017. JTB中国集团官网，http://www.jtb.com.cn/company/businessfieldsc.html，http://www.jtb.com.cn/company/indexc.html.)

任务一 认知旅行社

任务目标

你是某旅行社的负责人，在今年的中国旅游博览会上，你需要向客户介绍你所在旅行社的发展历程、现状，以及业务范围。

任务实施过程

请每个小组将任务实施的步骤和结果填写到表1-1任务单中。

表1-1 任务单

小组成员：	指导教师：
任务名称：	任务完成地点：
工作岗位分工：	
工作场景： (1)你是旅行社的负责人，参加中国旅游博览会 (2)向客户介绍你所在旅行社的发展历程、旅行社的类型、主要业务范围、经营现状等	
教学辅助设施	文字、图片、视频等多媒体
任务描述	通过对旅行社进行调研分析，让学生认知旅行社
任务重点	主要考查学生对旅行社设立的认识

续表

任务能力分解目标	(1)旅行社的产生与发展 (2)旅行社的职能 (3)旅行社的业务
任务实施步骤	(1)学习相关知识点 (2)学生以小组为单位,通过实地走访当地旅行社,或者通过书籍、网络搜集资料,调研分析国内外各一家旅行社 (3)每小组以多媒体形式进行汇报,展示调研成果 (4)各小组进行互评,教师进行点评

任务评价

(1) 熟悉国内外旅行社的产生与发展。
(2) 了解旅行社的职能。
(3) 掌握旅行社的基本业务。

任务相关知识点

情境一　认识旅行社的产生与发展

旅行社是社会经济发展到一定阶段的产物,是商品经济、科学技术和社会分工发展的必然结果。国外旅行社起步较早,发展较快;我国旅行社起步较晚,发展相对滞后。

一、国外旅行社的产生与发展

国外旅行社的产生源于产业革命,而自托马斯·库克创办第一家商业旅行社起,国外旅行社开始逐步发展。

(一)国外旅行社的产生

18世纪中叶,英国发生了工业革命,这一革命迅速波及法国、德国等欧洲国家和北美地区。19世纪中叶,工业革命在这些国家和地区取得了重大进展,并促使其经济结构和社会结构发生了巨大变化,这为旅行社行业的出现提供了各种有利条件。

首先,随着生产力的迅速发展和社会财富的急剧增加,有产阶级的规模日趋扩大,欧美发达国家的人们具备了外出旅游的经济条件。工业革命以前，只有地主和贵族才有金钱从事非经济目的的旅游活动。工业革命使得财富大量流向新兴的工业资产阶级，使他们也有了从事旅游的经济条件，从而增加了外出旅游的人数。

其次，科学技术的进步，特别是交通运输技术的大力发展，提高了运输能力，缩短了运输时间，使大规模的人员流动成为可能。1769 年瓦特发明的蒸汽机技术很快应用于新的交通工具，至 18 世纪末，蒸汽机轮船就已问世。但对于近代旅游的诞生，影响最大和最直接的还是铁路运输技术的发展。1825 年，在英国享有"铁路之父"之称的乔治·史蒂文森所建造的斯托克顿至达林顿的铁路正式投入运营。此后各地的铁路开始建设起来，并向更远的地区延伸。

再次，工业革命加速了城市化的进程，并且使人们工作和生活的重心从农村转移到城市。这一变化最终导致了人们有了适时逃避节奏紧张的城市生活和拥挤嘈杂的环境压力的需求，产生了回归自由、回归大自然的追求。

最后，工业革命改变了人们的工作性质。随着大量人口涌入城市，原先那种随农时变化而忙闲有致的多样性农业劳动开始被枯燥、重复的单一性大机器工业劳动取代，致使人们产生了强烈的度假要求。当然，工人阶级带薪假日的获得并非一蹴而就，而是经过一个多世纪的艰苦斗争才最终取得的。

正是在这种背景下，世界上首家旅行社诞生了。一般认为旅行社的产生始于 19 世纪中期，源于英国人托马斯·库克在其家乡莱斯特成立的托马斯·库克旅行社(Thomas Cook Agent)，托马斯·库克也成了世界上第一位专职的旅行代理商，故后人誉之为"近代旅游业之父"。

知识拓展 1-1

近代旅游业的开山鼻祖——托马斯·库克

托马斯·库克(Thomas Cook，1808—1892)，英国旅行商，出生于英格兰的墨尔本镇，是现代旅游的创始人，"近代旅游业之父"。1841 年 7 月 5 日，托马斯·库克包租了一列火车，组织数百人从莱斯特到拉夫伯勒参加禁酒大会，每人收费 1 先令，完成了一次有组织的短途旅行。他的这一行为虽然只是个人行为，但与现代旅行社的业务极其相似。1845 年，托马斯·库克在莱斯特正式成立了托马斯·库克旅行社，这也是世界上第一家旅行社。此后，托马斯·库克的业务范围和影响不断扩大。1872 年，托马斯·库克亲任导游，组织了 9 人环球旅游，这是旅游史上的第一次环球旅游。到 1939 年，托马斯·库克已经在世界各地设立了 50 余家分支机构。

事实上，在托马斯·库克以前，世界上已经存在为别人安排旅行的组织和个人，如德

国出版商卡尔·贝德克尔(Karl Baedeker)编写并出版了旅行指南，英国人托马斯·贝纳特(Thomas Bennett)组织了个人包价旅游。但与托马斯·库克不同的是，他们都没有将组织旅行活动作为自己的正式职业，托马斯·库克才是世界上第一位专职的旅行代理商，被认为是世界旅游业的创始人。

(资料来源：赵利民. 旅行社经营管理[M]. 北京：中国人民大学出版社，2017.)

(二)国外旅行社的发展历程

从托马斯·库克创办第一家商业旅行社开始，旅行社在世界各地迅速发展起来。国外旅行社的发展大致经历了以下三个发展阶段。

1. 起步阶段(1845年至1937年第二次世界大战前)

从1845年至1914年第一次世界大战前，旅行社主要经营以轮船、火车为主要交通工具的国内旅行和短途国际旅行。这一阶段成立的旅行社如下：1850年美国运通成立，1890年法德均成立观光俱乐部，1893年日本成立"喜宾会"，到20世纪初，美国运通、英国托马斯·库克、比利时铁路卧车公司成为当时旅游业的三大巨头。1914年第一次世界大战后到1937年第二次世界大战前，旅行社推出的旅游产品内容有了一定的更新，除观光旅行外，还有探险旅游等新品种，人们可以选择火车、轮船旅行，还可以乘坐大型汽车上路，出行范围也同时扩大。

这一阶段旅行社的特点为数量少、规模较小、产品种类少等。

2. 成长阶段(1945年第二次世界大战后至20世纪80年代后期)

成长阶段表现为社会化大众旅游需求在世界各国迅速普及。因为这一时期，喷气式飞机开始装备到民航，缩短了人们的旅行时间；生产力的发展，使人们从繁重的体力劳动中解脱出来，增加了对旅游的需求；城市化进程，使人们的旅游需求继续增加，人们开始不同程度地享受带薪假期。

这一阶段旅行社的特点为旅行社数量和营业额大幅增加，产品更加丰富。

知识拓展 1-2

旅行社行业组织

中国旅行社协会(China Association of Travel Services，CATS)成立于1997年10月，是由中国境内的旅行社、各地区性旅行社协会或其他同类协会等单位，按照平等资源的原则结成的全国旅行社行业的专业性协会，是非营利性的社会组织，具有独立的社团法人资格。协会的主管单位是国家旅游局，协会会址设在北京。

世界旅行社协会(World Association of Travel Agencies，WATA)于1949年5月5日在瑞

士正式成立,总部设在日内瓦。它是一个由私人旅行社组成的世界性非营利性组织,其宗旨是为各国旅行社建立一个世界性的协作网络。现有 240 个会员,来自 100 个国家和地区的 232 个城市。协会自 1951 年开始每年出版一本综合性的世界旅游指南——《万能钥匙》(Master Key),它包括 6000 家饭店的价格和设施介绍、70 多个国家的游览圣地情况介绍和价格情况介绍。

旅行社协会联合会(United Federation of Travel Agents' Associations,UFTAA)于 1966 年 11 月 22 日成立于意大利的罗马,它由 1919 年在巴黎成立的欧洲旅行社组织和 1964 年在纽约成立的美洲旅行社组织合并而成,总部设在比利时的布鲁塞尔。该联合会是一个专业性和技术性组织,其会员是世界各国的全国性旅行社协会,每个国家只能有一个全国性的旅行社协会代表该国参加。其宗旨包括团结和加强各国全国性的旅行社协会和组织,并协助解决会员间在专业问题上可能发生的纠纷;在国际上代表会员同旅游业有关的各种组织与企业建立联系,进行合作;确保旅行社行业在经济、法律和社会领域内最大限度地得到协调、赢得信誉、受到保护并得到发展;向会员提供物质上、业务上和技术上的指导和帮助,使其能在世界旅游业中占有适当地位。

2003 年 1 月 1 日,世界旅行社协会联合会正式更名为旅行社协会联合会。

(资料来源:赵利民. 旅行社经营管理[M]. 北京:中国人民大学出版社,2017;
陈建斌. 旅行社经营管理[M]. 武汉:华中科技大学出版社,2017.)

3. 成熟阶段(20 世纪 90 年代初期至今)

20 世纪 90 年代初期以来,以欧美地区经济发达国家为代表的国外旅行社行业开始从成长阶段走向成熟阶段,其显著标志是旅行社产业的集中化趋势不断加强。一些发达国家的旅行社行业正在从过去以私人企业为主体、以国家为界限的分散的市场,逐步向以少数大企业集团为主体的国际化大市场发展,并通过价值链进行整合。同时,以美国、德国、英国等国家的大型旅行社为主导的企业兼并、收购与战略联盟,使得发达国家旅行社的所有权发生了极大的变化,形成了一批能够对整个市场产生重要影响的旅行社行业巨头。

二、中国旅行社的产生与发展

中华人民共和国成立之前,由于战乱和经济落后,中国旅游事业规模较小、发展缓慢,旅行社寥寥无几。改革开放后,旅游业被纳入国民经济发展计划,旅行社也得以迅猛发展。

(一)中国旅行社的产生

我国第一家旅行社是 1923 年 8 月由陈光甫先生(见图 1-2)在上海创立的上海商业储蓄银行旅行部。1927 年 6 月,该旅行部更名为中国旅行社,从上海商业储蓄银行中独立出来,并在华北、华东、华南等地区的 15 个城市设立了分(支)社,是香港中国旅行社股份有限公司的前身。

中华人民共和国成立后,1949 年 11 月 9 日,厦门华侨服务社成立,这是新中国的第一家旅行社。不久,福建的泉州、福州等地也相继成立了华侨服务社。为进一步加强与世界各国的交流与合作,做好对外接待工作,经国务院决定成立了两个旅行社系统。

一是 1954 年成立的中国国际旅行社总社(简称国旅)及其分社和支社,由国务院及地方政府的外事办公室领导,主要负责接待外国来华者。

二是 1957 年由各地华侨服务社组建而成的华侨旅行社(1974 年更名为中国旅行社,简称中旅)总社及其分社和支社,由国务院及各地方政府的侨务办公室领导,主要负责接待海外华侨、外籍华人、港澳及台湾同胞。

中国旅行社和中国国际旅行社作为我国两大旅行社系统,在以后 20 多年的时间里,垄断了我国的全部旅游业务。虽然它们为我国旅行社行业发展积累了一定的经验,培养了相当数量的旅游业务人才,但旅行社是直属政府的行政或事业单位,其业务以政治接待为主,从而导致我国旅行社行业没有得到充分发展,与国外旅行社行业相比,其产业规模和经营业务的范围相对狭小,经营效益和管理水平也相对落后。

知识拓展 1-3

陈光甫与中国近代旅游业

陈光甫(1882—1976),1923 年在上海商业储蓄银行(简称上海银行)旗下设立旅行部,经营旅行业务,成为中国近代旅游业的开端。1927 年,该旅行部独立为中国旅行社。

陈光甫是一位深具爱国思想的企业家,在当时的条件下,其创办旅行社的主要动机并非盈利,而是为了在大的范围内宣传上海银行,促进上海银行的发展,同时提倡旅游。因而,陈光甫审时度势,凭借上海银行雄厚的物资资本及人员、网络、品牌优势,依靠强大的社会资本,对外服务社会、树中国旅行社品牌,对内强化制度化管理,以稳健创新的

图 1-2 陈光甫

经营风格,通过网络化、多元化扩张谋取规模化效应,尽可能快地在大范围内促进中国旅行社的发展。陈光甫通过具体有效的经营活动广泛而深刻地影响中国近代旅游业,是名副其实的"中旅之父"、中国旅行社的灵魂、中国近代旅游业的发轫者与全面推动者。同时,我们也看到,中国近代旅游业发展的条件薄弱,缺乏稳定统一的政治环境、良好的经济基础与普遍的社会重视。因而,中国旅行社在其产生与发展过程中具有较强的依赖性,陈光甫只能以公益的精神经营中国旅行社,数十年不求盈利的回报。

(资料来源:王专. 陈光甫与中国近代旅游业[M]. 北京:中国旅游出版社,2016.)

(二)中国旅行社的发展历程

我国旅行社的成长与发展是在经历了近30年的探索之后,于20世纪70年代末80年代初开始了它的初步增长阶段。

1979年11月16日,全国青年旅游部成立。在此基础上,中国青年旅行社(简称青旅)于1980年6月27日成立。根据国家旅游局的规定,此时全国只有国旅、中旅和青旅三家总社拥有旅游外联的权力,其中国旅主要接待外国来华的旅游者,中旅主要接待港澳台同胞与来华旅游的海外华侨和华人,青旅则主要接待来华的海外青年旅游者。三家旅行社通过在全国各地建立各自的分(支)社,形成了三个相互独立的旅行社系统,并形成了当时中国旅行社行业的寡头垄断局面。

随着我国改革开放的不断深入,1985年5月,国务院颁布《旅行社管理暂行条例》,将全国的旅行社划分为第一类旅行社(简称一类社)、第二类旅行社(简称二类社)和第三类旅行社(简称三类社)三大类型。其中一类社经营对外招徕并接待外国人、华侨、港澳同胞、台湾同胞来中国、归国或回内地旅游业务;二类社不对外招徕,只经营接待一类社或其他涉外部门组织的外国人、华侨、港澳同胞、台湾同胞来中国、归国或回内地旅游业务;三类社经营中国公民国内旅游业务。此后,我国旅行社数量迅速扩增,一个独立的旅行社行业已浮出水面。截至1988年年底,我国旅行社总数已达1573家,其中一类社44家,二类社811家,三类社718家。旅行社行业由寡头垄断向垄断竞争过渡。

20世纪80年代中后期,我国的国内旅行社异军突起。1984年我国批准了中国公民自费赴港澳地区的探亲旅游,1990年把范围扩展到新加坡、马来西亚和泰国3个国家,并规定此项业务归中国国际旅行社总社等9家旅行社经营。1992年,中国公民出境总人数为292.87万人次,其中,因私出境人数为119.3万人次,经旅行社组织的出境旅游人数为86万人次。我国旅行社业已全面进入入境、出境、国内三大旅游领域。

20世纪90年代,我国旅游行业运行环境风云突变,供求关系由原有的卖方市场转向供过于求的买方市场。旅行社数量的持续上升,进一步加剧了相互间的竞争。旅行社经营中暴露的问题,如非法经营、恶性削价、违规、违约操作等,一度成为旅游行业关注的焦点,规范旅行社市场运作的法规条例陆续出台。1995年国家旅游局发布的《旅行社质量保证金暂行规定》、1996年10月国务院颁布的《旅行社管理条例》(为适应我国旅游业对外开放的需要,《旅行社管理条例》已根据国务院的有关决定做了相应的修改,并于2009年5月起施行新的《旅行社条例》)、1999年国务院颁布的《导游人员管理条例》等,这些旅游法规的颁布和施行,既保障了旅游者的合法权益,也为旅行社的经营和行业发展提供了良好的旅游法治环境。

20世纪90年代中后期以来,我国国民经济进入快速发展的阶段,城镇和乡村居民的收入水平明显提高,并产生了强烈的旅游需求。国家实行的双休日制度和较长的节假日使人们拥有了较多的闲暇时间,能够进行较长距离的外出旅游活动。民航部门增加班机和包机,铁路部门数次提速,全国高速公路网的建设,以及大量新型旅游客车的生产等都为人们外出旅行提供了更大的便利。这一切都推动了旅游市场的发展和繁荣,为旅行社提供了大量的客源。

21世纪初至今,"互联网+"时代下,在线旅行社(Online Travel Agency,OTA)快速发展。随着移动互联网技术的迅速发展,以及旅游者消费观念和方式的逐渐转变,我国在线旅游市场自1999年兴起以来,规模迅速发展。从21世纪初到现在,先后出现多家大型的在线旅游企业,如携程网、艺龙网、同程旅游网、去哪儿网、途牛旅游网等。现阶段我国的OTA市场呈现出一家独大的局面,其中携程网占比高达49.7%,其次为艺龙网,占比为9.7%,同程旅游网排名第三,占比为6.1%。各种新型在线旅游模式的兴起和发展正冲击着传统的旅行社行业。

此外,2017年修订的《旅行社条例》"先照后证"(先取得《企业法人营业执照》,再取得《旅游许可证》)及"三证合一"(《营业执照》《税务登记证》《组织机构代码证》)的政策降低了经营旅行社的准入"门槛",加快了创业者和投资者取得市场主体资格的速度,也为旅行社的发展提供了较为宽松的环境。

(三)中国旅行社的发展现状

1. 旅行社集中程度低

我国旅行社总数不少,截至2018年12月31日,全国旅行社总数为36121家,但是规模经济弱,集中程度低,单位经营规模远远低于欧美国家,可谓大者不强,小者差且散。

2. 区域分布呈不平衡性

旅行社相对集中在经济发达的地区,如广东、北京、上海、江苏和浙江等。这些地区是国际旅游者重要的进出口岸和中转地,客流量较大,由于经济较发达,每年输出和输入的旅游者数量较多,旅行社面对的客源市场规模较大,这为旅行社的发展提供了良好的市场条件。

3. 总体结构不合理

绝大部分旅行社规模、实力、业绩一般,先进国家的旅行社已经在聚集销售阶段的基础上进一步向信息化服务实体转变,而我国的旅行社仍然是小、散、弱、差,即规模小、经营散、管理弱和效益差,小规模经营的旅行社占绝大多数。

此外,百强旅行社撑起半壁江山,从近几年的经营情况看,占全国国际旅行社企业数量仅7%左右的百强国际旅行社,其外联、接待等业务经营量占总量的50%~80%,而百强国内社亦如此,国内旅行社百强仅占企业总数的不足1%,其业务经营量则占比15%左右。

4. 片面强调小而全的经营模式

当前，我国旅行社都是融旅游线路设计、促销旅游产品、联系接待、代订酒店交通工具等为一体的"全能型"企业。"小而全"的经营模式无法通过专业化的分工和更深层次的合作来达到旅行社行业规模经营的目标，这给本来就在人力、财力、物力方面有限的旅行社带来了困境。

5. 缺少行业约束力

我国旅行社行业正遭受由削价竞争所带来的煎熬。削价竞争是行业市场机制不成熟、行业内缺少有效约束的集中反映，它使直接参与竞争者元气大伤，非参与竞争者的经营更加困难。这种非正常竞争导致质量被忽视，产品得不到及时更新，行业环境越来越恶劣。

(四)我国旅行社的发展趋势

1. 我国旅行社行业目前存在的问题

(1) 旅行社产品雷同，结构不合理。我国的大多数旅行社，当前存在的问题是规范而合乎发展需要的旅行社数量不足，不规范的旅行社太多。行业内部结构不合理的情况更为突出，普遍来说是小、弱、散、差，旅行社在重复的市场上推销雷同的产品。旅行社产品雷同是我国旅行社行业长期存在的突出问题。由于旅行社产品缺乏诸如商标权、专利权这样的进入限制，又无太多技术障碍可供保留和垄断，使得一些有开发能力的旅行社一旦开发出某种能够迎合市场需求的新产品，众多中小旅行社便一哄而上，竞相模仿或参与经营，这在很大程度上削弱了有实力的旅行社深度开发产品的积极性。

(2) 网络化、集团化程度比较低。目前，旅行社行业真正意义上的旅行社网络和集团在总体上还是比较少，大部分旅行社没有形成或加入网络，仍在各自为政，业务操作仍处于临时、简单协作阶段，业务伙伴关系不稳定；已经建立的旅行社联合体和集团，要么规模还比较小，要么联系不紧密、不稳定，集团内部机制比较落后，行政色彩较浓，真正以资产为纽带紧密联系的全国性、区域性旅行社网络和集团还不多。

(3) 有限的接待量和低利润。我国中小旅行社的接待数量和利润水平均不尽如人意。在接待数量方面，近年来许多中小旅行社处于发展无望而只能勉强支撑的境地。

(4) 内部约束机制弱化，短期行为比较普遍。由于企业机制和企业家素质等因素，目前，旅行社企业与饭店等其他旅游企业相比，其内部监督约束机制不强，行为短期化现象比较常见。企业缺乏长远发展战略和目标，对品牌、质量、信誉、形象的重视程度普遍不高。

(5) 旅行社人才断层。目前，我国旅行社行业所面临的人才缺口，存在于旅行社业务流程中的每一个环节。从管理到导游，从采购到销售，从业人员不仅在年龄上表现出"青黄不接"，而且精英人才紧缺。例如，很多旅行社员工都是 20 岁出头，30 多岁、40 多岁的中坚力量大多数跳槽、转行，能够挑大梁的不多。这种现象暴露了旅行社人才量少质差，出现断层的隐患。善于设计出境旅游线路、采购旅游产品的计调，中高级导游员，精通外语并且知识结构全面、可以帮助客户量身定做线路的销售人员等，熟悉旅游市场的人才成为众多旅行社争抢的对象。员工薪酬、福利水平低，需求得不到满足，没有完善的激励制度等，是造成旅行社人才断层的主要原因。

总之，要把握我国旅行社行业未来的发展趋势，首先要清晰地看到我国旅行社目前的基础、条件和存在的问题，只有正确认识到这一点，才能把握我国旅行社未来发展的方向，尽快与国际接轨。

2. 我国旅行社行业未来发展趋势

(1) 旅行社集团化。一批具有一定规模并且覆盖一定区域的旅行社集团出现在中国大地上，成为我国旅行社行业的一道亮丽的风景线。大型旅行社集团化的趋势既适应我国旅行社行业的发展需要，也符合国际上旅行社行业的发展进程。2018 年 12 月，我国公布的旅游集团 20 强包括中国旅游集团有限公司、凯撒同盛旅行社(集团)有限公司、携程旅游集团、上海春秋国际旅行社(集团)有限公司、同程旅游集团等。目前，我国的旅行社行业出现了集团化发展的趋势。

案例 1-1

中国旅游集团有限公司

中国旅游集团有限公司(Logo 见图 1-3)暨香港中旅(集团)有限公司前身是中国早期爱国银行家陈光甫先生于 1928 年设立的香港中国旅行社，1954 年由中央人民政府华侨事务委员会接管；1985 年注册成立香港中旅(集团)有限公司；2005 年 12 月，整合招商局集团属下的"中国招商旅游总公司"后，成立了中国港中旅集团公司，并与香港中旅(集团)公司实行"两块牌子、一套班子"领导体制；经国务院批准，2007 年 6 月，"中国中旅集团公司"整体并入中国港中旅集团公司；2016 年 6 月，中国国旅集团整体并入中国港中旅集团公司，并正式更名为"中国旅游集团公司"。目前，中国旅游集团有限公司是中央直接管理的国有重要骨干企业，也是总部在香港的三家中央企业之一。

图 1-3　中国旅游集团 Logo

中国旅游集团构建了以旅行服务、旅游投资和运营、旅游零售为三大核心业务，以旅游金融、酒店运营为特色业务，以邮轮为代表的战略创新孵化业务的旅游产业布局，业务网络遍布国内、港澳和海外 28 个国家和地区，汇聚了中国港中旅、中国国旅、中国中旅、中国免税、中国旅贸、中国招商旅游等众多国内知名旅游央企和文化旅游品牌，是目前中国最大的旅游央企。

目前,集团资产总额逾 1000 亿元,员工逾 4 万人。集团旗下控股两家上市公司,即香港中旅(股票代码:HK308)、中国国旅(股票代码:SH601888),逾 600 户企业,每年接待游客 6000 多万人次,资产总量、营业规模、游客接待量、聚客能力和品牌影响等综合实力在旅游企业中名列前茅,是我国旅游业里名副其实的国家队、主力军。

(资料来源:中国旅游集团官网,http://www.hkcts.com/aboutself/jtjj/index.html.)

(2) 旅行社专业化。旅行社的专业化主要体现在所经营的产品上。旅行社针对某些细分市场,对某些产品进行深度开发,形成特色产品或特色服务。专业化的经营集成本优势与产品专业化优势于一身,主要解决了中型旅行社因规模较小形不成规模经济、也难以直接与旅行社集团竞争的问题。对行业来说,专业化的特色经营起到拾遗补阙的作用,旅行社的专业化开发会使旅游产品更加多样化,从而增强旅游产品的总体吸引力。因此,对中等规模旅行社而言,专业化发展是一种必然的理性化选择。

案例 1-2

广东羊城之旅国际旅行社有限公司

广东羊城之旅国际旅行社有限公司(Logo 见图 1-4)经国家旅游局和广东省旅游局批准成立,是广州市政府大型企业集团——广州岭南国际企业集团有限公司的旗下公司。该社是广州市具有出境旅游业务经营资格的出境游组团社之一及 10 家大型出境游批发社之一。

图 1-4 广东羊城之旅 Logo

"广东羊城之旅"拥有门市、营业网点 30 多个,遍布广州市各大人口密集区。该社除了各专线团队做得出色外,商务考察团也是强项,经常承办省、市政府机关、企事业单位等公务、商务出国考察业务,并积累了丰富的实际操作经验。每次考察活动的旅程安排均获得客户的一致好评,在社会上打响了自己的品牌,赢得良好的口碑。

(资料来源:广东羊城之旅官网,http://www.gdyczl.com/About-3.html.)

(3) 旅行社发展平台化(B2B 模式发展)。B2B 模式指的是同业交易平台(系统),其基本功能是通过各种信息化手段,聚合组团社和地接社,打破双方的信息不对称,以便于市场交易。B2B 模式在中国旅游市场大量中小旅行社分散经营、各自为政的背景下,能有效地聚集经销商和供应商,集中进行采购和信息发布,大大促进双方交易。

案例 1-3

收客易是一站式旅游供应链平台,如图 1-5 所示。专注旅游+互联网产业升级,致力于通过互联网技术,为旅游产品供应商和分销商提供在线分销与信息化解决方案。

图 1-5 收客易平台

(4) 旅行社网络化。旅行社的网络化趋势是由旅游需求的特点所决定的。随着社会经济的发展和人们所受教育水平的提高,旅游需求日益增加,因此旅游需求可能在任何一个地方产生。为了满足消费者的需求和便于购买,旅行社营业的场所必须广泛设立于消费者便于购买的地方,于是网络化布局应运而生。中国的旅行社行业实行网络化,不仅是完全必要的,而且是十分可行的。信息技术的普及和互联网的发展,为旅行社的网络化经营奠定了坚实的技术基础。旅行社通过内部改造或增设经营网点,则为旅行社的网络化经营提供了组织基础。因此,旅行社的网络化,必将成为中国旅行社行业的一个发展趋势。

案例 1-4 见右侧二维码。

案例 1-4

(5) 旅行社品牌化。我国旅行社行业的竞争已开始从价格竞争逐步转向质量竞争和品牌竞争。随着人们旅游消费需求水平的提高,旅行社所奉行的低价格战略已经不再像过去那样奏效,必须采用新的竞争战略,以应对国际知名旅行社进入中国旅游市场后所带来的严峻挑战。知名旅行社瓜分市场必将成为我国旅游市场的一个必然趋势。我国的旅行社必须大力发展品牌战略,否则将会在日趋激烈的市场竞争中落败。目前,我国旅行社企业开始注重建立旅行社品牌,努力争取得到旅游者的认同,并使其产生对旅行社提供的服务的亲近感和信任感,以便在市场上立于不败之地。

案例 1-5

中国国旅品牌价值突破 600 亿元，连续 14 年居旅游服务类首位

中国国旅品牌价值连续 14 年居旅游服务类首位！世界品牌实验室在京发布 2017 年中国 500 最具价值品牌排行榜，中国国旅股份有限公司的"国旅"品牌以 605.89 亿元的品牌价值，名列中国 500 最具价值品牌排行榜第 48 位、旅游服务行业第 1 位，品牌价值同比提升 156.04 亿元，同比增幅 34%。

本次评选涉及的 25 个行业品牌中，旅游服务行业有国旅、华侨城、中青旅、春秋旅游、众信旅游、首汽租车、广之旅 7 个品牌入选。中国国旅连续 14 年位居旅游服务类第一位，持续领跑中国旅游服务行业。自 1954 年"国旅"品牌创建以来，中国国旅始终致力于品牌建设工作，获得了很高的社会评价和良好的服务声誉。"国旅"品牌的良好发展，有效地增强了中国国旅的竞争力，为企业跨越式发展奠定了基础。据悉，世界品牌实验室是一家国际化、专业化的品牌研究机构，作为全球三大品牌价值评估机构之一，其研究成果已成为企业无形资产评估的重要依据。

图 1-6　国旅品牌价值证书

（资料来源：中国国旅官网，http://www.cits.cn/newsdetail/2125.html.）

(6) 旅行社竞争激烈化。2017 年修订的《旅行社条例》降低了旅行社的进入门槛，简化了旅行社设立的程序，这就意味着未来会有一批中小型民营旅行社更容易进入旅行社市场，在国内游市场上中小型旅行社之间的竞争将会加剧，价格战愈演愈烈。此外，外资旅行社在我国设立中外合资、中外合作旅行社，以及外资旅行社也极其方便，凭借着外资旅行社成熟的操作模式和先进的管理理念，势必对我国现有的旅行社造成威胁。

(7) 旅行社产品创新升级化。根据 2017 年全域旅游发展报告，全域旅游使得产业融合发展，"旅游+"深入推进，全域旅游产品和业态不断创新升级。这是旅行社在全域旅游发展的大潮中，不断开发和升级旅游产品，满足大众在这个时代对旅游需求的结果，如旅游+城镇化、工业化和商贸，旅游+农业、林业和水利，旅游+科技、教育、文化、卫生和体育，旅游+交通、环保和国土等，使得旅行社的旅游产品呈现出新态势。

案例 1-6

广之旅:携手教育专家打造全新"成长游"产品系列

广之旅联合华南师范大学基础教育培训与研究院廖文博士团队,围绕"孩子成长旅游"话题开展了一次专项调研,并试图从中为家长找到行动指南。

廖文博士指出,"学习成绩至上"依然是我国家庭教育的现状,家长在关注孩子学习成绩的同时,也忽视了对孩子自信心、抗压力、人际关系等非智力因素的培养;又或者意识到了,却不知如何去培养。而事实上,最好的学习就是"从生活中学习",家庭生活、学校生活、集体生活、社会生活都是教育的组成部分,缺一不可。参照国外一些教育发达国家的做法,孩子跳出传统课堂学习的约束,通过旅行的方式进入社会化场景后,能体验到一种截然不同的多样化学习方式。在山河湖海间和衣食住行间,所有参与旅行的人都在这一过程中实现了"新成长"。"目前在美国、法国、芬兰、日本等国比较普遍的模式有营地旅行、暑期学校、森林学校和修业旅行等,而我们期望创建的,是适合中国孩子的'成长游'模式。"廖文说。

广之旅副总裁温前表示,作为华南地区最具影响力的旅行社之一,该社长期关注"旅行+儿童成长"话题,不断深挖亲子游发展模式。2015年,广之旅率先推出旗下专业亲子游品牌"智趣营",成为华南地区首个由旅行社组建的亲子旅游品牌;设计亲子游线路及制定服务标准,并大胆在亲子游领域寻求跨界合作、挖掘独特资源、推出创新产品,在此过程中,广之旅也积累了大量亲子游产品的研发经验,为进一步的产品升级做准备。

"很高兴能够邀请到廖文博士担任'广之旅成长游产品研发专家顾问',廖博士团队的理论基础,是广之旅2019'成长游'系列产品研发的理论支撑;今年暑假广之旅推出的'成长游'系列产品,引入了先进的体验赋能教育理念,在尊重儿童身心发展规律的基础上,结合旅游目的地独特要素,突出'玩中学·做中学·游中学'的三大核心,以任务驱动、多样化学习、团体学习、反思探索等行程设计,使暑期'成长游'更适合不同年龄孩子的成长需求。"温前说。

(资料来源:中国旅行社协会,http://cats.org.cn/xinwen/huiyuan/28035,2019年5月)

情境二　了解旅行社的职能

旅行社是以营利为目的,为满足消费者在旅行过程中的各种需求提供服务的企业,具有生产、销售、组织协调、分配和提供信息等职能。

一、旅行社的性质

旅行社是为消费者提供各种服务的专门机构，它在不同的国家和地区有不同的含义。

(一)国际官方旅游组织联盟对于旅行社的定义

旅游经营商性质的定义：一种销售企业，它们在消费者提出要求之前事先准备好旅游活动和度假地，组织旅游交流，预订旅游目的地的各类客房，安排多种游览、娱乐活动，提供整套服务(包价旅游)，并事先确定价格及出发和回归日期，即准备好旅游产品，由自己属下的销售处，或者由旅行代理商将产品销售给团体或个体消费者。

旅行代理商性质的定义：一种服务性企业。它的职能包括：①向公众提供有关旅行、住宿条件以及时间、费用和服务项目等信息，并出售产品；②受交通运输、饭店、餐馆及供应商的委托，以合同规定的价格向旅游者出售他们的产品；③接受他所代表的供应商的酬劳，代理商按售出旅游产品总金额的一定比例提取佣金。

(二)我国对于旅行社的定义

2009年5月国务院颁布、2017年新修订的《旅行社条例》对我国旅行社的性质做出明确规定：旅行社是指从事招徕、组织、接待旅游者等活动，为旅游者提供相关旅游服务，开展国内旅游业务、入境旅游业务或者出境旅游业务的企业法人。

不同的国家、地区和组织关于旅行社性质的定义不尽相同。但是，通过对各种定义的分析可见，这些定义都包含了一些基本相同的内容，可以看成是国际上对旅行社性质的认同。这些内容主要包括以下两个方面。

(1) 旅行社是以营利为目的的企业。
(2) 旅行社必须以旅游业务作为主要经营业务。

在我国，旅游业务主要包括以下四个方面的内容。

(1) 为旅游者代办出境、入境和签证手续。
(2) 招徕和接待旅游者。
(3) 向旅游者提供导游服务。
(4) 为旅游者安排交通、游览、住宿、餐饮、购物、娱乐等活动。

综上所述，旅行社是以营利为目的，从事旅游业务的企业。

二、旅行社的职能

旅行社的最基本职能是设法满足旅游者在旅行和游览方面的各种需要，同时协助交通、饭店、餐馆、游览景点、娱乐场所和商店等旅游服务供应部门与企业将其旅游服务产品销售给旅游者。具体来讲，旅行社的职能可分为以下五个方面。

1. 生产职能

旅行社的生产职能是指旅行社设计和开发包价旅游及组合旅游产品的功能。这是旅行社的首要职能。

2. 销售职能

旅行社除了在旅游市场上向旅游者销售其设计和生产的包价旅游产品和组合旅游产品外，还充当其他旅游企业及其他相关企业与旅游者之间的媒介，向旅游者代售这些企业的相关产品。旅行社在旅游产品销售中起着十分重要的作用。

3. 组织协调职能

旅行社要保证旅游活动的顺利进行，离不开各个部门和其他相关行业的合作与支持，而旅游业各部门之间，以及旅游业与其他行业之间也存在一种相互依存、互利互惠的合作关系。旅行社行业的高度依附性和综合性决定了旅行社若要确保旅游者旅游活动的顺利进行，就必须做大量的组织协调工作。

4. 分配职能

旅行社的分配职能主要表现在两个方面：一方面，根据旅游者的要求，在不同旅游服务项目之间合理分配旅游者付出的旅游费用，以最大限度地保障旅游者的利益；另一方面，在旅游活动结束后，根据事先同各相关部门或企业签订的协议和各部门或企业提供服务的实际数量、质量合理分配旅游收入。

5. 提供信息职能

任何旅游企业都具有向旅游者提供产品信息的职能。旅行社作为旅游产业中的一种特殊企业，其提供信息的职能与其他类型的旅游企业不尽相同。一方面，旅行社作为旅游产品的重要销售渠道，始终处于旅游市场的最前沿，熟知旅游者的需求变化和市场动态，这些信息若能及时提供给各相关部门，会对它们的经营管理具有指导意义，而相关部门经营的改善和服务质量的提高无疑也有利于旅行社自身的发展；另一方面，旅行社作为旅游业的重要销售渠道，应及时、准确、全面地将旅游目的地各相关部门最新的发展和变化情况传递到旅游市场去，以便于旅游者购买。

三、旅行社的行业特点

1. 劳动密集性

旅行社行业具有劳动密集性的特点。旅行社属于旅游中间商，是通过提供旅游中介服

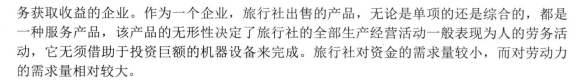

务获取收益的企业。作为一个企业，旅行社出售的产品，无论是单项的还是综合的，都是一种服务产品，该产品的无形性决定了旅行社的全部生产经营活动一般表现为人的劳务活动，它无须借助于投资巨额的机器设备来完成。旅行社对资金的需求量较小，而对劳动力的需求量相对较大。

2. 智力密集性

旅行社的主要业务包括为旅游者提供旅行生活服务和旅游景点导游讲解服务。这是一项复杂的脑力劳动，要求工作人员有广博的知识和较高的文化素质。旅行社的经营成功与否，在很大程度上取决于它所拥有的员工的知识水平和工作能力。为了提高旅行社行业从业人员的整体素质，我国的有关法规对旅行社的管理人员和导游人员的从业资格和学历都提出了明确的要求，同时对从业人员的继续教育也做了规定，这充分体现了旅行社行业具有明显的智力密集性特点。

3. 依附性

旅游产品具有较强的综合性，作为旅游产品的流通中介，旅行社的存在与发展离不开其他相关企业的协作。首先，旅行社，特别是国际旅行社，必须依靠客源地的旅行社为其提供客源。其次，旅行社行业处于旅游产业链中的下游，它必须依靠同一产业链中的交通行业、住宿行业、餐饮行业等上游行业为其提供各种相关服务。旅行社必须在确保其自身利益的前提下，与其他旅游行业及相关行业进行广泛联络，以建立一个完善的旅游服务供给网络，从而完成经营所需的各项服务。

4. 脆弱性

旅行社行业受多种因素的影响和制约，具有比较明显的脆弱性，主要表现在：旅游需求的季节性影响；外部环境对旅游者消费行为的影响；旅游上游企业供给的影响。

综上所述，虽然旅行社具有投资少、进入门槛低的优势，然而旅游产品的特性及其在经营环境中的特殊性决定了旅行社行业具有依附性强、脆弱性等一系列对企业发展明显不利的特点。这些特点的存在使旅行社经营难度大为提高，与一般企业相比，旅行社的经营更具有挑战性。

情境三　熟悉旅行社基本业务

按照目前的旅行社分类，旅行社分为国际旅行社和国内旅行社，其基本业务范围包括市场调研与产品设计、促销、咨询服务、销售、采购、接待和售后服务等。

一、旅行社的分类

(一)我国旅行社的分类

根据《旅行社条例》，我国的旅行社按经营市场和业务范围分为国际旅行社与国内旅行社两种类型，这是一种由执行同一职能的旅行社按服务的市场和业务范围分化而形成的水平分工体系。

1. 国际旅行社

国际旅行社是指经营入境旅游业务、出境旅游业务和国内旅游业务的旅行社。其经营范围具体包括以下方面。

招徕外国旅游者来中国，华侨归国与香港、澳门、台湾地区同胞回内地旅游，为其代办交通、游览、住宿、饮食、购物、娱乐及提供导游、行李等相关服务，并接受旅游者委托，为旅游者代办手续。

招徕我国旅游者在国内旅游，为其代办交通、游览、住宿、饮食、购物、娱乐及提供导游、行李等相关服务。

经国家旅游局批准，组织中华人民共和国境内居民到外国和中国香港、澳门、台湾地区旅游，为其安排领队、委托接待及行李等相关服务，并接受旅游者委托，为旅游者代办出境及签证手续。

经国家旅游局批准，组织中华人民共和国境内居民到规定的与我国接壤国家的边境地区旅游，为其安排领队、委托接待及行李等相关服务，并接受旅游者委托，为旅游者代办出境及签证手续。

其他经国家旅游局规定的旅游业务。需要特别注意的是，国际旅行社经营范围包括出境旅游业务，并不意味着所有国际旅行社均可经营出境旅游业务。未经国家旅游局批准，任何旅行社不得经营中国境内居民出境旅游业务和边境旅游业务。

案例 1-7

文化和旅游部关于许可旅行社经营出境游业务的公告

按照《旅行社条例》和《中国公民出国旅游管理办法》的规定，许可以下旅行社经营出境游业务。

项目一　旅行社设立

序号	旅行社名称	原许可证编号	新许可证编号	出资人	法定代表人	经营场所	许可文号
1	上海松江旅行社有限公司	L-SH-00050	L-SH-CJ100207	洪锦其	洪锦其	上海市松江区辰塔路56号1幢3楼	文旅市场许〔2019〕9号
2	江门市风光假期国际旅行社有限公司	L-GD-00242	L-GD-CJ100365	叶棋胜、陈美莲	叶棋胜	江门市新会区会城冈州大道中50号101	文旅市场许〔2019〕10号
3	北京泰泽国际旅行社有限公司	L-BJ-01915	L-BJ-CJ100190	刘扬	刘扬	北京市昌平区城北街道鼓楼东街33号6号楼二层6230室	文旅市场许〔2019〕2号
4	哎呦假期（北京）国际旅行社有限公司	L-BJ-02034	L-BJ-CJ100192	侯雪强、赵光刘野、赵太峰	侯雪强	北京市朝阳区亮马河南路14号3幢2单元15层151A	文旅市场许〔2019〕5号
5	山西晋萃旅国际旅游有限公司	L-SX-00155	L-SX-CJ100064	王志生、王建英	王志生	太原市迎泽区水西门街22号宝成公寓七层710房	文旅市场许〔2019〕14号
6	深圳市叠塔假期国际旅行社有限公司	L-GD-01575	L-GD-CJ100368	陈奕涌、陈弟仔	陈奕涌	深圳市福田区沙头街道天安社区泰然八路33号云松大厦15A-7A	文旅市场许〔2019〕13号

（资料来源：国家文化和旅游部官网，http://zwgk.mct.gov.cn/auto255/201905/t20190527_843921.html?keywords=）

2. 国内旅行社

国内旅行社是指专门经营国内旅游业务的旅行社，其经营范围具体包括以下方面：①招徕我国旅游者在国内旅游，为其代办交通、游览、住宿、饮食、购物、娱乐事务及提供导游等相关服务；②为我国旅游者代购、代订国内交通票据，提供行李服务；③其他经国家旅游局批准的与国内旅游业务有关的业务。

(二)欧美国家旅行社的分类

欧美国家的旅行社一般分为旅游经营商和旅游代理商两大类型，这是一种由执行不同职能的旅行社在经营活动的时间方面先后承接、在经营业务范围方面互相补充所形成的垂直分工体系。

1. 旅游经营商

旅游经营商是指将其购买的各类异质旅游产品进行设计组合，并融入自身的服务内容，使之成为能满足旅游者整体性需要的旅游产品的旅行社。

在欧美地区，旅游经营商主要以设计组合及批发旅游产品为主要业务，其利润来源主要为一定采购规模而形成的批零差价，以及设计组合的垄断性创新利润。

2. 旅游代理商

旅游代理商又称旅游零售商，是指通过向旅游者销售由旅游经营商生产的各种旅游产品获得销售佣金，同时还向旅游者提供相关旅游咨询服务的旅行社。

在欧美地区，旅游代理商规模不大，但分布广泛。他们利用拥有的地理优势和便利条件，或者直接向旅游者代售旅游经营商的旅游产品，或者代旅游者直接向旅游经营商预订某些相关的服务项目。

(三)日本旅行社的分类

日本的旅行社行业由经营各种旅游业务的旅行社、专门经营国内旅游业务的旅行社和只经营旅游代理业务的旅行社构成，是一种兼有水平分工和垂直分工特点的混合分工体系。

根据日本1996年4月1日施行的《旅行业法》，日本是以从事主催旅行业务为主要标准，将旅行社业划分为第Ⅰ种旅游业、第Ⅱ种旅游业和第Ⅲ种旅游业三个类型，其分工特征如下。

1. 第Ⅰ种旅游业

可以实施海外和国内主催旅行业务的旅行社，类似于我国的国际旅行社。

2. 第Ⅱ种旅游业

只能实施国内主催旅行业务的旅行社，类似于我国的国内旅行社。

3. 第Ⅲ种旅游业

作为前两种旅行业的零售代理店，不从事主催旅行业务，类似于欧美国家的旅游代理商。

日本的主催旅行业务相当于其他国家的包价旅游业务。日本旅行社分工是一种混合分工体系，第Ⅰ种旅游业与第Ⅱ种旅游业间的划分是水平分工，而第Ⅰ种旅游业、第Ⅱ种旅游业与第Ⅲ种旅游业间的划分是垂直分工。

二、旅行社的基本业务

(一)旅行社的业务范围

旅行社是为旅游者提供各类服务、从事旅游业务的企业，它所提供的服务是依据旅游者的旅游需求而展开的，因此，旅游者的购买决策和消费过程决定了旅行社的业务范围。一般而言，旅游者的购买决策和消费过程可划分为六个阶段，即旅游动机、信息搜寻、意向性咨询、购买、旅游经历和游后行为。与这六个方面相对应，旅行社的业务范围可概括为市场调研与产品设计、促销、咨询服务、销售、采购、接待和售后服务等。

(二)旅行社的基本业务

一般来说，按照旅行社的操作流程，其基本业务包括以下几个方面。

1. 产品设计与开发业务

旅行社的产品设计与开发业务是旅行社经营的基础，体现旅行社企业的生产性。这类业务包括产品设计、产品试产与试销、产品投放市场和产品效果检查评估四项内容。

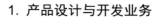

案例 1-8

携程定制游平台升级 3.0：未来两年力争实现 100 亿元 GMV

携程几年前首次推出了定制旅行平台，目前该平台已升级至 3.0 版本。新版平台不仅进一步拓宽了供应链，还更多地针对高净值人群量身定制旅游产品。

携程数据显示，高端定制旅游打包产品的人均消费为 23800 元人民币(约合 3410 美元)。据携程和中国出境游研究所(COTRI)联合发布的报告数据，截至 2018 年，中国的高净值人群数量高达 167 万。

携程定制旅行业务总经理谢兆圣表示，其定制旅行平台是一个开放的平台，连接客户和各类供应商。"我们的目标是为客户提供量身定制的旅游解决方案。通过赋能供应商，我们将为旅行者提供最佳的定制游体验。"

携程定制旅行平台的订单量比去年增长了 180%。

"我们计划继续深耕定制游细分市场，发展 C2B2B 平台。未来两年，我们要将携程定制游业务的交易额(GMV)提升至 100 亿元人民币。" 谢兆圣称。

"出境游已占携程定制旅行平台 GMV 的 60%。随着平台 3.0 的推出，出境游所占的比例将会更高。我们将把世界各地的旅游资源整合到我们的平台上，为客户提供丰富的出境游解决方案。"

(资料来源："环球旅讯"公众号，2019 年 6 月 24 日)

2. 旅游采购业务

旅行社的第二项基本业务是旅游采购。旅游采购业务是指旅行社为了生产旅游产品而向有关旅游服务供应部门或企业购买各种旅游服务项目的业务活动。旅行社的采购业务涵盖旅游活动吃、住、行、游、购、娱六个方面，涉及交通、住宿、餐饮、景点游览、娱乐和保险等部门。旅行社采购业务充分体现了旅行社行业的依附性和综合性。

3. 产品销售业务

旅行社产品销售业务是旅行社的第三项基本业务，包括制定产品销售战略、选择产品销售渠道、制定产品销售价格和开展旅游促销四项内容。

4. 旅游接待业务

旅行社通过向旅游者提供接待服务，以最终实现旅游产品的生产与消费。旅行社接待业务是旅行社的重要业务，体现了旅行社行业的服务性。接待业务包括团体旅游接待业务和散客旅游接待业务。

5. 中介服务

当今旅行社主要提供以下一些中介服务项目：①办理旅行证件，如护照和签证；②代客购买或预订车、船和机票及各类联运票；③出售特种有价证券，如信用卡，旅游者持有这种证券便可在各游览地逗留期间得到膳食服务；④发行和汇总旅行支票、信贷券，组织兑换业务；⑤为旅游者办理旅行期间的各种保险等。

任务二　设立旅行社

任务目标

在大众创业、万众创新时代，你打算大学毕业后和朋友一起设立一个经营境内与入境旅游业务旅行社，请你调查设立旅行社要考虑的外部因素和内部因素，按照法定的要求准备好相关材料，填写经营境内与入境旅游业务旅行社设立许可申请表，按照规定的流程，设立一个旅行社。

你们经营的旅行社业务满两年，打算申请出境旅游业务，请按照法定的要求准备好相关材料，填写经营出境旅游业务申请书，按照规定的流程，申请出境旅游业务。

任务实施过程

请每个小组将任务实施的步骤和结果填写到表1-2～表1-4中。

表1-2　任务单

小组成员：		指导教师：
任务名称：	任务完成地点：	
工作岗位分工：		
工作场景： (1)毕业后，你和朋友一起设立一个经营境内与入境旅游业务旅行社 (2)调查设立旅行社要考虑的外部因素和内部因素 (3)填写经营境内与入境旅游业务旅行社设立许可申请表 (4)按照法定流程，设立一个旅行社		

续表

教学辅助设施	模拟成立旅行社的真实工作环境，配备相关教具
任务描述	准备相关材料，填写经营境内与入境旅游业务旅行社申请表，模拟设立旅行社，让学生了解旅行社设立的条件和基本程序
任务重点	主要考查学生对旅行社设立的条件和程序的认识
任务能力分解目标	旅行社设立的因素 旅行社设立的条件 旅行社设立的基本流程
任务实施步骤	(1)学习相关知识点 (2)4～6个学生组成一个小组，准备设立旅行社的各种材料 (3)填写经营境内与入境旅游业务旅行社申请表 (4)对教室进行布置，划分不同的行政部门区域，每个小组需要按照法定流程，到不同部门办理手续，模拟设立旅行社 (5)各小组进行互评，教师进行点评 (6)以上任务结束后，按照以上相同的任务步骤，申请出境业务

表1-3　旅行社设立的外部环境调查

调查项目	调查结果
本地区旅游业的发展现状(包括供给和需求市场)	
当地旅行社的竞争状况	
当地旅游发展政策	
本地区经济发展水平	
旅行社行业的人才状况	
旅游服务供应部门	

表1-4　旅行社设立的外部环境条件调查报告

经过调查与分析，根据SWOT分析方法，现将＿＿＿＿＿＿市(区)旅行社设立的外部环境条件调查报告撰写如下：

优势(Strength)	
劣势(Weakness)	
机会(Opportunity)	
威胁(Threat)	
总结：	

经营境内和入境旅游业务旅行社申办程序模拟：请根据旅行社设立的基本流程，并根据你所设立的旅行社所在地情况，完成图1-7。

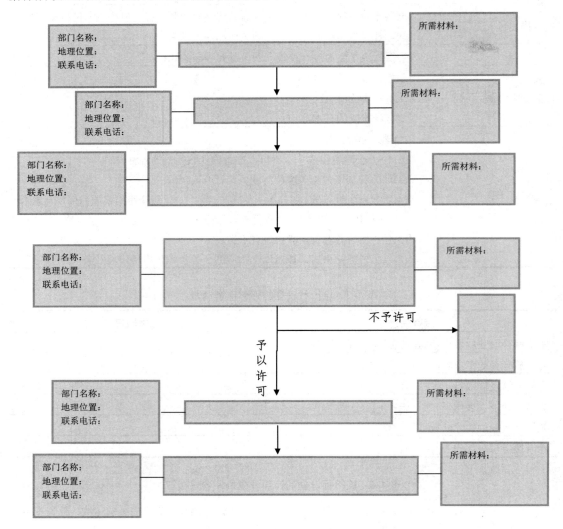

图1-7　经营出境旅游业务申请流程

任务评价

(1) 认识设立旅行社的影响因素。
(2) 了解旅行社设立的条件，按照法定条件准备设立旅行社的申请资料。

(3) 熟悉旅行社设立的基本流程，能够按照正确的流程完成旅行社设立的各种手续。

任务相关知识点

情境一　分析影响旅行社设立的因素

设立一家旅行社受到诸多因素的制约。影响旅行社设立的因素主要包括外部因素和内部因素。

一、外部因素

外部因素是指旅行社自身无法控制而又必须受其约束的因素。影响旅行社设立的外部因素主要有行业环境因素和宏观环境因素两个。

(一)行业环境因素

行业环境因素是指存在于旅行社内部的，影响、制约着旅行社的存在与发展的因素。主要涉及旅游业的发展现状、行业内的竞争对手、潜在的竞争对手、旅游服务供应部门等。

1. 旅游业的发展现状

世界旅游业、国家旅游业、地区旅游业的发展水平和发展趋势会对该地区旅行社的设立产生至关重要的影响。旅游业发展水平高，并且呈现可持续发展的趋势，旅游客源就有了较好的保障；同时与旅行社业务发展密切相关的各行业、各部门的快速增长也是设立旅行社必须考虑的要素。

知识拓展 1-4 见右侧二维码。

知识拓展 1-4

2. 行业内的竞争对手

行业内的竞争对手是指设立旅行社的地区从事旅行社经营业务的其他旅行社，包括现有旅行社的数量、规模、竞争的激烈程度等。一个地区旅行社数量有限、规模较小、竞争不激烈、获利较高时，一家新的旅行社的进入不会引起过多的关注，这就为旅行社的发展赢得了机遇；反之，就会对旅行社的设立带来重重困难。

3. 潜在的竞争对手

潜在的竞争对手是指那些具备从事旅行社业务的条件，却尚未进入旅行社行业的企业或个人。申请设立旅行社时，这也是要重点考虑的一个要素。潜在对手少、实力弱，对一家新旅行社的进入就不会构成大的威胁；反之，新设立的旅行社就会举步维艰。

4. 旅游服务供应部门

旅游服务供应部门是指围绕旅行社的业务展开经营，为游客提供吃、住、行、游、购、娱等服务的部门。旅游服务供应部门的数量、规模、经济实力、其产品对旅行社的依赖程度对旅行社的经营成本、盈利水平和发展潜力具有较大影响。旅游服务供应部门数量多、规模小、实力弱、依赖性强时，旅行社的发展潜力就非常大；反之，一家新的旅行社是难以维持下去的。

(二)宏观环境因素

宏观环境因素是指存在于旅行社行业之外的，却又对旅行社的存在与发展产生直接影响的各种因素。这些因素包括宏观经济环境、人口环境、科技环境、政治和法律环境、国际环境等。

1. 宏观经济环境

宏观经济环境决定着一个国家、一个地区、一个行业的国民经济的发展状况。国民经济发展的好与坏又影响着这个国家、这个地区的旅行社行业的经济效益的好与坏。反映宏观经济环境的主要经济指标是经济增长率、汇率、利率、通货膨胀率等。

2. 人口环境

社会人口组成成分的变化会为旅行社的发展创造机遇。经济环境、生活条件越来越好的中国，在计划生育政策下，人口平均寿命的提高，老年人口的比例越来越大，"老年旅游团"也越来越多。这为旅行社的发展提供了机遇。同时，由于控制了人口的出生率，在不久的将来，旅行社的客源市场也会出现危机。

3. 科技环境

旅行社这一行业的出现，是科学技术高速发展的产物。蒸汽机的发明，火车的出现，促进了旅行社的诞生。轮船的出现，使洲际旅游成为现实。飞机由军用变民用，使旅游活动的时间大大缩短，大型客机的不断更新，更是降低了飞行成本，同时也就降低了旅行成本，为大众旅游奠定了基础。航天技术的成熟，已经使太空旅游变成现实。现代计算机网络技术，为旅行社的经营管理提供了更加便利的办公条件，降低了旅行社的经营成本，让旅行社得到了更加广阔的盈利空间。

4. 政治和法律环境

设立旅行社，应该考虑旅行社所处的政治、法律环境。一个国家、一个地区的政治制度、法律法规都会对旅行社的发展产生巨大的影响和制约。和平稳定的政治环境、以人为本的法律环境可以为旅行社营造一个宽松的发展空间。改革开放前后的中国旅游业就是最好的例证。

5. 国际环境

现代旅行社的发展已经没有了国家界限，国际旅游为旅行社带来了良好的效益。国际环境的变化对旅行社行业的影响是巨大的，国际环境对旅行社来说是一把双刃剑，既能给旅行社带来机遇，也会给旅行社的发展带来威胁。中国环境的和平与稳定，使中国旅行社行业得到了飞速发展；而美国"9·11"事件、"非典"、印度洋海啸、2020新冠肺炎疫情等却让旅行社行业深受影响。

二、内部因素

内部因素是指旅行社自身可以控制的因素，旅行社必须认真对待这些因素。影响旅行社设立的内部因素包括资金筹措、营业场所、协作网络、信用状况等。

(一)资金筹措

在具备了外部条件的情况下，设立旅行社，开展业务，首先遇到的是资金问题。申请开办旅行社、展开业务等所需资金是旅行社创立者必须提供的。因此，筹措资金就成了旅行社内部自行控制的最主要和最为关键的因素。外部因素之政治和法律环境因素所涉及的法律、法规，如《旅行社条例》就对设立旅行社所需资金有明确规定，指出了设立旅行社所需的注册资本金、质量保证金的最低限额。旅行社在业务工作中也需要相当数量的资金，要求根据自身业务量筹措相应资金。筹措资金的渠道一般为自有资金、合股资金和银行贷款三种。

(二)营业场所

营业场所是影响旅行社设立的又一内部因素，主要是指旅行社的设立者依法拥有的开展旅行社业务工作所必需的经营场地。旅行社在选择营业场所时，应该依循有利于自身发展壮大的原则。

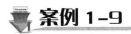

正确的选址，兴旺的开始

上海春秋旅行社经过10余年的艰苦创业，从无到有、从小到大，现名列全国国内旅行社十强之首。但其办社初期,却是惨淡经营,为了改变这一状况,管理层决定选一个闹市区开办营业场所。他们看中了繁华的西藏路上一家居住条件极差的临街住户的房子。为了达到置换目的,该社用市西两套新公房的代价与户主交换,为此遭到了来自方方面面的责难,但该社领导顶住了这些压力。事后证明春秋旅行社的这次选址决策非常正确,为其发展奠定了很好的基础。不出几年,西藏路相继开设了十几家旅行社,形成了上海旅游一条街。

(资料来源:李玲. 旅行社管理实务[M]. 武汉:武汉理工大学出版社,2017.)

(三)协作网络

旅游业越来越发达的时代,联络相关行业、相关部门,使之成为合作伙伴,从而形成一张庞大的协作关系网,是任何一家旅行社努力奋斗的终极目标。因此,协作网络是影响旅行社设立的内部因素。协作网络是衡量旅行社实力的一个关键性因素。

案例 1-10

同程艺龙携手南方航空推出基于 NDC 技术的国际机票在线选座服务

近年来,得益于 NDC 技术落地,旅客在线选座功能已从航空公司自有渠道扩散到代理平台了。同程艺龙联手南方航空,推出了基于 NDC 的在线选座服务,旅客在同程艺龙小程序或移动客户端成功购买国际机票后,可通过在线值机入口办理付费预约座位。同程艺龙是首个推出基于 NDC 技术在线选座服务的 OTA。

旅客通过同程艺龙平台上的"南方航空官方旗舰店"成功购买国际机票后,即可优先选取南航经济舱靠前排的座位或者经济舱腿部空间较大的座位(含紧急出口座位)。该项服务为收费性服务,收费标准因具体航线而异,价格在 100~600 元。同程艺龙是第一个接入南航 NDC 在线选座服务的 OTA,此前,仅南方航空官方网站、客户端可提供该服务。

同程艺龙机票事业群相关负责人表示,NDC 在线选座服务的接入是同程艺龙与南航创新合作的一个重要起点。未来,同程艺龙将继续加深与南航在 NDC 领域的合作,共同向旅客输出多样化的产品和服务,如大客户运价、B2C 运价、"机+X"产品、动态运价等机票产品,以及升舱、餐食、休息室、付费选座、付费行李、机上 WiFi 等增值服务,共同为旅客创造价值。同程艺龙秉持"让旅行更简单更快乐"的理念,致力于以技术创新、服务创新持续改进用户体验,在机票预订领域先后推出了 VR 机场等创新服务。

NDC 是国际航协(IATA)继电子客票之后,在全球范围大力推动的第二个大型航空业务改革项目,目的是实现航空公司在更广的分销渠道上,实时精准地为客户提供更多的产品和服务选择,即实现新零售化的航空产品销售。NDC 项目上线后,航空公司的产品将从单一机票销售,丰富为提供机票+酒店、租车、休息室、机上选餐、机上 WiFi、选座、逾重行李等多种服务和产品组合,实现航空附加服务和非航产品的"订单式"销售,旅客也可以更方便地选择合适的订单。目前欧美各大航空公司均在力推该项目,其中汉莎航空、英国航空等多家航空公司开发完成并全力在各大 OTA 和 TMC 代理商方面进行推广,国内多家航空公司也完成了 NDC 的标准测试。

(资料来源:"中国旅行社协会"公众号,2019 年 6 月 25 日)

(四)信用状况

信用状况反映的是旅行社的借贷能力。旅行社在经营过程中都会存在负现金流量。负现金流量现象的存在,仍能使该旅行社整体上保持安全的财务状况,这说明该旅行社信用状况良好。良好的信用,可以使旅行社在经营过程中始终占有竞争优势。要做到这一点,一方面要保持较低的流动负债水平,另一方面要具有良好的发展前景。

情境二　了解旅行社的设立条件

2009 年 5 月施行《旅行社条例》,2016 年 12 月国家旅游局修订的《旅行社条例实施细则》,以及 2013 年 4 月施行的《中华人民共和国旅游法》,对我国旅行社的设立条件作出了规定。

一、基本要求

(1) 申请设立旅行社,经营国内旅游和入境旅游业务的,应当具备下列条件。
① 应当取得企业法人资格,并且注册资本不少于 30 万元。
② 申请者拥有产权的营业用房,或者申请者租用的、租期不少于 1 年的营业用房;营业用房应当满足申请者业务经营的需要。
③ 有必要的营业设施。应当至少包括下列设施、设备:2 部以上的直线固定电话;传真机、复印机;配备与旅游行政管理部门及其他旅游经营者联网条件的计算机。
(2) 申请经营出境旅游业务,应当具备下列条件。
① 旅行社取得经营许可满 2 年,且未因侵害旅游者合法权益受到行政机关罚款以上处罚。
② 足额缴存质量保证金 140 万元(包括原有 20 万元)。
③ 足额缴交出境游旅行社责任险。
(3) 旅行社设立分社的,应当具备下列条件。
① 分社的经营场所、营业设施、设备符合经营国内旅游和入境旅游业务规定的要求。

② 旅行社分社的设立不受地域限制，分社的经营范围不得超出设立分社的旅行社的经营范围。

二、保证金要求

(一)保证金额度

旅行社应当自取得旅行社业务经营许可证之日起 3 个工作日内，在国务院旅游行政主管部门指定的银行开设专门的质量保证金账户，存入质量保证金，或者向作出许可的旅游行政管理部门提交依法取得的担保额度不低于相应质量保证金数额的银行担保。

经营国内旅游业务和入境旅游业务的旅行社，应当存入质量保证金 20 万元；经营出境旅游业务的旅行社，应当增存质量保证金 120 万元。

旅行社每设立一个经营国内旅游业务和入境旅游业务的分社，应当向其质量保证金账户增存 5 万元；每设立一个经营出境旅游业务的分社，应当向其质量保证金账户增存 30 万元(详见《旅行社条例》第十三条、第十四条规定)。

(二)保证金的使用

有下列情形之一的，旅游行政管理部门可以使用旅行社的质量保证金。

(1) 旅行社违反旅游合同约定，侵害旅游者合法权益，经旅游行政管理部门查证属实的。

(2) 旅行社因解散、破产或者其他原因造成旅游者预交旅游费用损失的。

此外，人民法院判决、裁定及其他生效法律文书认定旅行社损害旅游者合法权益，旅行社拒绝或者无力赔偿的，人民法院可以从旅行社的质量保证金账户上划拨赔偿款。

(三)保证金允许减少

旅行社自缴纳或者补足质量保证金之日起 3 年内未因侵害旅游者合法权益受到行政机关罚款以上处罚的，旅游行政管理部门应当将旅行社质量保证金的缴存数额降低 50%，并向社会公告。旅行社可凭省、自治区、直辖市旅游行政管理部门出具的凭证减少其质量保证金。

(四)保证金的补足与取回

旅行社在旅游行政管理部门使用质量保证金赔偿旅游者的损失，或者依法减少质量保证金后，因侵害旅游者合法权益受到行政机关罚款以上处罚的，应当在收到旅游行政管理部门补缴质量保证金的通知之日起 5 个工作日内补足质量保证金。

项目一 旅行社设立

若旅行社不再从事旅游业务的,凭旅游行政管理部门出具的凭证,可从银行取回质量保证金。

案例 1-11 见右侧二维码。

案例 1-11

情境三 模拟设立旅行社

按照新修订的《旅行社条例》及《旅行社条例实施细则》的要求,旅行社设立的程序与以往有着极大的不同,体现出近两年来国务院商事制度改革"三证合一"(《营业执照》《税务登记证》及《组织机构代码证》三证),以及"先照后证"(先向工商部门申请办理《企业法人营业执照》,再到许可审批部门办理许可审批手续)的政策要求。根据《旅行社条例》第七条、第八条和《旅行社条例实施细则》第八条、第十条的规定,设立旅行社必须先经营国内旅游业务和入境旅游业务。旅行社设立的程序因其经营的业务范围而有所不同,但大体基于以下流程(见图1-8)。

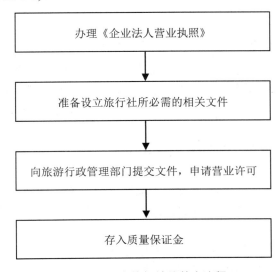

图 1-8 设立旅行社的基本流程

一、到工商行政管理部门办理《企业法人营业执照》

根据最新《旅行社条例》的规定,设立旅行社要先到工商行政管理部门办理《准予设立(开业)登记通知书》,以及《企业法人营业执照》(见图1-9和图1-10),取得企业法人资格。《企业法人营业执照》是集《营业执照》《税务登记证》以及《组织机构代码证》三证合一,这是根据近两年来国务院商事制度改革的政策要求,为了依法推进简政放权、放管结合、优化服务改革,实施的"三证合一"改革,以及"先照后证"改革,即先向工商部门申请办理营业执照,再到许可审批部门办理许可审批手续。

图1-9　广之旅营业执照

图1-10　国旅(深圳)国际旅行社有限公司明星营业部分支机构营业执照

二、准备设立旅行社所必需的相关文件

申请设立旅行社经营国内旅游业务和入境旅游业务的,应当向所在地省、自治区、直辖市旅游行政管理部门或者其委托的设区的市级旅游行政管理部门提出申请,准备提交下列文件。

(1) 设立申请书。内容包括申请设立的旅行社的中英文名称及英文缩写、设立地址、企业形式、出资人、出资额和出资方式、申请人、受理申请部门的全称、申请书名称和申请的时间。

(2) 法定代表人履历表及身份证明。

(3) 企业章程。

(4) 经营场所的证明。

(5) 营业设施、设备的证明或者说明。
(6) 工商行政管理部门出具的《企业法人营业执照》。

旅行社申请出境旅游业务的，应当向国务院旅游行政主管部门提交经营旅行社业务满两年，且连续两年未因侵害旅游者合法权益受到行政机关罚款以上处罚的承诺书和经工商行政管理部门变更经营范围的《企业法人营业执照》。

三、向旅游行政管理部门提交文件，申请营业许可

申请经营国内旅游业务和入境旅游业务的，应当向所在地省、自治区、直辖市旅游行政管理部门或者其委托的设区的市级旅游行政管理部门提出申请，并提交符合《旅行社条例》第六条规定的相关证明文件。旅游行政管理部门根据《旅行社条例》第六条规定的最低注册资本限额要求，通过查看企业章程、在企业信用信息公示系统查询等方式，对旅行社认缴的出资额进行审查。省级旅游行政管理部门可以委托设区的市(含州、盟，下同)级旅游行政管理部门，受理当事人的申请并作出许可或者不予许可的决定。受理申请的旅游行政管理部门可以对申请人的经营场所，营业设施、设备进行现场检查，或者委托下级旅游行政管理部门检查,并应当自受理申请之日起 20 个工作日内作出许可或者不予许可的决定。予以许可的，向申请人颁发旅行社业务经营许可证；不予许可的，书面通知申请人并说明理由。旅行社业务经营许可证如图 1-11 所示。

图 1-11　旅行社业务经营许可证

申请经营出境旅游业务的，应当向国务院旅游行政主管部门或者其委托的省、自治区、直辖市旅游行政管理部门提出申请，受理申请的旅游行政管理部门应当自受理申请之日起 20 个工作日内做出许可或者不予许可的决定。予以许可的，向申请人换发旅行社业务经营许可证；不予许可的，书面通知申请人并说明理由。

知识拓展 1-5

取得旅行社业务经营许可证是旅行社开展业务经营活动的必要前提。旅行社应当将旅行社业务经营许可证与营业执照悬挂在经营场所的显要位置。旅行社业务经营许可证不得转让、出租或者出借。旅行社准许或者默认其他企业、团体或者个人，以自己的名义从事旅行社业务经营活动，或者准许其他企业、团体或者个人，以部门或者个人承包、挂靠的形式经营旅行社业务的，都属于转让、出租或者出借旅行社业务经营许可证的行为。

(资料来源：赵利民. 旅行社经营管理[M]. 北京：中国人民大学出版社，2018.)

知识拓展 1-6

请扫描以下二维码，了解在广州市申请经营境内旅游业务和入境旅游业务旅行社审批办事指引。

(资料来源：广州市旅游局，http://www.gzly.gov.cn/zwpd/zwpd_lxsyw/201905/63995ce0ebd24253803d9ca1d0ff3dc8.shtml，2019 年 1 月)

四、存入质量保证金

旅行社应当自取得旅行社业务经营许可证之日起 3 个工作日内，在国务院旅游行政主管部门指定的银行开设专门的质量保证金账户，存入质量保证金，或者向做出许可的旅游行政管理部门提交依法取得的担保额度不低于相应质量保证金数额的银行担保。

经营国内旅游业务和入境旅游业务的旅行社，应当存入质量保证金 20 万元；经营出境旅游业务的旅行社，应当增存质量保证金 120 万元。

知识拓展 1-7

设立旅行社分支机构

旅行社分社(以下简称分社)是指不具有法人资格，以设立分社、服务网点的旅行社(以下简称设立社)的名义从事《旅行社条例》规定的经营活动，其经营活动的责任和后果，由设立社承担。分社的经营场所、营业设施、设备,应当符合《旅行社条例》第十条及《旅行社条例实施细则》第十八条、第十九条以及第二十条规定的要求。分社的名称中应当包含设立社名称、分社所在地地名和"分社"或者"分公司"字样。

(资料来源:《旅行社条例》,2017 年修订;《旅行社条例实施细则》,2016 年修订)

任务三 营业场所选择和布局

任务目标

在上一任务中,你已经成立了一个旅行社,请列出你选择该旅行社地址时考虑的因素,并对该旅行社门市进行设计和布局,包括室内外装潢、产品种类及陈列、室内设备摆设等,把门市布局简图画出来。

任务实施过程

请每个小组将任务实施的步骤和结果填写到表 1-5 任务单中。

表 1-5 任务单

小组成员:		指导教师:	
任务名称:		任务完成地点:	
工作岗位分工:				
工作场景: (1)对旅行社进行选址,列出选址需要考虑的因素 (2)设计旅行社门店的布局,把门市布局简图画出来			
教学辅助设施	模拟旅行社真实工作环境,配备相关教具		
任务描述	通过对旅行社地址的选择和门市布局的设计,让学生认知旅行社选址的影响因素,以及如何对门市进行合理布局		
任务重点	主要考查学生对旅行社门市地址的选择及对门市布局的认识		
任务能力分解目标	旅行社选址的影响因素 营业场所的布局		
任务实施步骤	(1)学习相关知识点 (2)列出你选择该旅行社地址时考虑的因素,并确定所设立旅行社的具体地址 (3)对旅行社门店进行布局,画出布局简图 (4)各个小组进行互评,教师最后点评		

任务评价

(1) 认识旅行社选址的影响因素，能根据实际情况进行恰当的选址。
(2) 了解旅行社营业场所布局的内容，根据实际情况对门市进行设计和布局。

任务相关知识点

情境一　确定旅行社营业场所

旅行社必须拥有固定的营业场所。所谓"固定的营业场所"，是指在较长的一段时间里能够为旅行社所拥有或使用，而不是频繁变动的营业场所。除了拥有固定的营业场所外，无论国际旅行社还是国内旅行社，都必须具备"足够的营业用房"，即拥有适合本旅行社发展所必需的营业用房。旅行社的营业场所必须符合旅行社业务发展与经营的需求。

旅行社的营业场所是设立旅行社时可以自行控制的一个因素，它是影响旅行社设立的内部因素。旅行社营业场所的选择对其今后的发展，以及经营管理有着至关重要的作用。

美国空中交通协会(ATC)就旅行社的选址做了以下规定。

● 旅行社不能设在家中，必须设在公众出入方便的商业区并保证正常的营业时间。
● 旅行社不能与其他业务部门合用办公室，而且必须有独立的出口。
● 如果没有直接通向街道的通道，那么旅行社就不能设在饭店内。

美国旅游学者帕梅拉·弗里蒙特(Pamela Fremont)根据自己的实践经验，就旅行社的选址问题提出以下见解。

● 旅行社应该设在繁华的商业区，以便吸引过往行人。
● 旅行社营业场所应该有足够的停车场地，以便于公众停留。
● 尽量避免选择旅行社林立的地区，以减少竞争压力。
● 旅行社应该选择中等收入家庭相对集中的地区，且附近有较大规模的企业，以便吸引人们参加旅游。
● 旅行社营业场所以底商为好，以方便顾客。

知识拓展 1-8

旅行社选址的学问

选址，对旅行社的发展至关重要，选址差之毫厘，可能会导致业绩失之千里。旅行社

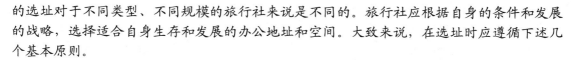

的选址对于不同类型、不同规模的旅行社来说是不同的。旅行社应根据自身的条件和发展的战略，选择适合自身生存和发展的办公地址和空间。大致来说，在选址时应遵循下述几个基本原则。

(一)市场性原则

目前，我国旅行社主要经营以旅游线路和各类单项旅游服务为主体的旅游产品，在网络化经营尚未普及的状况下，尽可能接近市场成为旅行社选址所要重点考虑的内容。这个市场包括了两方面的含义：一是旅游客源地市场；二是旅游目的地市场。

市场性原则还包含了旅行社的选址应当考虑市场的喜好与风格。例如，写字楼的办公空间形象，应当与企业所要树立的形象相匹配，而这个形象要基于对所在地居民的文化背景和消费取向的研究。

(二)便利性原则

旅行社的选址应当考虑到顾客前来进行咨询、业务办理等事项的便利程度，因此，应着重考虑下述几方面的因素：周边环境是否卫生、安全？交通是否方便？是否有多路公交线路到达？客人前来时会不会被绿地、高架桥等阻断？周边道路状况是否良好？停车是否安全便利？门头设计的视觉效果是否突出，以方便客人寻找？只有真正站在客人的角度上，才能做好旅行社的选址工作，否则只是一厢情愿，离市场越来越远。

(三)经济性原则

旅行社是经济实体，经济利益对于旅行社来说无论何时何地都是重要的。建设初期的固定费用，投入运行后的变动费用，产品出售以后的年收入，无疑都与选址有关。因此，旅行社在选址时，应考虑到租金、硬件设施、水电、物业管理、计算机网络使用等方面的因素，尽可能地减少不必要的开支，降低企业的运营成本。

(四)长远性原则

企业选址是一项带有战略性的经营管理活动，因此要有战略意识。旅行社在考虑选址时，应当考虑与未来企业的发展战略相结合，不能只顾眼前利益而无端增加未来发展的成本。基于此项原则，从宏观的角度应当适当考虑未来市场的迁移和发展及本行业的发展趋势，从微观的角度应考虑所选择的地址是否可以提供较长的使用期，写字楼的办公空间是否具有灵活性，未来有无可扩容的可能性等现实问题。

(五)关联性原则

旅行社的选址还应考虑到与其他企业之间和同类企业之间的关联性。当所选择的地址与其他企业相靠近时，应考虑到这些企业的声誉、品牌、门市状况等因素，以提升自身的形象。

至于旅行社与同类企业是否适宜接近，要根据旅行社自身及当地旅游发展的情况而定，不能随意做出判断。一般而言，在旅游业刚刚起步的城市，周边同类型的旅行社越少，自身的经营则越具有优势。而对于那些旅游业相对发达的城市，规模化反而能带来效益。例如，我国北京、上海都出现过"旅行社一条街"，虽后因城市规划而解体，但其集中分布产生的效益不可抹杀。云南的旅行社也有很多集中在火车站、汽车站等交通岗口，客人一下车便能迅速找到多家旅行社，进行价格、质量等方面的产品对比。

(资料来源：肖树青. 旅行社经营管理[M]. 北京：中国财政经济出版社，2015.)

对旅行社来说，具备区位条件良好的经营地点是构成旅行社市场经营优势的一个重要因素。一位旅行社经理曾经说过："只要具备三样重要的东西，即地点、地点、地点，就可开办一家旅行社。"此话虽然不够全面，但也能反映出旅行社选址的重要性。首先，对顾客来讲，地点方便是他们选择旅行社的一个重要标准；其次，对旅行社而言，经营地点的优劣是业务成功的重要前提条件。因此，旅行社通常会选择在城市或城镇中心建立自己的营业场所，而较少选择郊区和偏僻的小镇。

案例1-12

案例1-12见右侧二维码。

情境二　布局营业场所

旅行社营业场所是进行产品宣传、销售的场所，也是直接面对顾客的场所，代表着旅行社的形象，也是旅行社对外宣传和树立形象的窗口。旅行社营业场所的设计和装潢应力求给顾客一种亲切、温馨的感觉，能留住顾客，甚至能唤起他们的旅游动机；同时还应具有鲜明的品牌视觉感，既能体现旅行社行业特色，又能体现本社的产品特色。

一、室外设计

旅行社营业场所的外部装潢是门市的脸面，门市外观设计和广告看板，对旅游消费者入店消费意愿影响很大。门面除了吸引顾客的目光，另一个重要功能就是直接告诉顾客"我们卖的是什么"。

1. 店名

店名就是一块招牌，是一个企业的品牌，无形中给商家带来商机和希望，尤其是具有知名度的企业商标更能让消费者信任。通常情况下，旅行社店面上都会设置一个条形门市招牌，醒目地向客户展示企业名称(见图1-12和图1-13)。

有些旅行社的招牌除了展示企业的名称外，还有门市名或者旅行社的特色产品或者广告语(见图 1-14 和图 1-15)。

　　此外，店名的字形、大小、凹凸、色彩、位置上的考虑应该与本企业的视觉形象一致，如店名字形等都要与该企业的相关文化一致；美术字和书写字要注意大众化，中文和外文不要太花太乱。店头文字使用的材料因店而异，门市较大的店面可以使用铜质、凹凸空心字，闪闪发光，有富丽、豪华之感，效果较好。塑料字有华丽的光泽，制作也简便，但时间一长光泽会褪掉，塑料老化，受冷、受热、受晒易变形，因此不能长久使用，但价格便宜。木质字制作也方便，但长久的日晒雨淋易裂开，需要经常维修上漆。

图 1-12　康辉旅游门市

图 1-13　同程旅游门市

图 1-14　广之旅门市

图 1-15　南湖国旅门市

2. 店面外装饰材料及装饰

　　如今的店面外装饰材料已经不限于以前的木质和水泥，而是采用花岗岩、金属不锈钢、薄型涂色铝合金板等，石材门面显得厚实、稳重、高贵、庄严；金属材料显得明亮、轻快，富有时代感。为了让店头更加引人注目，尤其是夜晚，可以应用很多装饰手法，如用霓虹灯、射灯、彩灯、反光灯、灯箱等来增强效果。

3. 店门

　　从商业观点来看，旅行社门市的店门要设在旅游消费者流量大、交通方便的一侧。店门的位置放在店中央还是左右两侧，要根据门市所处的街道地理位置及人流情况来定。设计时要考虑店门前面的路面是否平坦，是水平还是斜坡；采光条件、噪声影响及太阳光照射方位等。此外，一般大型旅行社门市的大门可以安置在中央，小型门市的进出门安置在中央是不妥当的，因为店堂狭小，直接影响了店内实际使用面积和旅游消费者进出的通道。

在店门的材料方面，现在旅行社门市大都采用具有现代感的全玻璃门，因为玻璃质感好，采光性好，旅游消费者从外面就可以看到店内的摆设，使整个门市显得整洁、通透。如图 1-16 和图 1-17 所示，这些门店的大门均采用了全玻璃门，甚至还可以起到广告板的作用。

图 1-16 南湖国旅门店

图 1-17 广之旅门店

4. 橱窗的设计

对很多旅行社门市来说，橱窗设计是店面的一种重要广告形式，橱窗上陈列着季节性的旅游产品，而且是热门的、实时的、畅销的旅游产品，当行人走过时能够吸引其眼球，吸引消费者的注意力，激发兴趣和暗示消费者购买商品。

二、室内布局

1. 入口等候区

入口是旅游者走进旅行社后所见到的第一个区域，既要看上去十分舒服，能够对旅游者产生强烈的吸引力，又应该具有较强的实用性，保证进行旅游咨询或办理旅游手续的人能够顺利地进出。

等候区是为那些因营业场所内的旅游咨询者较多，营业人员一时无法回答，因而给旅游咨询者提供的等候和休息的地方。

2. 接待与咨询服务区

接待与咨询服务是门市服务的核心区域，必须让顾客感到心情愉快，并且给人以工作效率极高的印象，如图 1-18 和图 1-19 所示。这个区域的布局设计要注意以下问题。

(1) 工作人员的座位不能过于拥挤，否则无法保证较高的工作效率。

(2) 接待员的办公桌可以沿房间的墙壁摆放，使接待员面对门口，随时能看到走进来的顾客。

(3) 区域内应整齐地摆放一些期刊架，上面摆放最近一期的旅游杂志、报纸、旅游目的地介绍。

图 1-18　同程旅游门店室内布局

图 1-19　中国国旅门店室内布局

3. 后期工作区

后期工作区一般不对外开放，除特殊情况外，不应让旅游咨询者进入这个区域。该区域一般由部门经理办公室、库房和卫生间三部分构成。

三、室内装潢

门市除了要进行室外设计，吸引顾客的注意力外，也要进行室内的装潢，这样可以为门市工作人员创造一个良好的工作环境，同时也是为顾客营造一个舒适的交易场所。

1. 灯光

商店内的照明直接作用于消费者的视觉。营业厅明亮、柔和的照明，可以充分展示店容、宣传商品，吸引消费者的注意力；可以渲染气氛、调节情绪，为消费者创造良好的心境；还可以突出商品的个性特点，激发消费者的购买欲望。

门市部的工作人员每天都需要做大量的文字工作，并花费大量的时间从事咨询及其他工作，容易产生视觉疲劳，造成工作效率低下或者出错。安装比较明亮但柔和的吸顶灯，可以改善采光条件，有助于消除视觉疲劳，提高工作效率(见图 1-20)。

2. 墙壁

营业场所的室内墙壁可以选用油画、大幅地图、布幔、彩色挂毯、异域风光图片装饰，既可以起到美化室内环境的作用，又可以充当工作人员与旅游者谈话的话题。有的时候，通过这些饰物，可以不知不觉地缩短双方的距离，有利于产品的销售。

图 1-20 中旅门市部

3. 地面

营业场所的室内，一般可用瓷砖装饰地面，既容易清扫，又比较耐磨损。此外，地面也可铺设地毯，厚厚的地毯不仅给人华贵的感觉，而且能够吸收由于繁忙业务产生的部分噪声。

案例 1-13

海天旅行社是 S 市一家颇具实力的旅行社。为了显示该旅行社的经济实力，同时也便于清扫，该旅行社在装饰其门市部的地面时，使用了造价昂贵但是光亮度好的大理石，并配装了具有欧洲古典风格的枝形吊灯，使人看上去有富丽堂皇的感觉。过了一段时间，该门市部的工作人员却反映他们无法集中精力接待客人，经常心烦意乱，许多客人也显得脾气暴躁，与装修前的情形发生了很大变化。于是，该旅行社的总经理请来了某大学的王教授，向他讨教。王教授建议总经理在地面上铺上化纤材料的地毯，并将吊灯换成了光线柔和的壁灯。果然，工作人员感觉舒服多了，不再心烦意乱了，客人也变得和气多了。

(资料来源：陆丽娥. 涉外旅行社经营管理[M]. 北京：中国财富出版社，2015.)

4. 屋顶

吊顶装饰在整个装饰中占有相当重要的地位，对店内做适度的造型设计，不仅是为了"好看"，更重要的一点是强化空间各自的属性和特征，在选择吊顶装饰材料与设计方案时，要遵循既省材、牢固、安全，又美观、实用的原则。旅行社门市的吊顶装修，要简洁大方，清新淡雅，如图 1-21 所示。

此外，门市室内装修的一个重要环节就是色彩的运用。一般而言，内部装饰的色彩以淡雅为宜。例如，象牙白、乳黄、浅粉、浅绿色等，会给人以宁静、清闲、轻松的整体效果；反之，配色不适或色调过于浓重，会喧宾夺主，使人产生杂乱、沉重的感觉。参考色彩运用的知识对把握门市的装修起着重要作用。

项目一 旅行社设立

图 1-21　广之旅门市屋顶装饰

知识拓展 1-9

色彩的运用

1. 红色(red)

热情、活泼、张扬,容易使人鼓舞勇气,同时也很容易使人生气,情绪波动较大。西方以此象征牺牲之意,东方则代表吉祥、乐观、喜庆之意,红色也有警示的意思。

2. 橙色(orange)

时尚、青春、动感,有种让人活力四射的感觉;炽烈之生命,太阳光也是橙色。

3. 蓝色(blue)

宁静、自由、清新,欧洲人把蓝色作为对国家忠诚之象征,一些护士服就是蓝色的;在中国,海军的服装就是海蓝色的。深蓝代表孤傲、忧郁、寡言,浅蓝代表天真、纯洁;同时蓝色也代表沉稳、安定与和平。

4. 绿色(green)

清新、健康、希望,是生命的象征;代表安全、平静、舒适之感。

5. 紫色(purple)

有点可爱、神秘、高贵、优雅,也代表着非凡的地位。一般人喜欢淡紫色,有愉快之感;青紫一般人会不喜欢,不易产生美感。紫色有高贵高雅的寓意,神秘感十足,是西方帝王的服色。

6. 黑色(black)

深沉、压迫、庄重、神秘、无情色,是白色的对比色。有一种让人感到黑暗的感觉,如和其他颜色相配合含有集中和重心感。在西方用于正式场合。

7. 白色(white)

清爽、无瑕、冰雪、简单、无情色，是黑色的对比色。表达纯洁之感，以及轻松、愉悦。浓厚的白色会有壮大之感觉，有种冬天的气息。在东方也象征着死亡与不祥之意。

8. 黄色(yellow)

黄色灿烂、辉煌，有着太阳般的光辉，象征着照亮黑暗的智慧之光。黄色有着金色的光芒，象征着财富和权力，它是骄傲的色彩。东方代表尊贵、优雅，是帝王御用颜色；是一种可以让人增强食欲的颜色；西方基督教以黄色为耻辱象征。

根据以上各种颜色及颜色组合给人的感觉和产生的不同效果，在门市室内装潢的时候，要根据实际情况采用合适的颜色或者颜色搭配。

(资料来源：百度百科，
https://baike.baidu.com/item/%E9%A2%9C%E8%89%B2%E5%AF%93%E6%84%8F/2714493)

任务四　设计组织结构

任务目标

根据上一任务中已经设立的旅行社，按照旅行社的业务范围、实际情况，设计该旅行社的组织结构，画出组织结构图，并划分其主要部门、确定各部门职责，以及部门员工数。

任务实施过程

请每个小组将任务实施的步骤和结果填写到表1-6任务单中。

表1-6　任务单

小组成员：		指导教师：	
任务名称：		任务完成地点：	
工作岗位分工：			
工作场景： (1)根据已经设立的旅行社，划分该旅行社的主要部门，确定各部门职责，以及部门员工数 (2)设计旅行社组织结构，画出组织结构图			
教学辅助设施	模拟旅行社真实工作环境，配备相关教具		
任务描述	通过对旅行社组织结构和主要部门的设计，让学生认知旅行社的组织结构和基本部门		
任务资讯重点	主要考查学生对旅行社组织结构和基本部门的认识		

任务能力分解目标	旅行社的组织结构
	旅行社的基本部门
任务实施步骤	(1)学习相关知识点 (2)各小组划分所设立旅行社的主要部门,确定各部门职责,以及部门员工数 (3)设计旅行社组织结构,画出组织结构图 (4)各个小组进行互评,教师最后点评

任务评价

(1) 了解旅行社基本部门,能根据旅行社的实际情况,划分基本部门。
(2) 掌握旅行社组织结构,并能对一个旅行社进行组织结构划分。

任务相关知识点

情境一　划分旅行社基本部门

一、旅行社的机构设置

旅行社的基本部门主要包括以下几个。
(1) 办公室:统筹、管理、行政。
(2) 销售部:联系客户,销售旅游线路和产品。
(3) 计调部:旅游路线策划、旅游预订、导游人员和旅游交通的调度。
(4) 出境部:出境手续办理、接洽酒店选择、长期客户谈判。
(5) 国内部:国内各类手续办理、接洽酒店选择、长期客户谈判。
(6) 导游部:导游人员招聘、培训与管理。
(7) 财务部:会计、出纳、审计、预算核算。

二、主要部门职责

1. 办公室主要职责

负责旅行社的行政管理和日常事务,协助领导搞好各部门之间的综合协调,加强对各项工作的督促和检查，建立并完善各项规章制度，促进公司各项工作的规范化管理；负责旅行社的公文整理和保管工作，沟通内外联系，以及上传下达工作；负责旅行社内外来往文电的处理和文书档案的管理工作，对会议、文件决定的事项进行跟踪、检查与落实；负责员工的招募、甄选；负责购置、保管、收发办公用品及旅游纪念品，并做到清正廉洁。

2. 销售部主要职责

加强与顾客的沟通和联系，进行新产品的开发和促销；协调所属部门的各项工作，完成旅行社下达的各项经济指标；努力开发旅游资源、旅游产品，不断扩大业务范围及业务量；团队返回后，及时收集客人及导游的反馈信息。

3. 计调部主要职责

负责旅行社旅游资源的研发采购，开发设计旅游线路；维护与旅游景点、旅游饭店、旅游交通部门、旅游餐饮、旅游商店、旅游购物及合作旅行社等相关部门的关系；负责景点门票、饭店预订、导游人员、交通调度等；根据旅行社经营目标、季节变换及社会实时活动等，开发新型旅游产品；收集、听取其他部门的反馈信息，努力提高旅游产品质量，降低成本，对旅游产品定价提出合理化建议。

4. 出境部主要职责

负责旅行社出境旅游客户的开拓及维护工作，根据市场反馈情况制定或修改客户开拓策略；与出境游客联系沟通、办理出境手续；维护与地接社、旅游饭店、旅游交通等的合作关系；与海外地接社联系，安排海外旅游行程；根据旅行社的经营目标、季节变换等，不断开发新市场新客源；收集海外地接社及出境游客的反馈信息，不断提高旅游服务质量。

5. 国内部主要职责

负责旅行社国内及入境旅游客户的开拓及维护工作，根据市场反馈情况制定或修改客户开拓策略；与国内及入境旅游团体、散客联系沟通、办理相关手续；维护与国内地接社、旅游饭店、旅游交通、旅游景区等的合作关系；与国内地接社联系，安排国内旅游行程；代表公司有效地拜访客户，介绍公司产品线、综合实力及平台资源，与客户建立起良好的合作关系；完成公司制定的渠道拓展任务，收集分析行业及市场情况，定期向公司反馈。

6. 导游部主要职责

负责接待来观光旅游的各旅游团体、零星散客，组织本地区各旅游团体、零星散客外出观光旅游；严格遵守《导游员管理条例》，提供规范的导游服务；负责旅游过程中同各地接待旅行社的联系、衔接、协调工作；按照旅游接待行程，安排好游客的交通、餐饮、住宿，保护游客的人身和财产安全；反映游客的意见和要求，协助安排会见、座谈等活动；耐心解答游客的问询，妥善处理旅游相关服务方面的协作关系，以及旅途中发生的各类问题；广泛收集信息，完成旅行社下达的各项经济指标和工作任务。

7. 财务部主要职责

负责旅行社财务的直接管理，对于旅行社的经营活动起着至关重要的作用，会计对资金的供应、回收、监督和调节负主要责任；对团队接待各个环节的资金使用实施监督，把好报账结算关；采取预防措施，处理好欠款、坏账、呆账；做好成本管理、监督。督促业务部及计调部对成本进行多层次控制，尤其对间接成本要做到心中有数；与银行、税务、工商、物价等部门建立健康和谐的关系。及时缴纳税金、报表或提供所需数据，理顺债务管理的各个环节；财务人员应按财务管理制度管账，做到日清月结，账目清楚，合理准确。

知识拓展 1-10

随着市场环境的变化，旅行社传统的业务部门也在发生着以下变化。

（1）外联部门出现扩张趋势，有的外联部门内又出现了按照市场情况划分的专业外联部门，如欧美部、日本部等。

（2）接待部门依然是旅行社的利润中心，有的旅行社接待部门因业务少而加强地联业务，有的接待部门按团体和散客设部。

（3）多数旅行社不再设计调部，而是将计调部的主要职能转移到外联部门。现有的计调部门主要负责统一调控、统一谈价，争取更多优惠。

此外，许多大、中型旅行社设立了专门的票务部门，一来保证旅行社本身所需车(机)票，二来可以对外营业，增加利润。

(资料来源：赵利民. 旅行社经营管理[M]. 北京中国人民大学出版社，2018.)

情境二 设计旅行社的组织结构

由于行业、市场环境、战略目标的不同，需要有不同的组织结构来匹配，旅行社才能获得长期竞争优势。旅行社的组织结构由旅行社的战略目标所决定，而一家旅行社的发展战略如果得不到有效的组织结构的支撑，企业战略的实施也将受到严重影响。因此，旅行社内部的结构重整、流程再造及战略定位都是息息相关的。旅行社组织机构在设计组织结构时，有众多的结构模式可作参考。

总而言之，旅行社组织结构的设置遵循以下原则，即权责利统一，目标任务明确，精干高效，按岗定人。

案例 1-14

昆明康辉旅行社

昆明康辉旅行社的名气越来越大，业务量也越来越多。昆明康辉旅行社原本是一个名不见经传的小旅行社，能发展到今天的实力和规模，与其良好的组织与管理密切相关。昆明康辉旅行社拥有 5 栋大楼，主楼位于永丰路六号，其他 4 栋分别位于永平路、永安路、永胜路、永康路，离火车站和昆明机场很近，地理位置极佳。同时，公司拥有自己的旅游车队，还有西双版纳康辉旅行社、瑞丽康辉旅行社、怒江康辉旅行社、大理康辉旅行社 4 家分支机构，各司其职，干劲十足。

集团公司的组织机构：总裁室—管理公司—各分公司(或各市场部)—各部门—各位员工。每一个分公司都有自己的分公司总经理和副总经理(市场部的总经理相当于分公司的部门经理)。因此康辉有近 20 个总经理，100 多个部门经理。

(资料来源：朱智. 旅行社经营与管理[M]. 北京：清华大学出版社，2019.)

一、按照职能划分部门

按照职能划分部门的旅行社组织结构模式，又称直线职能制，是目前我国大部分旅行社采用的组织结构模式，如图 1-22 所示。这种组织结构模式的基本特征是权力高度集中统一，上下级之间实行单线从属管理，总经理拥有全部权限，尤其是经营决策与指挥权。在这种组织结构中，旅行社的业务部门和管理部门按照内部生产过程划分和设立，其中业务部门包括外联部、计调部和接待部，这些业务部门被称作"一线部门"，负责旅行社的经营活动；管理部门则涉及办公室、财务管理和人力资源开发等部门。六大职能部门组成了最普遍的旅行社组织结构。

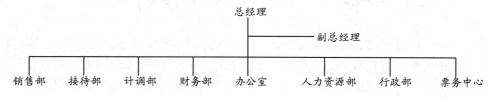

图 1-22 直线职能制

按照职能划分部门的组织结构模式的优点：第一，部门之间分工明确；第二，组织结构稳定；第三，符合专业化协作原则；第四，提高管理者的权威；第五，提高工作效率。

根据职能划分部门也有不足之处，主要表现在：第一，削弱旅行社实现整体目标的能力；第二，增加各个职能部门之间协作的困难；第三，组织结构缺乏弹性。

二、按照客源区域划分部门

按照客源区域划分部门是指旅行社根据客源所在地的不同来进行部门划分的一种部门设置形式。按照客源区域划分部门基本保留了按照职能划分部门的整体结构模式,在总经理和副总经理的领导下设办公室、人事部和财务部,只是将旅行社的三大业务部门——外联部、计调部和接待部都分设于不同的旅游客源市场所在地,如图1-23所示。此外,有些旅行社还专门设有市场部,负责新的旅游客源市场的开拓,一旦某个新的旅游客源市场开拓成功,其下再设旅行社三大主要业务板块。

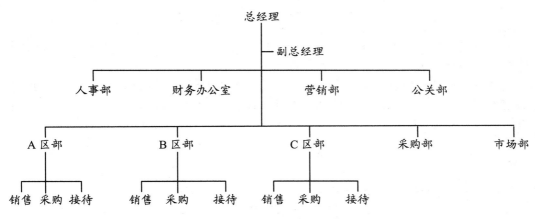

图1-23 以区域划分的事业部制

按照客源区域划分部门的组织结构模式有以下几个优点。
第一,有利于业务上的衔接和管理上的协调,从而可以提高旅行社的整体竞争力。
第二,有利于增强旅行社产品开发和市场营销活动的能力。
第三,各客源市场地区可以推行二级核算的管理模式,使集权和分权相结合。
按照客源区域划分部门的组织结构模式也有不足之处,主要表现在以下两个方面。
第一,对部门经理的管理水平和知识水平要求较高。
第二,集权与分权关系比较敏感,一旦处理不当,可能削弱整个旅行社的协调性。

三、按照产品划分部门

按照产品划分部门是指旅行社根据生产组合的不同产品类型来进行部门设置的一种方法。按产品划分部门与按客源划分部门的组织结构形式几乎类似,不同的是,在业务单位的划分方面,前者是以产品类型为标准,后者是以地区为标准。该方式下同样设置了市场部，负责开拓新的产品类型，一旦新的旅游产品类型开拓成功，就会在新的产品下同样设置外联部、计调部和接待部三大业务板块。

按照产品划分部门的组织结构模式的优点：第一，多元化经营可以降低旅行社的经营风险；第二，有利于使旅行社的产品结构日趋合理。

旅行社组织结构设计，是旅行社的一项基本工作，是旅行社履行其组织职能的基础。旅行社的组织结构能体现部门之间的相互关系，还能反映旅行社内不同层次、不同部门、不同岗位的职责与权力，同时也为各部门、各环节之间的沟通与协作提供了框架。

案例 1-15

西宁中国青年旅行社的组织结构

西宁中国青年旅行社直属外联部、计调部、散客部、接待部、导游翻译部、办公室和财务部七个部门，下设美宁宾馆，共有职工50人，其组织结构如图1-24所示。

西宁中国青年旅行社设董事会，是旅行社乃至集团的最高权力机构和决策机构。实行总经理分管负责制，两位总经理分别负责旅行社和美宁宾馆的日常工作，财务相对独立，分开核算。

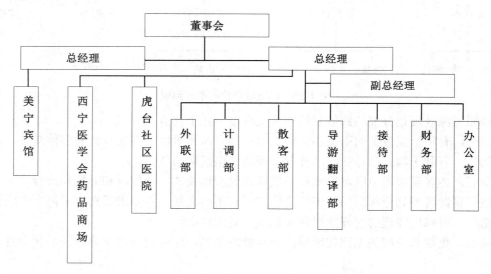

图1-24 西宁中国青年旅行社的组织结构

一、总经理

总经理作为投资经营者和企业法定代表人，对公司的经营管理工作实行统一领导，全面负责。有决策权、最终决定权和行政指挥权，有对人员的调动、任免、聘用、奖罚权和对资金、物资的调度处置权，有对公司运行情况的监督协调权，有法律法规规定的其他权力。

二、副总经理

副总经理是总经理的工作助手，在总经理的授权下，协助总经理主持、处理公司的日常工作。受总经理领导，对总经理负责。具体负责市场研究、经营管理、成本预算、效益核算，参与公司发展规划和工作计划的制订，协调各部门和有关方面的工作。

三、外联部

外联部是公司对外联络、搜集信息的部门，担负着建立对外协作网络的重任。与宾馆、交通、餐饮、商店、娱乐、兄弟旅行社、旅游景点及保险部门保持良好的合作关系，为畅通旅游渠道，销售旅游产品做好前期准备和善后工作。

四、接待部

接待部是公司的窗口之一，负责公司业务受理、团体旅客接待、具体执行线路、实施旅游计划、听取旅客意见并处理突发事件，系统培训与接待工作有关的员工，考察和监督公司的接待工作，会同导游翻译部等部门，全面树立并保持公司良好的企业形象。

五、导游翻译部

导游翻译部是公司直接为旅客服务的部门，是公司对外的重要窗口，负责导游、翻译业务和对导游翻译人员的管理，并规范导游翻译服务。

六、计调部

计调部是公司负责计划调控的核心部门，制订旅行计划，提供旅游产品，并对旅游产品实行统一定价、统一调控、统一经营、统一研究。

七、散客部

散客部是公司对外的又一个重要形象部门和窗口，负责散客接待、组织、线路推荐、旅行安排等工作，制订和实施散客旅行计划。

八、财务部

财务部负责公司财务的全面工作，健全会计制度，管理公司器材设备和资产，执行国家经济法规，编制公司资金计划和年度预决算，进行经济分析，受总经理领导并对总经理负责。

九、办公室

办公室负责公司日常行政、人事、档案、法律、后勤、秘书业务和福利、劳动保险等工作，协调和监督各部门职能的履行，开展公司工作总结，与政府主管机构和有关部门建立和保持良好的工作关系，接受有关部门的检查监督。

(资料来源：朱智. 旅行社经营与管理[M]. 北京：清华大学出版社，2019.)

近年来我国旅行社行业环境发生很大变化，如何在激烈的竞争中立于不败之地是国有大型旅行社最棘手的问题。企业组织结构是企业管理的基础构架，对企业的各方面发展发挥着至关重要的作用。合理的组织结构可以减少企业内部摩擦、提高劳动生产率、促进人员队伍稳定、增加经营业绩，从而支持企业战略发展，高效实现企业目标。

案例 1-16 见右侧二维码。

案例 1-16

小型旅行社的组织结构

小型旅行社是我国旅行社数量最多的一种，因其规模较小，经理下面有多个业务员，每个业务员都按"一条龙"式的组织设计方式，即从外联组团、计调接待、服务采购到市场营销，都由每个业务员自己操控，全过程运行。这种组织结构在一定程度上具有运作灵活、反应快等优点，比较适合处于成长阶段的企业，但其劣势不可忽视，尤其是这种结构往往会使部分人员掌握企业的客户资源，将企业资源私人化，威胁到企业的正常发展。

(资料来源：张荣娟. 旅行社经营与管理[M]. 北京：北京理工大学出版社，2017.)

项 目 小 结

本项目主要让学生了解旅行社的发展历程、基本职能和业务。分析旅行社设立的影响因素，了解设立旅行社的基本条件，能够按照法定的流程模拟设立旅行社。认识如何为旅行社选址，并能够对旅行社营业场所进行简单布局，最后能够根据旅行社的实际情况，为旅行社设计组织结构和基本部门。

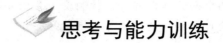

一、简答题

1. 中国旅行社行业经历了哪几个发展阶段？
2. 设立一家国内和入境旅行社应具备哪些条件？
3. 影响旅行社设立的因素有哪些？
4. 旅行社的组织结构类型有哪些？

二、分析题

1. 在旅行社的设立中，交质量保证金是一项很特别的要求，别的企业设立一般没有这一项要求。大家想一想，为什么旅行社的设立要交质量保证金？

2. 一家具有出境业务资格的旅行社打算设立两家经营国内旅游业务、入境旅游业务和出境旅游业务的分社，请问，这家旅行社的质量保证金一般应达到多少金额？

3. 古代早就出现了客舍、客栈，如唐代的王维就曾写下"客舍青青柳色新"这样清新的诗句；古代也早就有了景点，如唐代李白曾写下《望庐山瀑布》，北宋文学家苏轼曾写下《石钟山记》，王安石也曾写下《游褒禅山记》，为什么我们还认为古代没有旅游业呢？

三、案例分析

1. 广州部分旅行社的分布

问题：图1-25高德地图的红色圆点显示的是2019年7月广州部分旅行社的分布情况，请根据该地图或者登录该网页查看地图，分析广州市旅行社分布的特点，以及旅行社网点在选址时应重点考虑的因素。如果你要在广州设立一家广之旅网点，会选择在什么位置？为什么？

图1-25 广州部分旅行社分布

(资料来源：高德地图，https://www.amap.com/search?query=广州旅行社网点&city=440100&geoobj=113.17936%7C23.065387%7C113.787728%7C23.354418&zoom=11)

2. 众信旅游直客营销中心副总监王振玥表示，对于传统的旅行社门店来说，其所承载的功能仅仅是提供柜台式的咨询服务及旅游产品售卖功能。然而，在众信旅游体验店中，除围绕目的地特色鲜明的装潢布置外，体验店与传统零售点最大的不同就在于为顾客提供的全方位一站式体验服务。在众信旅游南非体验中，顾客能通过独具匠心的店面装饰感受浓郁的南非风情，亲身体验南非旅游纪念品的新奇。众信旅游 Club Med 体验店为游客搭建了具有浓郁海岛风情的门店环境，在此氛围中可更加详尽地了解 Club Med 特色旅游线路，深刻地体会 Club Med 一价全包的服务理念。近期，众信旅游将光华路店重装打造为"黄金海岸体验店"。位于北京 CBD 光华路的"黄金海岸体验店"将被装点成蓝色的海洋。众信旅游还将依据黄金海岸的目的地特点，在体验店周边举办具有浓郁澳洲风情的亲子互动性活动，使人们在轻松愉快的氛围中体验这个假日游乐胜地的魅力。

问题：请结合现代旅行社的发展，谈谈未来旅行社门店应该具备的功能？

四、社会调研

4~6 个同学一组，调查该地区一大一小共 2 个旅行社的组织结构形式，把各个旅行社的组织结构图画出来，分析各个旅行社组织结构的特点。

项目二

旅行社产品设计与开发

【学习目标】

通过对本项目的学习,要求学生了解旅行社产品的定义和特点,掌握旅游产品的构成,熟悉旅游产品的分类,了解旅游产品开发的现状;明确旅游线路设计的影响因素,理解旅游线路设计的原则,熟悉旅游线路的分类,掌握旅游线路设计的流程,了解旅游线路设计创新要求及发展趋势。

【关键词】

旅游产品　旅游线路　旅行社线路类型　线路设计流程　旅游线路创新

助推自然旅游市场　同程旅游携手腾讯文旅开启深度云南游

气候宜人，环境优美，民风淳朴，文化独特……如今，越来越多的人想要前往云南旅游，而有着国内顶级自然探索营地的高黎贡山，更是受到了青睐。因此，暑期来临之际，同程旅游携手腾讯文旅和游云南一起打造了高端亲子体验游活动，作为国内为数不多的高端亲子类旅游项目，这次活动将带上热爱大自然的朋友们开启一场深度的自然文化之旅。

"高黎贡南段，号称云雾之森，夏天几乎终日浸淫在弥散的水汽里，充满了不可预知的神秘感"，同程旅游的相关负责人这样介绍。在这场神秘莫测的自然之旅中，游客们将能享受到丰富多彩的营地体验活动：穿过茂密的丛林，徒步在美丽的山脊线上，一览高黎贡山的美景；自然探险风格的客房帐篷，360°被森林环绕包裹；晚上观看一部经典的自然电影，并且于丛林处窸窣的喧嚣声中，仰望天空中的繁星；在一场生动的昆虫展览中学习有趣的生命和自然特征知识，等等。

值得一提的是，这次活动还邀请到了自然学家，"山一自然"的创始人赵怀东先生，观察树冠层，区别哪些是可以被动物食用的叶子，观看昆虫展……赵教授全程都会带领大家，用其丰富的学识和经验，为大家一步步打开自然世界的大门。此外，知名影评人发条张也受邀其中，在与大家一起赏析自然电影的同时，还可以聊聊电影艺术中比较感兴趣的话题。随着当前人们对文化的诉求越来越高，这种在旅行中加入文化知识的普及，以自然与文化相结合的方式，在未来将会很流行。

过去，人们为云南设定的旅游线路，从来都是覆盖不同的景点，走马观花式的游览经常会让游客们感到疲惫。而这次的高黎贡山之旅则是同程旅游在了解大众市场之后，选定的一场深度自然文化之旅。四天三晚，人们驻扎在高黎贡山，通过体验不同的营地活动，去深度地感受自然，享受文化带来的魅力。

据了解，此次同程旅游与腾讯文旅、游云南的合作，是为顺应中国文旅产业的融合发展趋势而展开的。之前，腾讯文旅联合游云南，开创了"一部手机游"全域智慧旅游模式，而这一次同程旅游的加入，便以此为依托，通过"旅游+文化"的方式，与腾讯文旅、游云南一起更好地服务当地旅游产业。

"这一次的跟团游活动将主要围绕亲情，通过只有一地的深度自然体验，与文化相结合，来诠释一个不一样的亲子自然游。当然，这次活动也对所有喜欢自然游的朋友们开放"，上述负责人表示。

（资料来源：同程发言人，https://baijiahao.baidu.com/u?app_id=1558547579161416，2019年6月25日）

项目二 旅行社产品设计与开发

任务一　认知旅行社产品

任务目标

小张作为应届毕业生进入羊城旅行社工作，岗位是旅行社产品经理助理。请分组设计旅行社产品经理助理的岗位职责和所需素质。

任务实施过程

请每个小组将任务实施的步骤和结果填写到表 2-1 任务单中。

表 2-1　任务单

小组成员：		指导教师：
任务名称：	模拟地点：	
工作岗位分工：		
工作场景： (1) 应届毕业生进入旅行社担任产品经理助理 (2) 旅行社产品经理助理岗位职责		
教学辅助设施	模拟旅行社真实工作环境，配备相关教具	
任务描述	通过对旅行社产品研发工作分析，让学生认知产品经理助理岗位	
任务重点	主要考查学生对旅行社产品研发工作的认识	
任务能力分解目标	(1) 旅行社产品开发基本知识 (2) 旅行社产品经理助理职责 (3) 旅行社产品经理助理基本技能 (4) 旅行社工作礼仪	
任务实施步骤		

任务评价

(1) 了解旅行社产品经理助理岗位职责。
(2) 知晓旅行社产品经理助理所应具备的基本素质。
(3) 在工作中，能够灵活运用服务礼仪。

任务相关知识点

情境一　界定旅行社产品

一、旅行社产品的定义

《中国旅游业 50 年》一书对旅游产品做出的定义是，旅游产品是指旅游经营者凭借一定的旅游资源和旅游设施向旅客提供的满足其在旅游过程中综合需求的服务。它是旅游业吃、住、行、游、购、娱的综合体，在表现形式上往往以旅游供给者提供给旅游者的旅游线路或旅游活动出现。

从旅游者角度看，旅行社产品是指旅游者花费了一定的时间、费用和精力所换取的一种旅游经历。这种经历包括旅游者从离开始发地起，到旅游结束归来的全过程，对所接触的事物、事件和所接受的服务的综合感受。旅游者用货币换取的不是一件件具体的实物，而是一种经历和体验。

二、旅行社产品的特点

旅行社产品是旅行社为满足旅游者的需要而提供的各种有偿服务。作为服务范畴的旅行社产品，除包含产品的一般特征外，还具有其自身特征。主要表现在以下几个方面。

1. 综合性

综合性是旅行社产品的基本特征。旅行社产品是由多种旅游吸引物、交通工具、酒店餐饮、娱乐场所，以及多项服务和社会公共产品组成的混合性产品，是满足旅游者在旅游活动中吃、住、行、游、购、娱等各方面需要的综合性产品。

2. 不可感知性

旅游产品主要表现为旅游服务，它看不见、摸不着、闻不到，不能"先尝后买"。旅行社产品与其他有形的消费品不同，人们在消费之前和消费过程中都无法触摸或感受到它的存在。旅游者花费一定的时间、费用和精力，获取的是一种旅游经历和体验，而这种感受与体验对人们来说是无形的。旅行社产品的无形性加大了旅游者的购买风险，也增加了旅行社与旅游者交易的难度。

3. 不可分离性，亦称生产与消费的同一性

旅游产品的不可分离性，表现为旅游服务的提供、生产与消费具有同步性。旅游产品

生产必须以旅游需求为前提。旅游者直接介入旅游产品的生产过程，并在直接消费中检验旅游产品的数量和质量，并以自己的亲身感受表明他们的满意程度。旅游产品的生产、交换、消费在空间上同时并存。当我们的导游、司机、景点服务人员等向旅游者提供服务的时候，也正是旅游者在消费的时候，二者在时间上是不可分离的。

4. 不可储存性

旅游服务所凭借的旅游资源和旅游设施，无法从旅游目的地运输到客源所在地供游客消费的，被运输的对象只能是旅游者。旅游产品进行交换但不发生所有权的转移。旅游者在使用或消费过程中，只是取得在特定的时间和地点对旅游产品的暂时的使用权。

5. 易波动性

旅行社不能自己掌握和控制提供给旅游者的诸多产品(如酒店、航空、餐饮及社会公共产品等)，使得旅行社的经营变得十分脆弱。旅行社产品的易波动性还表现在季节天气、自然灾害、战争危险、政治动荡、国际关系、政府政策、经济状况、汇率波动，以及地缘文化等因素的变数，都会引起旅游需求的变化，这使得旅行社产品的生产和经营具有很大的易波动性。

案例 2-1

地震挫伤九寨沟旅游业

暑期档是旅游旺季，四川旅游的主要目的地之一就是九寨沟，每年的 7—11 月都是九寨沟生意最好的时候。2017 年 8 月 8 日 21 时 19 分在四川阿坝州九寨沟县发生 7.0 级地震，震源深度 20 千米。突如其来的地震使九寨沟景区景观受到不同程度损坏，也提前结束了九寨沟沿线的旅游旺季——从 8 月 9 日开始，各地游客开始退团和改道其他旅游目的地。全面恢复九寨沟景区沿线的基础设施并达到旅游接待的条件，最快也需要 3～5 个月。

九寨沟县近年来提出"全域旅游"的战略，以期深度挖掘当地旅游资源，把全县作为一个整体景区进行规划和建设。据县统计局数据，2016 年，九寨沟县共接待游客 720 万人次，同比增长 12.5%；旅游总收入 90.1 亿元，比上年增长 5.4%。一直以来，九寨沟风景区的知名度远高于九寨沟县甚至阿坝州，当地产业结构长期为"三、二、一"型的结构，由旅游业所带动的第三产业对经济的贡献度最大，约占六成左右。

旅游经济的敏感性令其更容易受到外界因素影响，2008 年，受汶川大地震影响，当年九寨沟旅游人次仅为 64 万人次，同比减少 74.6%，旅游总收入为 8.2 亿元，同比减少 72.85%。据粗略估算，地震以来九寨沟旅游产业的"吃、住、行、游、购、娱"等环节社会收入损失共达 3.1 亿元，景区全年门票收入损失 4.5 亿元，整个片区全年经济损失或达到 80 亿～100 亿元。此次地震后将在一定时期内影响当地旅游业，乃至整个阿坝州经济的发展。

(资料来源：王真真. 九寨沟地震后旅游经济受损 旅游上市公司各有灾情，http://www.traveldaily.cn/article/116545, 2017 年 8 月 11 日)

情境二　产品构成及分类

一、旅行社产品的构成

一般来说，旅行社产品由旅游交通、旅游住宿、旅游餐饮、游览观光、娱乐项目、购物项目、导游服务和旅游保险八个要素构成，这些要素的有机结合，构成了旅行社线路产品的重要内容。旅行社线路产品是一个完整、科学的组合概念，完美的旅行社线路产品是通过最完美的组合而形成的。

(一)旅游交通

旅游交通作为旅游业三大支柱之一，是构成旅行社线路产品的重要因素。旅游交通可分为长途交通和短途交通，前者指城市间交通(区间交通)，后者指市内接送(区内交通)。交通工具有：民航客机、旅客列车、客运巴士、轮船(或游轮、游船)。旅行社编排线路产品时，安排旅游交通方式的原则是：便利、安全、快速、舒适、价平。

(二)旅游住宿

住宿一般占旅游者旅游时间的 1/3。旅游住宿是涉及旅行社线路产品质量的重要因素，销售旅行社线路产品时，必须注明下榻饭店的名称、地点、档次，以及提供的服务项目等，一经确定，不能随便更改，更不能降低档次、改变服务项目。

旅行社安排旅游住宿的原则通常是根据旅游者的消费水平来确定的，对普通旅游者而言就是：卫生整洁、经济实惠、服务周到、美观舒适、位置便利。

(三)旅游餐饮

旅游餐饮是旅行社线路产品中的要素之一，许多地方的餐饮特色往往成为吸引旅游者的重要因素。旅行社安排餐饮的原则是卫生、新鲜、味美、量足、价廉、营养、荤素搭配适宜。

(四)游览观光

游览观光是旅游者最主要的旅游动机，是旅行社线路产品产生吸引力的根本来源，也反映了旅游目的地的品牌与形象。旅行社对安排游览观光景点的原则是资源品位高、环境氛围好、游览设施齐全、可进入性好、安全保障强等。

(五)娱乐项目

娱乐项目是旅行社线路产品构成的基本要素,也是现代旅游的主体。许多娱乐项目都是参与性很强的活动,能极大地促进旅游者游兴的保持与提高,加深旅游者对旅游目的地的认识。

(六)购物项目

旅行社线路产品中的购物项目分为定点购物和自由购物两种,前者是旅游者到旅行社规定的商店购物,后者是旅游者利用自由活动时间自己选择商店购物。旅行社对安排购物的原则是:购物次数要适当(不能太多),购物时间要合理(不能太长);要选择服务态度好、物美价廉的购物场所,切忌选择那些服务态度差(如强迫交易)、伪劣商品充斥的购物场所。

(七)导游服务

旅行社为旅游者提供导游服务是旅行社线路产品的本质要求,大部分旅行社线路产品中会含有导游服务。导游服务包括地陪、全陪、景点陪同和领队服务,主要是提供翻译、向导、讲解等相关服务。导游服务必须符合国家的相关法规和行业的相关标准,并严格按合同约定提供服务。

(八)旅游保险

旅行社提供旅游线路产品时,必须向保险公司投保旅行责任险,保险的赔偿范围是由于旅行社的责任致使旅游者在旅游过程中发生人身和财产意外事故而引起的赔偿。

案例分析 2-1

恩施大峡谷、神农溪、神农架精华 6 日游

| D1: 家乡—恩施 | 用餐:敬请自理 | 宿:恩施 |

自行前往广州南站换乘高铁赴恩施,这里是神秘的北纬 30°,汇聚了壮丽的山水奇观、独特的浓郁风情,接团后入住恩施当地酒店(参考车次广州南—恩施 G1312/08:10~16:59. 注:此日因每人来的地方不同,乘坐车次不同,会有等候现象,敬请谅解)。

| D2: 恩施大峡谷、女儿城 | 用餐:早晚餐(中餐请自理) | 宿:恩施 |

早餐后乘车前往【恩施大峡谷】(不含环保车 30 元/人必须自理)。大峡谷位于恩施市屯堡乡和板桥镇境内,是清江大峡谷中的一段,峡谷全长 108 千米,总面积 300 多平方千米。游览与美国科罗拉多大峡谷相媲美的【恩施大峡谷七星寨】(不含上行索道 105 元/人必须自理、下行索道 100 元/人自愿自理)。大峡谷景区概括为:一段地缝,两条河流,三大板块,

四大神奇，五大特色。目前已开放的游步道全长7.5千米，沿途景点有小龙门群峰、龙门石林、一线天、绝壁长廊、轿顶山、鞠躬松、一炷香、天路、母子情深等。索道站观赏峡谷中的百里绝壁、千丈悬崖、绝壁栈道、傲啸独峰、原始森林、远古村寨、大峡谷梯田等景点美不胜收。近距离游览【云龙河地缝】，它全长近20千米，最深处近100米，地缝两侧绝壁陡峭，一道道瀑布飞泻直下，在正午阳光下呈现出一弯弯彩虹，缝底云龙河潺潺淌过，水质清澈见底，缝壁茂密的灌木相互掩映，斑斑阳光洒入缝中，以险、俊、奇、幽的自然景象展现在人们眼前。晚上游览女儿城，当一回土家汉子——喝壮气凌云的摔碗酒，行程结束后入住酒店。

D3: 神农溪纤夫文化走廊　　　　用餐: 早中晚餐　　　　宿: 下谷或坪阡

早餐后乘车至巴东【神农溪纤夫文化走廊】，溪流两岸，山峦耸立，逶迤绵延，层峦叠嶂。它的自然风光秀美，人文景观迷人，民俗风情浓郁，被誉为长江三峡中的"翡翠水道"。乘坐世界仅存的三大水上原始交通工具之一——神农溪"豌豆角"木舟，置身"豌豆角"上顺着河水漂流而下，浪花飞溅，青山移退，苍鸟盘旋，山歌悠远，跟着纤夫喊号子，与船头的幺妹对歌高唱，感受纤夫的力量，幺妹的柔情。如若有幸，还可目睹岸边猴群嬉戏，獐羊攀缘。行程结束后乘车前往下谷或坪阡入住。

D4: 大九湖、神农架自然保护区　　　　用餐: 早中晚餐　　　　宿: 木鱼

早餐后前往【大九湖湿地公园】(不含换乘车60元/人必须自理)，位于湖北西部的神农架风景区，是一片沼泽地—山涧盆地，是亚高山的一片湿地。南北长约15千米，东西宽约3千米，中间是17平方千米的平川，四周高山重围，在"抬头见高山，地无三尺平"的神农架群山之中，深藏着这样的一处平地极为少见，大九湖因其享有"高山平原"的美誉，并被称为湖北的"呼伦贝尔""神农江南"，公园内自然景观十分奇特，是原始森林、自然湖泊、高山草原、冰川地貌、沼泽湿地、戎兵文化、盐道文化结合最完美的旅游胜地，更是远离城市喧嚣和人间烦恼的世外桃源。园区内九大湖泊像碎落着的九面镜子，借着日月的光，映画出山脊的波浪、四季的色彩、候鸟的迁徙、树影的婆娑。

中餐后乘车赴【神农架自然保护区】(因天气原因，景区无法游览完整，门票不减不退):【神农谷】欣赏喀斯特地貌神奇的峡谷石林；【板壁岩石林】、高山草甸、高山箭竹、高山杜鹃交融的画面，让你犹如置身另一个世界；【神农顶瞭望塔】感受湖北公路制高点，观华中第一峰神农顶(海拔3106.2米)及保护区民兵哨所；徒步穿越【金猴岭】原始森林金猴飞瀑，感受超高的负氧离子；【小龙潭】野生动物救护站可观金丝猴、金雕、黑熊等。行程结束后赴酒店入住，品尝当地神农土家宴。

D5: 祭坛—天生桥—官门山—宜昌　　　　用餐: 早中晚餐　　　　宿: 宜昌

早餐后游览【神农祭坛风景区】：整个景区分为主体祭祀区、古老植物园、千年古杉等。祭祀区主体建筑为巨型牛首人身神农雕像；古老植物园内有数百种国家珍稀植物，如血皮槭、珙桐、鹅掌楸……同时可以观千年古树——铁坚杉，此树距今已有1250多年树龄。

后游览【天生桥风景区】：天生桥景区内天生石桥、阴潭、老君听涛、清澈的山涧、巴人的茅屋，欣赏古老的堂戏、喝地道苞谷酒，共同构成一幅世外桃源般的画卷。游览【官门山风景区】：官门山景区集生态、动植物、人文、科考等于一体，这里物种丰富，山险林奇，山水相映，环谷幽深，地质遗迹富集，主要参观熊猫馆、生物馆、野人馆、民俗馆、大鲵馆等。后乘车赴宜昌，前往全球九大岩洞餐厅品尝特色全鱼宴，入住酒店。

D6：宜昌—武汉—广州南　　　　　　　用餐：早餐　　　　　宿：您温馨的家

早餐后按规定时间大厅集合后司机送宜昌东站，换乘高铁返回自己的家乡，结束愉快的旅行！

思考：仔细阅读上述行程单，请你根据旅行社线路设计的相关知识，找出旅行社线路的各个构成要素。

二、旅行社产品的分类

任何一种产品都可能随着市场需求的变化而不断地改变。因此，要对旅行社产品提出一个较稳定的分类系统是困难的，基本分类如下。

(一)旅游的目的性

根据旅游的目的性的不同，可将旅行社产品分为观光型旅游、文化型旅游、商务型旅游、度假型旅游和特种型旅游五大类型。

1. 观光型旅游产品

观光型旅游产品是一种传统的、最为常见的旅行社产品。它是以游览、观赏自然风光、文物古迹、民族民俗风情和都市风貌为主要内容的旅游活动。传统的观光型旅游以大自然美景、历史遗存或城乡风光作为游览、观赏对象。

随着人们生活水平的提高和游览经历的丰富，传统的观光型旅游难以满足社会的需求。20世纪后半叶，一些大型的主题公园、游乐设施、人造"野生动物园"，以及用高科技手段开发的新型旅游产品，如海底观光、虚拟太空游览等层出不穷，这类产品不仅丰富了传统的旅行社产品，而且具有较高的观赏价值，深受广大旅游者喜爱。

案例2-2 见右侧二维码。

案例2-2

2. 文化型旅游产品

文化型旅游是以了解目的地的文化为主要内容的旅游活动，包括学术考察旅游、艺术欣赏旅游、修学旅游、宗教旅游、寻根和怀旧旅游等。文化型旅游的产品，其吸引的消费群主要是文化人或需要了解文化的人。

　　旅行社产品的文化因素，要通过其产品所营造的文化氛围、产品实施的各个环节表现出来。一家旅行社虽然规模不大，但其文化类的产品，若能从其书卷气的产品名称、以文化产品为主干的产品构成体系中体现出来，则可能有一种大气度。对产品内涵的文化开发，则应是在较深的文化理解的基础上才能进行的一项操作。

案例 2-3

依托"一带一路"沿线国家的文化内涵　中青旅倾力打造旅游产品

　　中青旅遨游积极响应国家"一带一路"发展战略，发挥旅游在人文交流、民意沟通等领域不可替代的润滑作用，重磅推出"一带一路"专题旅游产品系列。相关主题产品包含13个国家、近百条旅游线路，涵盖了"一带一路"沿线绝大部分地区。

　　此次中青旅遨游推出的"一带一路"专题旅游，主打历史美景和人文风光，注重消费者的娱乐与文化体验。相关旅游线路涉及景点种类十分丰富，内容形式也多种多样。既包含品尝特色美食、探索中亚文明的伊朗波斯文明11日游、埃及土耳其游轮15日文化之旅，也有感受小城风光、体验欧陆浪漫风情的法瑞意臻选优品12日游、欧洲荷兰7晚9天百变自由行路线，也有感受海岛风光、探索雨林奥秘的巴厘岛蓝梦岛7日游、马来西亚沙巴5晚6天百变自由行路线，以及感受祖国壮丽河山、探寻中国人文美景的陕西紫禁之巅双飞4日跟团游等路线。

　　"一带一路"专题旅游上特色景点众多，文化内涵丰富，为突显"见证不同风光，感受筑梦空间"的旅游主题，使游客拥有更深层次的旅游体验，有别于普通跟团游走马观花式的游览，遨游采用多线路，深度游的发团方式，使游客在玩乐的同时深度发掘当地人文特色。

　　（资料来源：遨游网. 助力国家战略　中青旅遨游推出"一带一路"主题旅游产品，http://www.aoyou.com/news/n14209/，2017年4月14日）

知识拓展 2-1 见右侧二维码。

3. 商务型旅游产品

　　随着世界经济全球化进程的发展，商务型旅游也成为旅行社客源的新的增长点。经贸往来的增加，商务交流的频繁，会展业务的推广，奖励旅游的兴起，各类考察活动的展开都为商务型旅游提供了客源和收益的保障。商务型旅游与其他形式的旅游相比，其特点更为显著。第一，旅游频率高。缘于商务活动的经常性，而且不受气候、淡旺季影响，需要经常外出。第二，消费水准高。商务旅游者的旅行费用是公司开支，为了生意需要，旅游消费的标准比其他类型旅游者高。第三，对旅游设施和服务质量要求高。商务旅游者一般要求下榻的饭店具

知识拓展 2-1

有完善的现代化通信设施和便利的交通工具,期望服务人员素质较高,配置高档的娱乐健身设备和会务、金融场所等。对旅行社而言,商务旅游是企业利润的重要来源之一。

案例 2-4 见右侧二维码。

案例 2-4

4. 度假型旅游产品

度假型旅游是指利用假期在一地有相对较少的流动性进行修养和娱乐的旅游方式。近年来,这种产品颇受旅游者的青睐,且占据旅游市场不少的份额。过去传统的度假旅游以享受 3S(阳光、海水、沙滩)为主,到了 20 世纪后半叶,一些经济发达的国家,度假旅游形式发生了变化。例如,夏季阳光度假、冬季滑雪度假、森林露营度假、豪华邮轮度假、海滨乡村度假、品尝美食度假、体验高尔夫球运动型度假、新婚蜜月度假等不断兴起。

度假型旅游虽然也是一种休闲旅游活动,但它不同于观光型旅游。首先,度假旅游者不像观光旅游者那样到处游览,而往往是选择一个较为固定的度假地,在那里住一段时间;其次,度假者多采用散客旅游的方式,一般以家庭和亲朋为单位,而不像观光旅游者那样组成团队进行旅游;最后,度假旅游者的消费水平高,对度假设施的要求比较高。

5. 特种型旅游产品

特种型旅游和其他旅游方式相比,具有明显的"新、奇、险、少"特征。人类探索自然、亲近自然、战胜自然的激情从来都是不缺少的。对未知的东西,人们总是抱着一种希望去了解它、去体验它。登山、徒步、自驾车、横渡、穿越丛林、跨越峡谷以至于去太空等,这些似乎是人类探险精神的展现,尤其在现代激烈竞争的经济环境中,人们需要战胜困难的力量,而通过特种型旅游活动就能获得这样的信心。

特种型旅游属于运动型旅游,两者的意义不可分割。因此,深受广大青少年和勇敢者的喜爱。我国特种型旅游的开展方兴未艾,成为旅行社产品的全新热点。旅行社利用人们的好奇心理和追求新生事物的欲望而设计开发的特种旅游,满足了人们磨炼意志、挑战自我、炫耀价值的心理需求。不过,由于特种型旅游的高风险性、高投入性、单一性和耗时性,使得参与的人群较少,尤其是前期的准备工作和开发工作难度很大。因此,它的发展还需要一个渐进的过程。

案例分析 2-2

凯撒旅游推出多款旅游产品迎接暑期高峰

2017 年 5 月 12 日,凯撒旅游在上海召开媒体分享会。面对即将到来的暑期高峰,凯撒旅游携多款产品登陆华东市场,涉及"新奇特高"系列、"幸福私家团"系列,以及极地、户外、体育、游学等旅游产品,"差异化"成为凯撒旅游产品关键词。

据了解,"新奇特高"系列产品,以创新、猎奇、特色、高标为标准,覆盖"百人盛典""小吃街,大胃王""全球旅拍""全球夜未眠""闺密去旅行"等新鲜玩法,从节庆、美食、旅拍、当地夜生活等角度,挖掘目的地的特色旅游资源。

"幸福私家团"是凯撒旅游去年全新研发的产品系列,以"精致小团""高私密度""个性化"和"深度体验"为特色,2~7人的私家小团,专属定制旅程,全程司陪服务,可带上爱人浪漫度假,与家人安享假期,一经推出,即受到市场关注与认可。

凯撒旅游的户外旅游包含徒步、全球跑、悦露营、乐骑行、滑遍天下,其中还有适合上班族的徒步入门产品"周末闪游"。体育旅游则推出奥运、世界杯、NBA、欧冠、西甲、欧洲杯等世界顶级赛事的观赛产品。

凯撒旅游的极地邮轮占据着中国极地市场28.6%的份额,特别是南极产品全面覆盖南极半岛、南极圈及南极点。凯撒游学则提供专业的游学及研学产品,涵盖全球主流游学目的地,涉及学生游学、亲子游学、成人游学、精英游学、国内冬夏令营等不同的游学及研学项目,以专业的游学团队搭配专业的游学营地。

(资料来源:凯撒旅游网.凯撒旅游携"新奇特高"入沪 差异化产品打开华东出境游新思路.
http://about.caissa.com.cn/20170516/365447.shtml,2017年5月16日)

思考: 凯撒旅游推出的旅游产品中,哪些属于度假型旅游产品,哪些属于特种型旅游产品?

(二)旅行社提供的旅游服务内容

根据旅行社提供的旅游服务内容的不同,可以将旅行社产品的形态分为包价旅游、组合旅游和单项旅游。

1. 包价旅游

包价旅游是将各个旅游产品的单项要素(住宿、交通、餐饮、景点等)组合起来,添加旅行社自身提供的服务和附加价值(咨询服务、导游服务、后勤保障、手续办理、保险购置等),并赋予品牌,形成整体的旅行社产品。包价旅游是旅游者在旅游活动开始之前,将全部或部分旅游费用预付给旅行社,并签订旅游合同,由旅行社根据计划行程,安排吃、住、行、游、购、娱等活动。包价旅游又可细分为团队包价、半包价、小包价和零包价旅游。

(1) 团队包价旅游。团队包价旅游又称为全包价旅游,它包括两层含义:一是团体,即参加旅游的旅游者一般由10人或10人以上的人组成一个旅游团;二是包价,即参加旅游团的旅游者采取一次性预付旅费的方式,将各种相关旅游服务全部委托一家旅行社办理。团体包价旅游的服务项目通常包括依照规定等级提供饭店客房、一日三餐和饮料、固定的市内游览车、翻译导游服务、交通集散地接待服务、每人20千克的行李服务、景点门票和文娱活动入场券及全陪服务。

对于旅行社而言,团体包价旅游预订周期较长,易于操作,而且批量操作可以提高工作效率，降低成本，同时又能获得较高的批量采购折扣。对于旅游者而言，参加团体包价旅游可以获得较优惠的价格，预知旅游费用，一次性购买便可获得全部旅游安排和导游全陪服务，简便、安全，这些都是团体包价旅游的优势。由于包价旅游的安排的统一性，即乘坐同一航班、同一游览车，入住同一酒店，共进相同的餐饮，游览相同的景点，观看相同的节目和时间上的准确性，意味着旅游者不得不放弃自己的个性，而适应团体的共性。

(2) 半包价旅游。半包价旅游是与全包价旅游相比较而存在的一种产品，它是指在全包价旅游的基础上，扣除中、晚餐费用的一种包价形式，其目的在于降低旅行社产品的直观价格，提高产品的竞争能力，同时也是为了更好地满足旅游者在用餐方面的不同要求。

(3) 小包价旅游。小包价旅游又称为可选择性旅游，一般在 10 人以下。它由非选择部分和可选择部分构成。非选择部分包括接送、住房和早餐，旅游费用由旅游者在事前预付；可选择部分包括导游、参观游览、节目观赏和风味餐等，旅游者可根据兴趣、经济情况、时间安排自由选择，费用现付。小包价旅游对旅游者来说具有经济实惠、手续简便、机动灵活、安心可靠等优势。

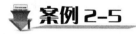

案例 2-5

英国自由行

费用包括：1. 机票：行程表所列国际往返和国内段单程的机票(经济舱、含机场税)；

2. 签证：英国个人旅游签证的签证费和签证服务费(签证资料需于出发前 30 天交齐)；

3. 住宿：2 晚四星酒店 Holiday Inn Express-London Heathrow T4 智选假日酒店-伦敦希思罗机场第四航站楼店。

英国自由行宣传海报如图 2-2 所示。

图 2-2　英国自由行

(4) 零包价旅游。零包价旅游多见于旅游发达国家。参加这种旅游的旅游者必须随团前往和离开旅游目的地，但在旅游目的地的活动是完全自由的，形同散客。因此，零包价旅游又被称为"团体进出，分散旅游"。参加零包价旅游的旅游者可以获得团体机票价格的优惠和由旅行社统一办理旅游签证的方便。

2. 组合旅游

组合旅游是一种较为灵活的旅行社产品，又称"分散进出，团体旅游"。它产生于20世纪80年代，多流行于饭店、交通、旅游服务设施相对发达和旅游景点比较集中的地区。这种产品的经营者是旅游目的地旅行社，它们根据对旅游客源市场需求的调查和分析，设计出一批固定的旅游线路，通过客源地旅行社的推广、宣传、销售，旅游者按时自行到达旅游目的地，再由目的地旅行社将他们集中起来组成团体，实现旅游活动。

组合旅游的特点：一是组合旅游人数不限，改变了过去不足10人不成团的做法；二是组团时间短，旅游者只要办妥手续后，在交通工具许可的情况下即可成行；三是无须全陪跟随，节约成本；四是选择性强，参加旅游团灵活。旅游活动结束后，旅游团体在当地解散，旅游者可自由安排或返回住地。

组合旅游之所以灵活，是因为目的地旅行社把来自各地的零散旅游者会集起来，组成旅游团体，避免了一些旅游客源地旅行社因旅游者人数少，不能单独组团而造成客源浪费的弊病。此外，组合旅游的组团时间短，有利于旅行社在较短的时间内招徕大量的客源。

3. 单项旅游

单项旅游是旅行社根据旅游者的具体需求而提供的具有个性化色彩的各种有偿服务。旅游者需求的多样性决定了旅行社单项服务的可能性和广泛性。单项服务在旅游业界又被称为委托代办业务，传统的单项服务主要包括导游服务、交通集散地接送服务、代订酒店和交通票据服务、代办签证和旅游保险购置等。

在传统的单项服务项目上，现代旅行社的单项服务内容更加丰富。比如，流行于日本、西欧一些国家的home stay形式，即学生在假期内到其他国家的同龄学生的家中吃、住、学在一起，体验另一种生活。家长一般是委托旅行社安排办理。参加这种活动的家庭也许只有一户，也许有几家不等。此外，现在十分盛行的修学旅游也只需要旅行社安排负责某一些项目，其他均由旅游者本人去实现活动。更加个性化、人性化和国际化的单项旅游服务已经成为旅行社经营的一个亮点而受到重视。为此，许多旅行社还成立了散客部或综合业务部，专门办理单项服务。

知识拓展2-2 见右侧二维码。

从以上关于旅行社三种基本形态的介绍中我们可以发现，从团体包价旅游到单项旅游服务，旅行社产品的构成要素逐步减少，服务要素的构成方式也各不相同。但这绝不等于旅行社产品只有以上三种形态。事

知识拓展2-2

实上，在有利于满足旅游者需求和提高旅行社竞争力的前提下，任何旅行社产品形态都是允许和许可的。

旅游产品的其他分类

(1) 按地理范围划分，可分为国内旅游、国际旅游、洲际旅游和环球旅游等。
(2) 按行程距离划分，可分为远程旅游和近程旅游。
(3) 按旅游者的组织形式划分，可分为团体旅游和散客旅游。
(4) 按产品档次划分，可分为豪华旅游、标准旅游和经济旅游。
(5) 按费用的来源划分，可分为自费旅游和公费旅游。
(6) 按交通工具划分，可分为航空旅游、铁路旅游、汽车旅游、游船旅游和徒步旅游。
(7) 按生命周期划分，可分为青少年修学旅游产品、大学生旅游产品、婚庆旅游产品和老年旅游产品。

情境三　产品创新与趋势

一、旅游产品设计的创新性要求

旅游产品设计，要根据客观环境和条件的变化不断推陈出新，总体上说有以下四点要求。

1. 旅游产品设计要有特色

旅游产品无论在资源整合上、项目开发上、设施建设上，还是服务提供上，都需要具有鲜明的特色，旅游产品的特色往往与地域、资源、文化紧密相连。鲜明的特色往往能使旅游者产生很深的印象，给其带来感官上的冲击，因而有更强的吸引力。独特的旅游产品是旅游企业在市场竞争中获胜的法宝。

2. 适应市场需求

旅游产品的价值体现为吸引旅游者前来旅游，满足旅游者的需求，带给旅游者不同寻常的体验感受。旅游产品是否能够完成上述功能，实现自身价值，最终取决于市场的需求。只有拥有广阔的旅游市场、满足旅游者愿望、符合市场需求变化的旅游产品才能具有强大的生命力和较好的经济效益。

3. 内容多样、结构合理

由于旅游者层次不同，需求各异，这就要求旅游产品提供的服务内容多种多样，以满足旅游者多方位、多层次的需求。同时，旅游项目之间也应考虑相互间的比例关系，基于合理、协调的角度，既能达到项目之间相互补充，又不至于因游客驻留时间不一而造成资源的浪费。这就需要设计者充分考虑市场，通过分析旅游者偏好和兴趣来设计内容和结构，达到旅游资源和产品的充分有效利用。

案例 2-6

喜玩打造超级 IP 亲子主题房，升级酒店亲子服务

随着新时代下年轻父母消费能力的增强，对于育儿观念的转变，以及伴随着二胎政策的全面放开等利好因素，母婴童市场已经成为时下的消费热点。

根据罗兰贝格的《中国母婴市场研究报告》显示，高收入家庭对于婴童年平均消费达 21258 元，其中"教育+旅游"消费比率高达 49%。《2018 年亲子游消费报告》显示，"带娃出游"已成为旅游市场上的主流消费趋势之一。

我国现有九零后人口达 1.75 亿，年龄范围为 18~27 岁，已全面进入适婚年龄，未来可见的 1.75 亿新晋辣妈潮爸也将协同八零后成为"亲子+出行"场景下的消费主力。更注重品质、体验及新事物的八零、九零后，在亲子住宿体验中对酒店的需求从基本的需求，如安全舒适，升级为希望酒店能提供更多附加服务，如 IP 植入、内设游乐设施、亲子活动等，获得愉悦的住宿体验和亲子感情培养。

广州喜玩国际旅行社有限公司现有贝肯熊、喜洋洋与灰太狼、巴啦啦小魔仙、铠甲勇士四组 IP。2018 年推出的喜玩 IP 亲子主题房，从 IP 洽谈、产品研发到营销推广，为酒店提供一站式解决方案，助力酒店提升亲子住宿体验服务。

自喜玩首个超级 IP "贝肯熊亲子主题房"推出以来，便得到酒店同行广泛认可，全国各大热门旅游城市，如北京、厦门、三亚、长沙、云南、成都、惠州等均已覆盖。

合作在线酒店 35 家，200 间客房，平均房价提升 137 元，平均溢价率 18.40%，最高溢价率 49.71%。喜玩最高贡献出租率 70.81%，喜玩贡献平均出租率 39%，客单价 1078 元，单张订单最高销售间夜 24 间夜，单张订单最长连住 12 晚。

（资料来源：http://www.sohu.com/a/302042492_120070069，2019 年 3 月 18 日）

4. 注重参与性和娱乐性

参与性的旅游产品给予旅游者的是多感官的刺激，因而能获得较深的印象和生动的体验。旅游产品的参与性越强，带来的体验就越生动。同时，越来越多的旅游者希望从旅游中获得轻松愉快的消遣，以便恢复精力和体力。因而，在旅游产品的开发中，应注重参与性和娱乐性项目的设计。

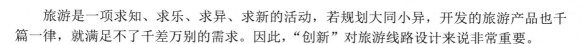

项目二 旅行社产品设计与开发

旅游是一项求知、求乐、求异、求新的活动,若规划大同小异,开发的旅游产品也千篇一律,就满足不了千差万别的需求。因此,"创新"对旅游线路设计来说非常重要。

案例 2-7

众信打造"五天年假"系列产品解决消费痛点

2017年7月18日,众信旅游发布"五天年假"主题系列产品,旨在通过科学的出行时间和行程规划、丰富的旅行体验选择,为上班族利用带薪假期外出旅行提供性价比最优的解决方案。

众信旅游与问卷网近日就一线城市上班族带薪年假使用情况展开联合调查。参与调查的受访者中,七成以上月收入超过 8000 元,年龄在 26~35 岁的约为 61%,就业单位主要集中于外资合资企业、民营企业、国有企业。

联合调查结果显示,七成以上受访者能够全部休完自己的年假;超过九成的受访者已经习惯了年假时间外出旅行;78%的受访者会用年假与 1~2 个周末时间拼出 5~9 天旅行时间;如何充分利用有限的时间搭配出权衡各方面需求的方案,成为消费者在决策过程中的普遍烦恼。70%的受访者会选择休假时与家人一起旅行,人们最喜欢去的旅行目的地依次为东南亚、欧洲、中国港澳台地区、北美、日本。

"五天年假"主题系列产品是众信旅游针对调研中发现的主流消费诉求,在产品层面持续创新的又一力作,由资深旅游产品规划师按照人们的请假习惯,将年假与周末时间作巧妙组合,设计出了恰到好处的出发时间和旅行天数,同时利用众信旅游领先的海外资源集团化采购优势,搭配全球各地的丰富旅行体验产品,包括"拼出一个小长假""一周时间尽情嗨""9 天长假太 HAPPY"等系列。消费者可以根据自己最适合的休假时间,享有更多的选择空间,从而使得带薪年假旅行时能真正"游有所值"。

在消费升级的大背景下,人们的休闲度假需求更加多元化,对旅游品质及服务也越发看重。众信旅游也非常重视这一升级变革带来的创新机会,希望通过不同的主题系列产品切入旅游消费场景,为消费者提供更加细致周到的服务,让游客的旅行在众信旅游的陪伴下收获更多的幸福记忆。

(资料来源:田虎. 众信打造"五天年假"系列产品解决消费痛点,
http://travel.people.com.cn/n1/2017/0719/c41570-29414439.html,2017 年 7 月 19 日)

二、旅行社产品开发的趋势

1. 升级换代速度加快

一方面,旅游者兴趣变化速度快,一般的旅游新产品只能引领风骚 1~2 年甚至几个月;另一方面,许多新的投资纷纷投向旅游行业,现有旅游企业又在加快扩张速度,使供求关系发生重大变化，加快了现有产品的"老化"速度，旅游企业之间竞争进一步趋向白热化，"一招鲜，吃遍天"的时代早已成为历史。这种现状迫使旅游企业不得不加快旅游新产品开发速度，以"新"取胜，即使一些知名度很高的旅游景点也要尽可能推出新产品、新项目，以迎合变化着的游客需求。

2. 科技含量进一步提高

在旅游产品开发中，越来越多地采用高科技手段，大大提高了对旅游者的吸引力。高科技的广泛运用可节省旅游产品开发的成本。

3. 特色化趋势

为满足游客的个性化需求，一些旅游企业在特色上大做文章，标新立异，以"特"取胜，很受旅游者欢迎。

4. 绿色化趋势

绿色旅游产品几乎涵盖了旅游消费的所有方面：绿色旅游线路和绿色景点，如生态旅游线路，无污染、纯天然的绿色景点等；绿色旅游交通，如景区为保护环境使用环保专用车；绿色饭店，如绿色客房、绿色餐饮等；绿色旅游商品等。许多旅游企业竞相开发绿色旅游产品，以满足客人的绿色消费需求。

知识拓展 2-4

5G 时代的旅游业发展展望

2019 年 6 月 6 日是中国 5G 商用的起点，它将对多个领域产生革命性的影响。就旅游行业而言，5G 的大规模商用，以及人工智能科技的应用将加速当前的旅游产业革命，同时，在旅游消费端也将产生重大影响，具体主要有以下几个方面。

(一) 5G+人工智能将对旅游服务产出产生重大影响

5G 与人工智能技术的大规模应用在供给端将主要影响旅游服务的产出方式。例如，大量的旅游区、酒店等将会使用高度智能的机器人为游客提供服务，从而大大提高服务产出的效率和服务品质的稳定性，也有利于节约人工成本。对于旅游景区及旅游目的地而言，VR 及 AR 的大量应用将为其提供更加丰富的展示方式，更多智能科技的应用也将诞生全新的产品形态。就在线旅游而言，低延时的高速网络将为企业创造更加丰富的服务在线展示方式，服务提供的实时性将大幅提升。同时，面向用户行程中的实时服务将获得技术上的良好支撑，这也是同程艺龙当前正在持续关注的领域。

(二) 5G 及智能科技的应用将改变旅游消费方式

旅游消费属于低频消费，每一次旅行对于消费者而言都具有极高的时间及金钱上的机会成本，因此，消费者在旅行前的决策通常非常谨慎。在 5G 时代，消费者在出游决策阶段将可获得更多智能科技的支持，如 VR/AR 技术的应用，可为消费者提供身临其境的模式体验。而在出游过程中，消费者将能够享受到多场景的实时服务并可实时分享，他们将能够体验到无处不在的智能交通、智能住宿、智能景区等服务，在旅途中遇到任何困难，也可获得高质量的远程协助。此外，从出游需求激发因素方面看，5G 时代将会以更快的速度及更丰富的形式生产旅游 IP，当前的"网红"景点或目的地有望成为旅游产业链上的重要业态。

(三) 更高的生产效率，更多的高质量休闲时间

从整个社会休闲产业视角看，在 5G 及人工智能时代，生产效率将有大幅度提升，很多工作将由机器人来完成，人们将获得更多闲暇时间，旅游消费需求有望进一步增加。

5G 及人工智能科技在旅游行业的应用前景是广阔的，蕴含着巨大的机遇，同时也带来了挑战。为了迎接新时代的到来，我们需要加快"互联网+旅游"的基础设施建设，做好技术储备，密切关注需求的变化，确保自己始终走在正确的方向上，同时在服务及产品创新方面力争上游。

(资料来源：同程发言人，https://baijiahao.baidu.com/u?app_id=1585475791614168，2019 年 6 月 6 日)

任务二　调研旅游市场

任务目标

以研学旅行为主题进行市场调研，了解研学旅行需求特点，进而开发适合市场需求的研学旅行产品。

任务实施过程

请每个小组将任务实施的步骤和结果填写到表 2-2 任务单中。

表 2-2　任务单

小组成员：		指导教师：
任务名称：	模拟地点：	
工作岗位分工：		
工作场景： (1) 研学旅行市场调研 (2) 研学旅行社市场需求报告		

续表

教学辅助设施	模拟旅行社真实工作环境，配备相关教具
任务描述	通过对旅行社市场调研工作的展开，让学生了解旅游市场调研操作
任务重点	主要考查学生对旅游市场调研的实操
任务能力分解目标	(1) 明确旅游市场调研的目标 (2) 选择旅游市场调研方法 (3) 开展旅游市场调研 (4) 分析旅游市场调研结果
任务实施步骤	

任务评价

(1) 准确界定旅游市场调研目标。
(2) 熟练掌握旅游市场调研方法。
(3) 合理开展旅游市场调研工作。
(4) 科学分析旅游市场调研结果。

任务相关知识点

情境一　明确目标市场

一、界定旅游市场调研

旅游市场调研，即运用科学的方法和手段，有目的地针对旅游市场需求的数量、结构特征等信息，以及变化趋势所进行的调查与研究。

旅游市场调研的内容十分广泛而丰富，但由于调研目的的不同，调研内容也会不同。一般来说，旅游市场调研的基本内容如下。

(一)旅游市场环境因素调研

旅游市场环境因素包括旅游企业的外部环境因素和旅游企业内部环境因素。

1. 外部环境因素

任何企业都应充分认识外部环境因素的变化给企业带来的机遇和挑战，应随时监测这些变化并与之相适应是非常重要的。

影响旅游市场的外部因素很多,包括经济、政治、法律、社会文化、技术、人口、自然环境等方面的宏观因素,消费者市场,产业市场,竞争者状况等。

外部环境因素的变化总是蕴含着某种需要和趋势。趋势是有一定势头和生命力的方向或事件的顺序。它能预见,并可持续较长的时间,能揭示未来。辨别趋势即能发现机会。因此,旅游市场调研人员充分重视外部环境的变化,从中辨别一种趋势,确定可能的结果并决定公司的市场机会是一项很关键的技能。外部环境因素的变化还将影响旅游企业的内部环境。

2. 内部环境因素

除了对外部因素的研究之外,旅游市场调研还必须研究旅游地或企业自身与市场需求的发展是否相协调的问题,包括自己的营销策略、营销手段或营销组合是否能有效开拓市场,如自己的旅游产品、价格、分销渠道,以及促销方面是否存在问题。其次是对自己营销活动的管理评估,在营销计划、组织实施,以及控制方面是否适应市场变化。

(二)旅游市场调研的内容差异

旅游市场调研主体不同也会造成调研内容的差异。

旅游市场调研的主体包括区域性的营销主体和企业性的营销主体。区域性营销主体是指地区旅游局、旅游景区。

营销主体的差异会导致调研内容的差异。例如,地区旅游局的市场调研内容主要是针对整个地区的国内客源及国际客源的旅游者的住宿、价格、购物、服务质量等方面的问题,旅游企业方面的问题,区域旅游地之间的竞争问题进行调查。这种调查内容丰富而全面,调查范围大,是旅游企业的调查不能比拟的。旅游企业的营销调查则针对性较强,内容集中,范围较小,主要是对企业自身状况和目的进行产品质量、价格、企业形象、企业服务等方面的调查。

二、明确调查的目标市场

著名的市场营销学者麦卡锡提出了应当把消费者看作一个特定的群体,称之为目标市场。通过市场细分,有利于明确目标市场,通过市场营销策略的应用,有利于满足目标市场的需要。

明确调查目标是市场调研的重要前提。正式调查行动之前,必须弄清楚为什么调查,调查什么问题,解决什么问题,然后确立调查目标、调查对象、调查内容及调查方法。

并不是所有的调查主体或调查人员一开始就明白调查目标,这是因为每一个问题都存在多方面的事情需要研究。调查人员必须明确问题的范围,并确定具体的调查目标,否则,会盲目行事，或者得到许多无效的信息，而且耗费大量的时间和费用。在确定目标时，对目标的陈述不宜太宽或太窄，否则对目标细化不相宜。

情境二　选择调研方法

　　调查方法的选择和技巧的运用直接关系到市场调研结果的可信度，因此调查了解旅游市场时必须选用科学的方法。

一、收集一手资料的方法

(一)观察法

　　通过观察要调查的对象与背景可以收集到最新资料。例如，调查员到旅行社、饭店等"散步"或住宿，听取或试探性地观察其他游客对各旅游企业的评价。

(二)专题讨论法

　　专题讨论是邀请 6～10 人，在一个有经验的主持人引导下，花几个小时讨论一种旅游产品、一项服务、一个组织或其他市场调查问题。主持人要有客观性，了解所讨论的话题，并了解群体激励和消费者行为。会场可设在很轻松的环境中并供应饮料，使大家都轻松起来。通常应支付给参加者少量酬金。

　　主持人要鼓励大家无拘束地自由发言，利用群体激励来揭示深层次感受和想法，同时，主持人应掌握话题的焦点，否则不称为专题讨论。可利用笔记、录音或录像记录下讨论过程，以供事后研究消费者的看法、态度和行为。

　　专题讨论法是设计大规模问卷调查前的一个有用的试探性步骤，它可以了解到旅游者的感受、态度和满意程度，这对更正规地调查这些问题有帮助。目前这种方法已被广泛采用。然而，无论这种调查方法如何有用，调查人员必须避免将专题讨论参与者的感受推广到整个市场，因为它的样本规模太小，并且也不是随机抽样。

(三)问卷调查法

　　问卷调查法介于观察法和专题讨论法、实验法之间。观察法和专题讨论法适用于试探性的调查，问卷调查法适用于描述性的调查，而实验法适用于因果性的调查。公司采用问卷调查法是为了了解人们的认识、看法、喜好、满意等，以便从总体上衡量这些量值。信息的获取非常丰富。

(四)实验法

实验法是最科学的调查方法。实验法是选择多个可比的主体组，分别赋予不同的实验方案，控制外部变量，并检查所观察到的差异是否具有统计上的显著性。在把外部因素剔除掉或加以控制的情况下，可以比较准确地获得变量间的相关关系，从而较好地验证实验前的众多假设。由于旅游研究环境的复杂性，旅游研究人员往往难以控制各种外部因素和变量，所以，旅游市场调研中很少使用实验法。

二、调查手段和技术

市场调查员在收集一手资料时有两种主要的调查手段，即问卷和仪器。问卷调查是主要调查手段，问卷设计技术是主要的调查技术。

(一)问卷的概念

问卷是要求答卷人回答的问题的集合。问卷是收集一手资料的最普遍的手段，多种提问方法使问卷非常灵活。

(二)问卷设计的相关内容

大规模使用问卷前需要仔细设计、测试和排除错误。仔细考虑所提问题的内容、形式、措辞和次序。对问题的措辞必须十分审慎。调查人员应该使用简单、直接、不带偏见的词句。问题的次序也值得重视，开始的问题应尽可能地引起兴趣，难以回答的问题或涉及隐私的问题应放在问卷的后面，避免答卷人一开始即有戒备心理。对答卷人进行统计分类的问题也应放在后面，因为这些问题涉及隐私，并且很枯燥。所有问题都应有逻辑顺序。

若所提的问题令人难以回答、不愿回答或无须回答、漏了该回答的问题都是问卷设计出了问题。

(三)问卷的基本结构

问卷的基本结构如下。

(1) 问卷的标题。标题应突出目标主题，简明扼要，易引起旅游者的关注。

(2) 问卷说明。旨在向被调查者说明调查目的和意义，或者填表要求与方法及所需的一些解释性说明。

(3) 被调查者的基本情况。例如，性别、年龄、民族、文化程度、职业、单位、收入等主要特征。

(4) 调查内容。这部分是问卷调查的主体，以问句形式出现。

(5) 结语。一般来说，出于礼貌，一定要对调查者表示感谢，感谢语、祝福语、时令关心语等都可以。

(6) 编码。问卷通过编码，以便后期数据分类统计和整理。

(四)问卷的类型与设计

问卷分为闭合式和开放式两种。闭合式问题事先确定了所有的可能的答案，答卷人可以从中选择一个答案。开放式答卷允许答卷人用自己的语言来回答问题。

知识拓展2-5

问卷问题及选项设计

一、问题的设计

问题的设计需要遵循以下几个原则。

1. 可问可不问的坚决不问

要明白问卷容量是有限的，因为填写者的时间有限。理想的问卷设计应是通过最少的问题获取最多的研究信息。

2. 无关研究目的的不问

时刻谨记一点：问卷是为研究目的服务的，千万不要本末倒置。

3. 创造性地设计问题

研究目的是抽象而宏观的，而你要设计的问卷则是通过具体的提问将研究目的进行微观层面上的分解，因此如何通过询问一个个背后有理论支撑与研究目的的问题来获取到你想要的信息，就需要你在问题设置上下功夫了。

4. 循序渐进、板块化的设计结构

设计问卷之前所做的一系列理论准备工作，包括书籍、专著、文献的阅读；老师的讲解与指导，同伴之间的讨论，等等，这些工夫都是为你的问卷设计服务的，目的只有一个：更加明晰你的研究思路。到了问卷设计阶段，前期工作的重要性就突显出来了——你的问卷如何进行逻辑式的设计？研究主题的特征是抽象和宏观，那么落实到具体的研究工作中来则要想办法将其逐步具体化。"逐步具体化"就表明了研究工作是慢慢深入的，不可能一蹴而就，这也和人的思维是类似的：人的认识是逐渐深化的，研究也是这样。因此我们之前的工作一定要做好，研究同伴之间的每一次讨论都应是有目的的讨论，明确最终的讨论结果，并记录在案，即大的层面上形成你们的"研究共识"：研究应该涉及哪些方面。这样在后期设计问卷时，大家就可以围绕着所形成的研究共识展开问题的设计了。否则单打独斗式的设计虽然用时少(因为少了讨论时间)但也极有可能出现思维漏洞，而集体讨论则可避免这一缺陷，并且有时参加头脑风暴还可碰撞出个人不可能产生的思维火花。

按照之前讨论的研究层面进行问卷的层面化设计，这时问卷呈现出来就是板块化的；而这也正是你们无形的智力成果，而不单单是几道问题而已。填写者并不了解你们的秘密，只有你们自己知道；他只是清楚一点：问卷的背后有目的。

二、选项的设计

选项实际上是设计出的问题的深化，也是你们分析问卷之前所做的最后一次思考工作：将研究目的变量化。研究目的变量化的高低直接决定了研究目的的实现程度。我们要做的就是将研究目的创造性地进行变量化改写。变量化即一个个具体而有目的的选项，如A、B、C……

选项设计的根本原则是周延性，除此之外别无其他。因为这关系到同行对你们研究的评价，关系到研究者的学术声誉。试想：假如设计出的选项不够周延，遗漏了必要的信息，你拿着这样的问卷进行调查，然后收集数据进行分析，撰写调研报告。即使你的文章最后发表了，同行也一眼就能看出文章的漏洞所在。本来实证研究在学术研究中就是非常难得的，而且也是被学术界提倡的，因为它是建立在客观的数据之上展开研究的，并非纯粹的理论思辨，同时它也耗费了研究者的人力、物力和财力；倘若问题出现在周延性上，那么对实证研究来说则是致命一击，因为你无可辩驳。

(资料来源：http://www.woshipm.com/pd/117422.html.)

案例分析 2-3

广州城市旅游调查问卷

1. 您的年龄是多少？
   A. 16 岁以下　　　　B. 16～23 岁　　　　C. 23～35 岁
   D. 35～60 岁　　　　E. 60 岁以上
2. 您了解广州的历史文化吗？(如方言、戏剧、音乐、饮食、建筑等)
   A. 很熟悉　　　　B. 较熟悉　　　　C. 一般
   D. 较不熟悉　　　E. 不熟悉
3. 您对广州文化的哪些方面更感兴趣？(最多只能选择 3 个选项)
   A. 方言　　　　B. 戏剧　　　　C. 音乐　　　　D. 饮食
   E. 建筑　　　　F. 工艺品　　　G. 历史　　　　H. 其他
4. 您对广州的旅游情况满意程度是怎样的？
   A. 很满意　　　　B. 满意　　　　C. 一般　　　　D. 不满意
5. 您认为广州四季如春、气候宜人吗？
   A. 同意　　　　B. 较同意　　　　C. 一般　　　　D. 不同意

6. 您认为广州的旅游景点价格合理吗？
   A. 合理　　　　　B. 较合理　　　　C. 一般　　　　　　D. 不合理
7. 谈到广州，您先想到哪些地方？(最多只能选择3个选项)
   A. 广州塔　　　　B. 白云山　　　　C. 长隆欢乐世界　　D. 北京路
   E. 上下九　　　　F. 海心沙公园　　G. 其他
8. 这些旅游景点什么地方比较吸引您？(最多只能选择3个选项)
   A. 优美的景色　　　　B. 历史底蕴深　　　　C. 环境很宁静
   D. 美食丰富　　　　　E. 交通便利　　　　　F. 其他
9. 您认为广州旅游发展存在的问题有哪些？(最多只能选择3个选项)
   A. 宣传力度不够　　　B. 服务意识欠佳　　　C. 基础设施不完善
   D. 环境破坏严重　　　E. 其他
10. 您希望广州还有什么需要改进的地方？(可选多项)
    A. 社会治安　　　　B. 城市美化　　　　C. 交通情况
    D. 商业开发　　　　E. 环境保护　　　　F. 公共设施
    G. 文化建设　　　　H. 政府形象　　　　I. 其他

(资料来源：https://www.wenjuan.com/j/QzqI3e/)

思考： 仔细阅读上述问卷，请分析上述问卷设计存在哪些不足？如何进行改进？

情境三　开展市场调研

开展市场调研的途径指与被调查者联系的方式，主要有邮寄问卷、电话询问和面访三种方式。

一、邮寄问卷

邮寄问卷是在被访者不愿面访，可能被调查者易受调研人员在场的影响，或者访问员会曲解其回答问题时可以采用的最好方法。采用这种方法时，调研人员将事先拟好的调查问卷邮寄到被调查者家中或工作单位，请其回答调查问卷中的问题并按时寄回。这种方法的优点是调查成本低；可以依据随机抽样法抽取样本，抽样误差小；被调查者可以完全不受调查者在场的影响来回答问题，而且回答时间比较充裕。缺点是被调查者容易对问卷中的问题发生误解，而且问卷回收率低，周期长，也有可能被调查人请其他人代替回答。

二、电话询问

电话询问指调研人员用电话向被调查者征询意见的方法。这是快速收集信息的最好方法。该方法的优点是被访者不理解问题时能得到解释,且信息反馈率比邮寄问卷法通常要高,而且调查成本低,资料的获得较方便迅速。缺点是只能访问有电话的人,而且访问时间较短,也不能过多涉及隐私,或者较复杂的问题;有时调研人员很难判断被调查者回答问题的真实程度;缺乏物质手段的刺激,被调查者的积极性有限。

三、面访

面访是调研者直接访问被调查者,以递送问卷或面对面交谈的方式收集一手资料的方法。这是三种方法中最常用的方法。这种方法的优点是访问人员能够提出较多的问题,能记下被访者的情况;交谈时可以相互启发;调查者在当面听取被调查者的回答时可以观察其反应,以判断资料的可信度,因此,面访法取得的资料的可信度较高。

面访有两种方式,即约定访问和拦截访问。约定访问是随机选择答卷人,电话联系或到家中、办公室约请面访。拦截访问是在购物中心或繁忙的街道、车站、景区大门等拦住行人来访问。

拦截访问的缺点是非概率抽样,时间必须很短。有些调查公司的平均成功率为 52%~70%。

情境四　分析调研结果

一、分析信息

资料收集完成后,旅游市场调研人员应对资料进行整理、分析,从资料中提取与目标相关的信息。

信息分析主要有两种方法。一是统计分析方法,常用的是计算综合指标(绝对数、相对数及平均数)、时间数列分析、指数分析、相关和回归分析、因素分析等。二是模型分析法,模型是专门设计出来表达现实中真实的系统或过程的一组相互联系的变量及其关系。分析模型主要包括描述性模型和决策性模型。

描述性模型中常用的是马尔可夫过程模型和排队模型。马尔可夫过程模型可用来分析预测未来市场份额变化的程度和速度,排队模型用来预计顾客的消费决策与等候的关系。

决策性模型中常见的是最优化模型和启发式模型两种。最优化模型一般通过微分学、线性规划、统计决策理论,以及博弈理论来辨别不同决策方案的价值,力求从中进行最优选择。启发式模型则应用启发性原则,排除部分决策方案,以缩短找寻合理方案所需的时间。

二、形成调研报告

市场调研人员对市场调查活动中面临的问题进行调研后,将调研的结果写成调研报告进行书面陈述。因此调研活动的最终结果的体现是调研报告。

在调研报告的编写过程中,应注意以使用者的需求为导向。调研报告主要应把使用者关键决策的相关调查结果充分体现出来,以减少决策中的不可确定性。而不是用资料对管理人员施加限制。表达方式(文字说明、资料、数学表达式)也应适应使用者的素质。

调研报告的编写力求观点正确、材料典型、中心明确、重点突出、结构合理。它一般包括以下内容。

前言。说明本次市场调研应回答的问题、调研目标、调研方法、调研对象、调研时间、调研地点,以及调研人员的情况。

正文。调研报告的主体,应包括对调研问题的研究结果及其分析,解释及其回答。

结尾。可以提出建议,总结全文,指出本次活动的不足,以及对决策的作用。

附录。包括附表、附图等补充内容。

案例 2-8

同程旅游发布暑期邮轮旅游趋势报告:出游人群年轻化 家庭亲子占绝对主力

邮轮旅行日益成为消费者出游的热门选择,随着一年一度的暑期即将来临,暑期邮轮出游旺季即将正式开启。近日,同程旅游发布了《2019暑期邮轮旅游消费趋势报告》(下称《报告》),基于同程大数据对暑期邮轮出游者出游行为进行了分析。

《报告》显示,2019年暑期(7月1日—8月30日)居民选择邮轮出游意愿高涨,客流高峰主要集中在7月上旬至8月中旬。学生族、亲子家庭和中老年人是暑期邮轮出游的主力军,亲子、研学和避暑是主要需求,赴日航线航次预订依旧火爆,福冈、长崎等是最受欢迎邮轮目的地。

1. 暑期邮轮旅游预订火爆,家庭亲子是绝对主力

《报告》显示,在出游人群构成上,中老年人(50岁以上)在邮轮出游人群中占比达31.41%,36~50岁人群占比26.02%,19~35岁人群占比12.65%,7~18岁人群占比20.82%,另有9.1%的人为学龄前儿童,其中同行出游人数超过3人的占比达76.42%,表明家庭亲子出游占绝对优势。受到家庭亲子出游需求的大大拉动,在邮轮舱房选择上,家庭房预订比例再度攀升，超八成，如图2-3所示。

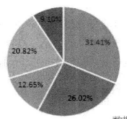

图2-3　同程旅游暑期邮轮出游人群年龄结构

与此同时，暑假期间同程旅游平台邮轮产品预售火爆，特别是亲子产品格外受欢迎。例如，同程旅游在暑假期间针对亲子需求推出的"小小航海家"系列产品，包括巡船探索、航海课堂、天文观测、地理知识等在内的科普教育，以及手绘航海日志、小船长毕业典礼等仪式，在寓教于乐的研学旅行中，将旅游体验与学习价值相融合，最受亲子家庭欢迎。此外，同程旅游联合香港旅游发展局、皇家加勒比国际邮轮，共同推出暑期"邮学香港"活动等创新产品，实现"游"与"学"的深度融合，很好地满足了亲子家庭的出游需求。

《报告》分析认为，邮轮本来就是老少咸宜的旅游方式，受益于近年来亲子游需求的快速攀升，以及在线邮轮市场渗透率的稳步提升，暑期亲子游选择邮轮的比例保持高速增长，并且出游人群呈现年轻化趋势，以亲子、游学、研学类的邮轮产品热度持续上升。此外，相关负责人表示，2019年中秋、国庆航次已经开始预售。

2. 4～6天中短程线路为主　海洋光谱号、辉煌号、威尼斯号最受欢迎

按照网络关注度和预订量排名，暑期最受欢迎的邮轮是皇家加勒比—海洋光谱号、地中海—辉煌号和歌诗达—威尼斯号。皇家加勒比—海洋光谱号一进入中国市场，就备受广大游客关注，以其独特的娱乐、餐饮和住宿等设施强有力地吸引着游客们的关注。此外还有2019年新进入中国母港运营的歌诗达—威尼斯号和重返的地中海—辉煌号也凭借其卓越的品质和高性价比同样受到欢迎。歌诗达—赛琳娜号、星梦邮轮—世界梦号等也热度不减。

目的地方面，福冈、长崎、鹿儿岛、冲绳、熊本等地人气爆棚。客源地分布方面，以上海港辐射的长三角地区，天津港辐射的京津地区和华南以广州为核心的珠三角地区为出行主力，上海、北京、苏州、杭州、天津、广州、深圳、南京、武汉、无锡位居暑期邮轮旅游十大客源地之列。

从出游天数(见图2-4)上看，暑期邮轮旅游主要以4～6天中短程为主，数据显示，92.55%的游客出游天数为4～6天，线路基本以上海或天津至日本为主，像7月7日出发的【皇家加勒比—海洋光谱号】上海—冲绳—长崎—上海5晚6日游，7月10日出发的【皇家加勒比邮轮—海洋量子号】天津—福冈—天津4晚5日游等，时间多为4～6天，且预订较火热。出游天数为7～10天的游客约占比6.08%，出游天数11天以上的占比0.96%，相对奢华的长线邮轮占比较低，但与往年相比，销售仍大增，如8月11日出发的【星梦邮轮—云顶梦号】新加坡—苏梅岛—热浪岛—新加坡6晚7日游等预售情况均不错。同时，在极地邮轮上，南极邮轮依然是众多旅行爱好者的终极目标，其中2020年1月7日出发的【海达路德邮轮—午夜阳光号】17日经典之旅成为大家最关注的航线。

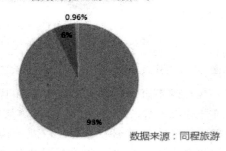

图2-4　同程旅游暑期邮轮出游天数分布

国内内河/内海邮轮产品方面，热门线路主要有【世纪系列邮轮】【动车往返】宜昌—重庆5晚6日跟团游，长江三峡【华夏神女邮轮】【动车或者高铁往返】宜昌—重庆5晚6日游等长江三峡系列产品，"高铁+邮轮"模式的创新，为重庆等中西部市场带来了新机遇。

3. 人均花费微增，品质个性化成新趋势

随着游客对邮轮品质及个性化消费需求的提升，以及各家OTA对邮轮产品的投入加大，用于预订邮轮旅游的人均支出也随之水涨船高。从暑期邮轮预售情况来看，暑期出境短线邮轮产品人均花费超过5100元，出境长线邮轮产品接近4700元，较往年微涨。

为了更好地服务客户，同程邮轮除了针对细分人群，结合特定元素，推出多种主题活动外，同时2019年暑假还在多个航次中提供邮管家小小航海家服务，致力于为孩子们过好快乐暑假做好保障。在此基础之上，"邮管家"微信小程序，作为碎片化场景的连接者，将每一位游客的碎片化场景重新连接，为大家提供个性化、定制化、系统化的全流程服务体验，实现高品质邮轮出游，如游前专属旅游顾问咨询、在线选舱、岸上定制服务，以及游后贵宾欢迎和离船礼遇等。

(资料来源：《北京晚报》，https://www.takefoto.cn/viewnews-1824364.html，2019年6月25日)

任务三 设计旅行社线路产品

任务目标

结合任务二中关于研学旅行市场调研的结果,针对所选目标市场设计一条研学旅行线路。

任务实施过程

请每个小组将任务实施的步骤和结果填写到表 2-3 任务单中。

表 2-3 任务单

小组成员:	指导教师:
任务名称:	模拟地点:
工作岗位分工:	
工作场景: (1) 研学旅行线路设计 (2) 目标市场需求分析	
教学辅助设施	模拟旅行社真实工作环境,配备相关教具
任务描述	通过对研学旅行产品设计,让学生掌握旅行社产品设计流程
任务重点	主要考查学生对旅行社产品设计的实际操作
任务能力分解目标	(1) 旅行社产品设计的影响因素 (2) 旅行社产品设计原则 (3) 旅行社产品设计要求 (4) 旅行社产品设计流程
任务实施步骤	

任务评价

(1) 熟悉旅行社产品设计的影响因素。

(2) 知晓旅行社产品设计原则。

(3) 掌握旅行社产品设计要求。

(4) 掌握旅行社产品设计流程。

任务相关知识点

情境一　产品设计影响因素

　　旅行社产品最主要的形式是旅游线路。实际上，旅游线路是旅行社从业人员经过市场调查、筛选、组织、创意策划、服务采购、广告设计等最终生产出来的。当旅游者购买了旅游线路，并在法律上得以承认(发票、合同是有效的)，"旅游线路"就以具体化或变成"有形物"而成为"旅行社产品"，其后的接待服务(导游服务、后勤保障等)才开始释放并融入整个过程中。

　　旅游线路设计是指在一定的旅游区域内，根据现有旅游资源的分布状况，以及整个区域旅游发展的整体布局，以一定的旅游时间和费用为参照，分析、选择、组合各种旅游要素，将其生产并包装为综合性的旅游产品，并使旅游者获得最丰富的旅游经历的过程。

　　旅行社线路设计受到诸多因素的影响，主要表现在以下几个方面。

一、影响旅行社线路设计的外部因素

1. 资源赋予

　　资源赋予是指一个国家或地区拥有的旅游资源的状况。与旅行社产品开发密切相关的资源因素主要有自然资源、人文资源、社会资源和人力资源。旅游线路设计应该突出资源的吸引力，以市场需求为导向，有计划、有组织地进行。

2. 设施配置

　　设施配置是指与旅游者旅游生活密切相关的服务设施和服务网络的配套情况。主要包括吃、住、行、游、购、娱六个方面，它是旅游者实现旅游目的的媒介，是旅游者旅游活动的重要组成部分。

3. 旅游需求

　　旅游需求是指旅游消费者在一定时间内以一定的价格愿意购买旅游产品的数量。旅游需求不仅与人们的消费水平有直接的关系，而且也反映出旅游消费者的兴趣，从某种意义上讲，旅游需求决定着旅行社产品开发的方向。因此，在设计旅游线路前，旅行社一定要做好市场调研，对旅游者的旅游动机和消费需求做出认真的调查和分析，从而设计出有针对性和竞争力的产品。

4. 行业竞争

深入了解竞争对手的产品开发情况非常重要。旅行社在选择产品开发方向之前必须将其本身的各方面条件与竞争者加以比较，这样才能辨别竞争的优势与劣势所在。在选择新产品开发之前，需要了解竞争者的有关信息，如明确企业的竞争者、明确竞争者的策略、明确竞争者的优势等。

知识拓展 2-6

"旅游+"是实现全域旅游的重要路径

中国旅游要从"景点旅游"向"全域旅游"转变。所谓"全域旅游"，是指一定区域内以旅游业为优势产业，以旅游业带动并促进经济社会发展的一种新的区域发展理念和模式。全域旅游不仅要从空间，更需要从产业角度来认识理解。全域旅游的核心不在于空间上的各种"全"，更重要的意义在于要从封闭的旅游自循环向开放的"旅游+"融合发展方式转变，改变以单一旅游形态为主导的旅游产业结构，构建起以旅游为平台的复合型旅游产业结构，推动旅游产业由"小旅游"向"大旅游"转型。

培育旅游大产业，关键是要做好做足"旅游+"这篇大文章。乡村旅游、农牧旅游、水利旅游、工业旅游、林业旅游、商务旅游、研学旅游、医疗旅游、养老旅游、健康旅游、休闲度假、文化旅游等增长点，是"旅游+"的重点领域。"旅游+"是大众创业、万众创新最活跃的领域之一。"旅游+"催生新的经济形态，并为"大众创业、万众创新"提供条件。成功的涉旅企业，其创业传奇大都与"旅游+"有关。"旅游+"正在成为不可阻挡的发展趋势和时代潮流，对经济社会发展产生日益深远影响，迎接一个新时代到来。

以"旅游+"推进全域旅游创新发展，加快培育旅游新产品、新业态，推进"旅游+"新的生活方式，包括旅游+研学、旅游+交通、旅游+休闲度假、旅游+新型养老、旅游+健康养生、旅游+购物等，大力培育全域旅游的新产品、新业态。

实施全域旅游战略，推进"旅游+"，就是推动旅游与新型工业化、信息化、新型城镇化、农业现代化及民航交通、体育等行业的融合发展，创新旅游发展新领域，拓展旅游发展新空间。

(资料来源：石培华．"旅游+"是实现全域旅游的重要路径[N]．中国旅游报，2016年5月11日)

二、影响旅行社线路设计的内部因素

内部因素是旅行社可以控制的因素，即旅行社的综合竞争力。内部因素包括旅行社的经济实力、人力资源状况等，其中人力资源状况决定了旅行社的管理素质、市场营销能力、协作网络的广度与稳定度、接待能力、知名度和美誉度等。

1. 经济实力

旅行社的经济实力很大程度上决定了产品的规模强度，也决定了产品的开发和与竞争对手相抗衡的能力。企业的经济实力越雄厚，资金来源越有保障，则旅行社承担市场风险的能力就越强，其衡量指标有企业的资金数量、资金结构、资金筹集能力、盈利能力等。对于经济实力不强的旅行社，关键就看企业的资金是否能得到适当的运用。

2. 人力资源状况

一个旅行社的人力资源状况的结构合理性、综合素质、工作能力的强弱是企业的生存发展能力的第二个决定因素，它涉及旅行社管理的方方面面。

(1) 旅行社的管理人员素质。管理人员是旅行社的上层人力资源，其管理者的素质包括管理人员的素质、管理组织结构、管理手段、管理体制、经营决策能力等，后四项实际上都是由最高管理人员决定的，因此，最高管理人员的素质对企业产品开发起重要影响，他们应具备居安思危、勇于开拓进取、勇于承担风险的创新素质。

(2) 旅行社产品设计人员。旅行社产品设计人员直接关系到旅行社产品的质量，是旅行社的神经中枢。好的旅行社产品必须是知识、经验、灵感的结晶，是经历和文化的体验。一个好的路线设计者，必须具备丰富的旅游基础知识、行业工作技巧、敏锐的商业意识、足够的市场和财会方面的知识，同时，旅行社产品设计者还需要了解顾客的心理，以迎合或引导市场。

(3) 市场营销能力。旅行社市场营销能力的强弱决定了产品开发市场的能力的质量，是产品开发市场实现的关键。

(4) 协作网络的广度和稳定度。旅行社产品是一种高关联度的产品，需要和各方面的人打交道；同时旅行社产品影响因素众多，任何环节出错或不可抗力的影响都可能使产品出现重大问题而无法形成，因此就需要广泛的网络进行协作。

(5) 接待能力。接待能力是指旅行社一线人员的服务能力，如咨询预订、导游服务等，是直接面向游客进行服务的人力资源的数量和质量。

(6) 知名度和美誉度。旅行社产品的知名度和美誉度取决于三个方面：一是产品项目的合理满意度；二是接待人员的服务质量的高低；三是销售人员的宣传力度。这三个方面分别取决于旅行社设计人员的素质、接待人员的素质和市场推广人员的素质，因此最终也取决于旅行社的人力资源状况。

案例分析 2-4

中青旅遨游旅行推介"环大澳 17 天穿越之旅"献礼中澳旅游年

组合、创新旅行社产品一直是旅行社界孜孜以求却又深感不易的事情，但并不意味着创新产品没有空间。

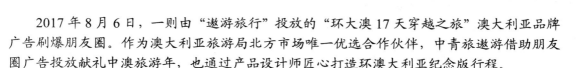
项目二　旅行社产品设计与开发

2017年8月6日，一则由"遨游旅行"投放的"环大澳17天穿越之旅"澳大利亚品牌广告刷爆朋友圈。作为澳大利亚旅游局北方市场唯一优选合作伙伴，中青旅遨游借助朋友圈广告投放献礼中澳旅游年，也通过产品设计师匠心打造环澳大利亚纪念版行程。

据了解，"环大澳17天穿越之旅"由中青旅产品研发团队精心策划，以"2017年中澳旅游年纪念版线路"为设计理念，线路横跨澳洲五省，线路覆盖城市、雨林、沙漠、岛屿，日出健行海岸，原野仰望星光。行程精选金牌领队，带领客人深度体验美食、美宿、美景，领略澳大利亚的绝美奇迹。

此次环大澳朋友圈品牌投放将覆盖近200万人，是中澳旅游年中青旅遨游与澳大利亚旅游局合作的重要举措。此前，为推广澳大利亚昆士兰州亲子自然主题，中青旅遨游在荟聚宜家广场举办了精彩趣致的落地展。

此外，作为北方市场独家优选合作伙伴，经由中青旅遨游递交的赴澳旅游签证申请，经过核实将被准予三年多次往返，而消费者通过签证中心自行递交获得的有效旅游签证仅为一年有效期。

作为澳大利亚旅游局北方市场唯一优选合作伙伴，依托中青旅遨游的品牌、产品、营销渠道优势，中青旅遨游以纪念版的17天穿越澳洲情怀之作向中澳旅游年献礼。

（资料来源：遨游网. 献礼中澳旅游年 遨游旅行"环大澳"品牌投放刷屏朋友圈，http://www.aoyou.com/news/n14293/，2017年8月10日）

思考：中青旅推出的环大澳旅游产品，反映了旅游线路设计时要考虑哪些因素？

情境二　产品设计基本原则

在生活节奏不断加快的今天，对多数旅游者来说，在舒适度不受影响或体力许可的前提下，能花较少的费用和较短的时间尽可能游览更多的风景名胜，是他们最大的愿望。这一目标的实现要求旅游线路的设计必须遵循科学的原则，只有在正确的原则指引下才能够设计出合理的旅游线路。旅游线路设计一般应遵循下述原则。

一、市场导向原则

旅游者因不同的地区、年龄、职业、文化，对旅游市场的需求是不一样的，而随着社会经济的发展，旅游市场的总体需求也在不断变化。成功的旅游线路设计，必须首先预测市场的需求趋势和需求数量，分析旅游者的旅游动机和影响旅游消费的因素，把握旅游市场的变化状况，针对不同的旅游者群体设计出不同的旅游线路，从而打开销路，实现其价值。这就必须坚持市场导向原则，最大限度地满足旅游者的需求。再者，旅游者的需求决定了旅游线路的设计方向。根据旅游者需求的特点，旅行社结合不同时期的风尚和潮流，设计出适合市场需求的旅游线路产品，可以创造性地引导旅游消费。

二、突出特色原则

旅游线路可以多种多样，特色是旅游线路的灵魂。突出特色(或主题)可以使旅游线路充满魅力，获得强大的竞争力和生命力。这就要求对旅游线路的资源、形式要精心选择，力求充分展示旅游的主题，做到特色鲜明，以新、奇、美、异吸引旅游者的注意。旅游线路设计突出特色，体现了旅游市场营销中旅游产品以差异竞争代替价格竞争的原则，是旅游产品摆脱低水平竞争的根本所在。

三、不重复原则

旅游者的游览活动并不仅仅局限于旅游景点，旅途中沿线的景观也是旅游观赏的对象。在游览过程中，如果出现走回头路的现象，就意味着要在同一段游览路上往返，相同的沿途景观，根据满足效应递减规律，重复会影响一般旅游者的满足程度，旅游者会感到乏味，从而减弱旅游的兴趣。对旅游者来说，这种重复就是一种时间和金钱上的浪费，是旅游者最不乐于接受的。因此，在旅游线路设计时要尽量予以避免。但并非所有的旅游线路都可以满足这一原则，有些旅游点由于受区位交通不利因素的影响，必须重复经过，这就是无法避免的。

四、多样化原则

旅游线路的安排要注意旅游景区(点)及活动内容的多样化。例如，在一个景点参观一些古代庙宇、佛塔等古迹，而在下一个旅游景点，则可品尝一些名扬四海的美味佳肴，再下一个景点，又可欣赏风景优美、民风淳朴的宁静小镇等。在设计旅游线路时，为增加旅游乐趣，要使景点选择尽量富于变化，避免单调重复。以游览观赏为主要内容的旅游线路，切忌观赏内容的安排过于紧凑，避免把轻松愉快的旅游变成一次疲劳的参观活动。

五、时间合理性原则

旅游线路在时间上是从旅游者接受旅游经营者的服务开始，到圆满完成旅游活动、脱离旅游经营者的服务为止。旅游线路时间安排是否合理，首先要看旅游线路上的各项活动内容所占的时间是否恰当。其次要在旅游者有限的旅游时间内，尽量利用快捷的交通工具，缩短单纯的交通运行时间，以争取更多的游览时间，并减轻旅途劳累。最后，不论是为期一天的短途旅游，还是为期一月的长途旅游，都要适当留有自由活动时间，同时，还要留出时间以应付旅途中随时可能发生的意外，如果时间紧张的话，要抓住重点，宁可放弃一些次要的旅游点。也就是说，在旅游过程中，旅游线路设计必须把握空间顺序和时间顺序的科学性、点间距的合理性，以及购物安排的有序性原则，给予旅游者完美的旅游体验。

六、安全第一原则

在旅游线路设计的过程中，必须重视旅游景点、旅游项目的安全性，把旅游者的安全放在首要地位，"安全第一，预防为主"；必须高标准、严要求地对待旅游工作的每一个环节，对容易危及旅游者人身安全的重点部门、地段、项目，提出相应的要求并采取必要的措施，消除各种隐患，尽量避免旅游安全事故的发生。旅游安全涉及旅行社、旅游饭店、旅游车船公司、旅游景点景区、旅游购物商店、旅游娱乐场所和其他旅游经营企业，常见的旅游安全事故包括交通事故(铁路、公路、民航、水运等交通事故)、治安事故(盗窃、抢劫、诈骗、行凶等治安事故)及火灾、食物中毒等。

七、与时俱进原则

任何旅游产品不可能从一产生就十全十美，即使是一条很受欢迎的线路，也需要在实践中反复检验，不断总结、改进。这就要求旅行社在旅游线路设计时要关注市场动态，虚心倾听游客和一线导游人员的建议，及时合理地调整行程，减去不受欢迎的项目，增加一些特色明显却不为其他旅行社所注意的项目，使线路产品常见常新、与时俱进，对游客保持较大的吸引力。

案例分析 2-5

【枫丹白露】意(梵)、瑞、法四国十天 CXG

意大利亮点

专业导游含耳机讲解，梵蒂冈——圣彼得大教堂(入内参观)；

意大利安排享用地道意大利餐——比萨饼、龙虾意大利面、意式猪排、提拉米苏及意大利红酒；

参观世代相传、举世闻名的威尼斯玻璃之工艺制作过程；

一次畅游意大利三大旅游名城：罗马、威尼斯、米兰。

法国亮点

巴黎特别安排进入巴黎圣母院内部参观,无须额外费用;
法国增游卢浮宫博物馆及枫丹白露花园,卢浮宫含专业华语导游讲解;
法国中部的葡萄产区波本,品尝葡萄佳酿(包含入场及试酒);
巴黎保证住宿市区酒店,免除交通之苦。

瑞士亮点

瑞士乘坐著名观光列车——黄金列车,穿梭于雄伟的阿尔卑斯山脉及景色如画的山川湖泊;
瑞士酒店享用欧式晚餐。

行程安排

第一天:中国香港→法国巴黎

于深圳指定口岸乘坐快船,前往香港国际机场乘搭豪华客机飞往法国首都巴黎。参考航班:CX261 香港/巴黎 2345/0620+1(飞行时间约13小时)。

第二天:巴黎—市内观光

(1) 市内观光:参观昔日大革命时所在地——协和广场、屹立在塞纳河畔的埃菲尔铁塔(远眺)、宏伟壮观的荣军院(外观)、充满文艺气息的巴黎歌剧院(途经)(游览时间约90分钟)。之后,途经著名的香榭丽舍大道,前往代表着法国民族精神之凯旋门(外观),并在著名香榭丽舍大道旁拍照留念(停留时间约20分钟)。其后前往经历两个世纪始建成的哥特式大教堂——巴黎圣母院(参观时间约45分钟)。

(2) 入内参观:哥特式大教堂——巴黎圣母院(参观时间约45分钟)。

(3) 自由购物:巴黎市中心老佛爷/春天百货公司尽情购物(自由购物时间约150分钟)。

(4) 自费欣赏巴黎著名的歌舞及杂技表演、品尝法式海鲜晚餐。

第三天:巴黎—市内观光(70千米,约1小时)-枫丹白露(248千米,约3小时)—第戎

(1) 市内观光:前往参观全世界四大博物馆之一卢浮宫博物馆,由当地专业华语导游讲解。卢浮宫是原法国王宫,馆内拥有的艺术收藏达40万件,包括雕塑、绘画、美术工艺等门类。尤其以"镇宫三宝"最为著名,如古希腊雕塑《米罗的维纳斯》《胜利女神》和达·芬奇的油画《蒙娜丽莎》(参观时间约2小时),游毕后前往巴黎香水专卖店(自由购物时间约45分钟);后驱车前往巴黎郊区,由法兰西一世兴建的枫丹白露宫花园(外观),该处是拿破仑最喜欢居住的宫殿,而宫殿椭圆形的皇宫广场楼梯,即当年拿破仑退位时与法国道别之地;抵达后参观它的御花园。宁静的法国郊野环境清幽,景色优美,花园内潺潺的小溪映照着河畔的杨柳(游览时间约30分钟)。

(2) 入内参观:卢浮宫博物馆,由当地专业华语导游讲解(参观时间约2小时)。

(3) 自由购物:巴黎香水专卖店(自由购物时间约45分钟)。

项目二　旅行社产品设计与开发

第四天：第戎—布根地酿酒区(270千米，约3小时)—瑞士伯尔尼—市内观光—(60千米，约1小时)茵特拉根—市内观光

(1) 市内观光：进入法国传统上的两大葡萄酒区布根地，了解古老而具有个性的葡萄酒酿造过程，更可一尝闻名世界的特级佳酿(游览时间约1小时)。前往瑞士联邦的首都伯尔尼。城内的喷泉数量、有轨电车长度及有盖商业街的长度皆为全欧之冠。抵达后，参观熊洞小公园，园内可见象征伯尔尼的棕熊。后前往伯尔尼市政厅(外观)、钟楼(伯尔尼市区观光时间约1小时)。后驱车前往瑞士有"少女峰门户"之称的茵特拉根。

(2) 入内参观：法国酒窖品尝地道葡萄酒(参观时间约30分钟)。

第五天：茵特拉根(黄金列车，约2小时)—(70千米，约1小时)琉森-自由活动

市内观光：乘坐瑞士著名的观光列车"黄金列车"前往著名度假胜地琉森。琉森位于瑞士中部，沿途风光明媚，雪山湖泊，映入眼帘。抵达后参观琉森市的地标性建筑——教堂桥(或称花桥)及著名的狮子纪念碑。该纪念碑由琉森的居民合资建成，以纪念在法国大革命时为保护路易十六而牺牲的瑞士卫兵(游览时间约30分钟)。然后在瑞士钟表、巧克力及特色手工艺商店自由购物时间约2小时；团友可自费前往琉森市西南30千米的英格堡高地，沿途山峦处处、牛羊成群、绿草遍地，美不胜收；抵达后，乘搭缆车及最新型的360°旋转吊车前往海拔1万尺高的铁力士雪山游览。登顶后，人就像置身于阿尔卑斯山脉群山环抱中，白雪皑皑，气势凛然，远眺谷中幽湖，真是人间一大美景(午餐自备)。

第六天：琉森—(245千米，约3小时)意大利米兰—市内观光—(275千米，约3小时)威尼斯

市内观光：前往参观坐落于米兰市中心、大教堂广场上的米兰主教教堂(外观)。大教堂是世界上最大的哥特式教堂，教堂长158米，最宽处93米，塔尖最高处达108.5米，总面积11700平方米，可容纳35000人。其后前往欧洲音乐艺术殿堂，著名的斯卡拉歌剧院(外观)；建于几百年前的钢铁及玻璃结构，以意大利国父命名的马内利二世购物长廊名店林立，连天花板上的壁画、行人道上的地面都是当年工匠用手工镶嵌的精美马赛克，优美典雅(市区游览时间约90分钟)；后前往经常被欧洲人赞美为最美丽的"水上都市"的威尼斯。威尼斯由百多个小岛组成，再由四百余条桥梁连接在一起，并靠一条半里长的堤坝与大陆相连，全市交通的主要干线为纵横交错的运河网，而船就是当地最便捷的交通工具。

第七天：威尼斯—市内观光—(255千米，约3小时)柏图

(1) 市内观光：前往游船码头，转乘观光船前往威尼斯主岛。乘船抵达威尼斯主岛后，眼前所见尽是昔日"威尼斯商人"所遗留下来的豪华建筑，足以印证当日威尼斯的繁荣。圣马可广场是岛上最大的广场，广场上尽是世界知名的威尼斯标志建筑。广场中央部分是为埋葬耶稣使徒圣马可而兴建的圣马可大教堂(外观)。大教堂虽然结合了东方拜占庭、古罗马、哥特式和文艺复兴等多种艺术式样，但出奇地和谐、协调，简直是美不胜收，无与伦比。97米高的钟塔(外观)是广场上最高的建筑，建于15世纪，每到整点的时候，两个机械人就会用槌自动敲钟报时,整个城市都可以听见钟声。用粉红色和白色的大理石砌成的总督府——道奇宫(外观),是昔日威尼斯国家元首的府第,也是大议会和政府的所在地,在其右侧便是拥有无数不同故事的叹息桥(岛上游览时间约 90 分钟)。如想更深切感受水都的美景,可自费乘坐特色的"贡多拉"小船,穿梭于大小运河之间,别有一番风味;游览后驱车前往托斯卡纳大区的柏图。

(2) 入内参观:威尼斯玻璃厂(参观时间约 45 分钟)。

第八天:柏图—(303 千米,约 3 小时)罗马

(1) 市内观光:前往"永恒之都"罗马,首先前往天主教教廷所在地梵蒂冈。梵蒂冈和意大利只有一条街之隔,没有围墙,没有关卡,穿过由贝尔尼尼所设计的圣彼得广场后,圣彼得大教堂(入内)就在眼前。大教堂是意大利文艺复兴时期建筑的最重要代表,世界上最大的天主教堂。建造这座建筑历时 120 年,多名重要建筑师与艺术家参与设计,此教堂为罗马天主教的总坛,教堂内的文艺复兴式建筑、云石雕刻及用彩色石粒镶嵌的马赛克巨大壁画,这些均为当时的艺术大师们心血结晶,巧夺天工,实为惊世之作(参观时间约 1 小时)。后途经建于 1800 年前、罗马人所建屹立在台伯河滨的罗马废墟,前往世界最大、建于公元 1 世纪的罗马古斗兽场(外观)及位于其侧的君士坦丁凯旋门拍照留念(外观停留时间约 30 分钟)。其后前往罗马最漂亮的巴洛克式喷泉——许愿泉,又名特雷维喷泉(停留时间约 30 分钟)。

(2) 入内参观:圣彼得大教堂(参观时间约 1 小时)。

第九天:罗马—中国香港

早餐后前往罗马国际机场乘坐豪华客机飞返香港。参考航班:CX292 罗马/香港 1230/0620+1(飞行时间约 12 小时)。

第十天:中国香港—深圳

航班在当天 6:20 抵达香港国际机场,于深圳指定关口解散,结束愉快旅程!

思考:

1. 试分析这条线路的特色。
2. 对照旅游线路设计的七个原则,从七个角度总结这条旅游线路。
3. 找出欧洲地图,画出这条旅游线路的路径图。

情境三 产品设计要求

一、旅游线路类型

旅游线路是旅行和游览路线、景点及服务项目的总称,包括旅游起始地、距离、交通方式、餐饮住宿等级和参观游览的景点等要素。旅游线路是旅行社产品的主要形式,其销售额是旅行社利润的主要来源。旅游线路,按照不同的标准可以划分很多种类型,常见的有以下几种。

(一)以旅游距离为标准划分

按旅游距离分类,旅游线路可分为短程旅游线、中程旅游线、远程旅游线。短程旅游线的游览距离较短,活动范围较小,一般局限在市内、市郊或相邻区县区域;中程旅游线路的游览距离较远,旅游者活动范围一般在一个省级旅游区内;远程旅游线的游览距离长,旅游者活动范围广,一般是跨省甚至跨国旅游,包括国内远距离旅游线路、边境旅游线路和海外旅游线路。

(二)以旅游时间为标准划分

按旅游时间分类,旅游线路可分为一日游线路、两日游线路、三日游线路和多日游线路。一般一日游、两日游为短途旅游,而中长程旅游多在三日以上。

(三)以线路性质为标准划分

按线路性质分类,旅游线路可分为观光旅游线、休闲旅游线和专题旅游线。观光旅游线属于最常见、最常规也是最受普通旅游者欢迎的旅游线路,在我国旅游市场上一直占据重要地位,客源相对稳定;休闲旅游线是以休闲度假为主题的旅游线路,是近年来兴起的旅游产品,引导着未来旅游业发展的方向;专题旅游线是专门为一些具有特殊旅游目的地的旅游者设计的线路,线路景点具有统一的内容。需要强调的是,这三种旅游线路性质的划分是相对的,现实中更多的是互相交叉、互相包容的关系,即观光线包含主题的内容,休闲线附带观光的成分,这样的线路才会有更强的市场竞争力。

案例2-9

广东南湖国际旅行社旅游线路分类

一、省内游

1. 生态游:万绿湖、英西峰林景区、丹霞山、南岭国家森林公园、雁南飞茶田度假村、南昆山风景区、三桠塘、鼎湖山、燕岩、七星岩。
2. 漂流游:猛虎峡漂流,老虎谷漂流,清泉湾漂流,清远、黄腾峡、玄真漂流,古龙峡漂流,龙虎谷漂流,金水台峡谷漂流,盘龙峡勇士漂流。
3. 沙滩游:沙扒湾、上川岛、下川岛、月亮湾、东澳岛、小漠银海湾生态乐园、巽寮湾、放鸡岛、大亚湾赤洲岛、红海湾。

4. 温泉游：山泉湾温泉、富都温泉、古兜温泉、森波拉火山温泉、聚龙湾温泉、新银盏温泉、南昆山大观园温泉、云顶温泉、金水台温泉、碧水湾温泉度假村。

二、国内游

1. 北京：北京、承德、秦皇岛、北戴河、坝上、其他。
2. 海南：蜈支洲岛、亚龙湾、兴隆、海口、大东海、博鳌、西岛、香水湾、三亚湾、三亚。
3. 桂林：阳朔、漓江、桂林、兴坪、荔浦、其他。
4. 华东：上海、南京、无锡、杭州、苏州、乌镇、绍兴、西塘、黄山、景德镇。
5. 江西：景德镇、庐山、龙虎山、三清山、婺源、井冈山。
6. 福建：鼓浪屿、厦门、福州、武夷山、永定。
7. 张家界：张家界、凤凰古城。
8. 湖南：郴州、长沙、岳阳、衡山、韶山。
9. 黄山：杭州、乌镇、黄山、景德镇、宏村、屯溪、千岛湖。
10. 西部：呼伦贝尔、贵州、九寨沟、西安、重庆、内蒙古、青海、宁夏、西藏、云南。
11. 香港：长洲岛、香港迪士尼乐园、香港海洋公园、天际100、赤柱、南丫岛、昂坪大屿山。
12. 澳门：妈阁庙、盛世莲花、威尼斯人、新濠天地、大三巴牌坊、银河度假村、星际酒店。
13. 台湾：台北、台中、台湾、垦丁、花莲、高雄、金门、澎湖、宜兰、琉球。

三、出境游

1. 欧洲：德国、法国、比利时、荷兰、卢森堡、丹麦、瑞典、芬兰、挪威。
2. 澳纽：悉尼、墨尔本、凯恩斯、黄金海岸、奥克兰、罗托鲁瓦、新西兰、其他。
3. 美加：加拿大、纽约、波士顿、洛杉矶、华盛顿、旧金山、拉斯维加斯、圣地亚哥、夏威夷。
4. 非洲：埃及、迪拜、土耳其、印度、伊朗、突尼斯、阿联酋、肯尼亚、南非、以色列。
5. 海岛游：宿雾、巴厘岛、马尔代夫、毛里求斯、苏梅、布吉、斐济、塞班、岘港、兰卡威。
6. 日韩：韩国、北海道、东京、大阪、京都、冲绳。
7. 东南亚：马来西亚、泰国、新加坡、柬埔寨、越南。

二、旅游线路产品的要求

我国旅游行政管理部门制定的《旅行社服务通则》和《旅行社国内旅游服务规范》，

对旅游产品做出相关要求。旅行社在向旅游者或零售商发布产品时应提供产品说明书,详细说明产品应具备的要素。产品说明书应包括以下内容。

(1) 线路行程。
(2) 所采用的交通工具及标准。
(3) 住宿、会议(如有)地点、规格及标准。
(4) 餐饮标准及次数。
(5) 娱乐安排及自费项目。
(6) 购物安排、具体次数及每次停留时间。
(7) 产品价格、价格包含及不包含的内容、产品价格的限制条件(如报价的有效时段、人数限制、成人价、儿童价等)。
(8) 游览时间及季节差异。
(9) 旅游目的地资讯介绍及注意事项。
(10) 针对高风险旅游项目的安全保障措施。
(11) 投诉电话。

旅行社在团队出发前应向旅游者发放《行程须知》,列明《产品说明书》中尚未明确的要素。对无全陪的团体或散客须告知旅游目的地的具体接洽办法和应急措施。出境团队出发前应召开出团说明会。

对于产品发布时尚不能确定的要素应于出发前以行程须知的方式告知旅游者。不能确定的要素应限于以下四项。

(1) 具体航班信息。
(2) 酒店具体名称、地址及联系方式。
(3) 紧急情况联络方式。
(4) 目的地有特别注意事项应做特别说明。

情境四　产品设计流程

知识拓展 2-7

西方国家旅游线路设计的流程

在西方国家,旅游线路的设计与生产的任务主要由旅游经营商负责,通过多年的经营与发展,旅游经营商无论是在实力还是在经验上都成熟一些,在线路的设计与生产中已经形成了一套比较规范的流程,大致分为四个阶段。

一是市场调研阶段。西方国家旅行社特别重视对旅游市场的调研,市场调研是任何旅游线路设计的开始,与其他产品相比,旅游线路更容易受不断变化的环境因素的影响,而市场调研可以在很大程度上减少这些不确定性对旅行社的影响。调查重点包括旅游者的消费趋势的调查与外部环境趋势的调查。

二是产品计划。根据调查结果，制订出旅游线路的详细计划，包括目的地的选择、每个旅游团接待量的确定、行团时间，以及行程设计、城市间交通方式、交通工具选择等方面。

三是谈判与定价。一旦旅游目的地、旅游季节、起程日期确定后，旅行社就需要与相关的旅游企业进行谈判直至最后签约。

四是宣传手册的制定。在西方国家，宣传手册被视为旅行社最为重要的营销工具，因此，宣传品的设计至关重要，要把线路所涉及的内容都鲜明地囊括在宣传品中。

一、旅行社线路设计的流程

旅游线路的设计是一个技术性非常强的工作，是旅游资源、旅游设施和旅游时间的组合。线路设计的成功与否主要反映在行程、价格和市场认可度等方面。设计旅游线路的流程主要分以下五个步骤。

第一步：充分调研，了解市场需求。

(1) 实地考察与调查：对旅游目的地重要资源、交通、住宿、餐饮、娱乐、购物等情况进行调查，内容包括价格水平、发展规划、潜力预测及游客评价等，在条件允许的情况下还应对旅游目的地的周边旅游景区进行考察，比较出该线路中景点的优势所在，明确与其他景点的竞争与合作关系。

(2) 分析与预测，包括：①分析实地考察线路的可行性(打入客源市场的可能性、需求的持久性、线路的发展趋势和可模仿性等)；②分析、预测该线路的价格及其类似产品价格比较，大致确定旅游者可接受的范围。预测竞争态势，包括现有和潜在的竞争对手。

第二步：突出主题，确定产品名称。

要确定旅游线路的名称和主题、产品特色、服务和设施等级。确定线路名称应该综合考虑各方面因素，力求体现简约、突出主题、时代感强、富有吸引力。

案例 2-10 见右侧二维码。

第三步：优化资源，策划旅游路径。

旅游线路的始端是第一个旅游目的地，是该线路的第一个节点；终端是最后一个节点，是旅游活动的终结或整个线路的最高潮部分；而途经地则是线路中的其他节点，是为主题服务的旅游目的地。策划旅游线路就是从始端到终端及中间途经地之间的游览顺序在线路上合理布局节点，取决于城市之间现实的交通状况。

案例 2-10

知识拓展 2-8

流线型、环型、辐射型的旅游线路

以旅行社线路的起止特征为标准划分，旅行社线路有流线型、环型、辐射型三种形式。

(1) 流线型线路只有一个起点，一个终点，旅游活动自起点开始，至终点结束，如北京—西安—上海—桂林—香港的旅游线路，就是以北京为起点，香港为终点。

(2) 环型线路从起点到终点都是一个环节，起点即终点，如广州—桂林—西安—北京—南京—苏州—杭州—广州的这条旅游线路。在环型旅行社线路中有一个节点(经常是出入境口岸城市或一个区域的交通枢纽城市)往往需要二进二出。

(3) 辐射型线路以一地为起点，而终点有多个选择，因而其旅行社线路也有多条可供选择，如北京—南京—无锡—苏州—上海、北京—西安—上海、北京—西安—桂林—广州这三条线路都以北京为起点，但旅游线路却不一样，终点也不同，这样的旅行社线路即为辐射型旅游线路。

案例 2-11 见右侧二维码。

第四步：充实内容，巧排活动日程。

活动日程是指旅游线路中具体的旅游项目内容、地点及各项目进行的时间。活动日程安排应体现劳逸结合、丰富多彩、节奏感强、高潮迭起的原则。

案例 2-11

(1) 交通方式的选择：要体现安全、舒适、经济、快捷、高效的原则。在预算充裕的情况下，要注意多利用飞机，尽量减少旅行时间；少用长途火车，以避免游客疲劳；合理使用短途火车，选择设备好、直达目的地、尽量不用餐的车次；用汽车做短途交通工具，机动灵活，等等。

(2) 安排住宿餐饮：吃、住是旅游活动得以顺利进行的保证，应遵循经济实惠、环境优雅、交通便利、物美价廉的原则，进行合理安排，并注意安排体现地方或民族特色的风味餐。当然旅游者有特殊要求者除外。

(3) 留出购物时间：在线路设计时，应注意旅游商品最丰盛、购物环境最理想的景点，遵循时间合理、不重复、不单调、不紧张、不疲惫的原则，尽量安排在线路所串联景点的最后。

(4) 筹划娱乐活动安排：娱乐活动要丰富多彩、雅俗共赏、健康文明、体现民族文化的主旋律、达到文化交流的目的。比如，杭州"给我一天，还你千年"的宋城歌舞表演，大型桂林山水实景演出"印象刘三姐"，张家界土家族、苗族大型晚会"魅力湘西"，香格里拉藏民家访，天津名流茶馆的相声，东北二人转，伊春鄂伦春篝火晚会，草原骑马等，都体现出当地浓郁的民族风情和特色。

知识拓展 2-9

设计线路时旅行社看重什么

(1) 策划旅游线路的考虑因素：旅游者的意向或兴趣，接待条件，有吸引力，安全，交通便利，综合报价，如交通、住宿等。

(2) 选择途经城市的考虑因素：可游览性、观光性、城市特色、地接社的信誉和能力，该城市的交通状况，行程时间安排，环境卫生，当地经济发展状况。

(3) 选择旅游景点的考虑因素：知名度，自然景观，门票价格，文化内涵，奇特新异，景区环境。

(4) 选择延伸服务、饮食的考虑因素：干净卫生、价格合理、有特色、特产、环境、规模、口味、品种、服务水平、态度。

第五步：总结反馈，不断修改完善。

与计调部门、市场部门、旅游者或旅游中间商协作修改、完善旅游线路；对于旅游线路的相关事项做出备注说明，推出旅游线路；收集整理旅游者反馈意见，对产品做进一步修改。

一条完整的旅游线路应包括线路名称、线路特色、日程安排、交通形式、用餐标准、住宿标准、最终报价、备注说明等内容。当旅游者购买旅游产品、签订旅游合同时，应将线路设计内容(行程表)作为旅游合同的附件由双方签字确认。

案例分析 2-6

宜昌长江三峡大坝、长沙橘子洲头、荆州古城、武汉黄鹤楼双高四天纯玩团

行程特色：

☆ 长沙入武汉出，真正的不走回头路，环游湖南湖北两省；
☆ 游船和旅游车相结合，船游那段唯一没有被淹没的老三峡；
☆ 参观三峡大坝，远观葛洲坝外景，感受中华伟大水利工程；
☆ 梦回三国，探三国文化——参观荆州博物馆、外观荆州古城；
☆ 精华景点：橘子洲头、黄鹤楼、长江大桥、岳阳楼；
☆ 特别赠送"三峡—绝代风华"大型表演、三游洞玻璃栈道；
☆ 严控长途车程，全程零购物，全程导游一站式贴心服务。

行程内容：

D1: 广州—长沙—岳阳	含晚餐	住宿：岳阳

早上广州南高铁站集中乘高铁前往长沙南火车站(参考时间：08:00～12:00 高铁，时间2

小时 40 分钟），抵达后乘车前往【岳麓山】；在清风峡中观中国古代四大名亭之一的【爱晚亭】(环保车 30 元/人自愿自理，游览 40 分钟)，感受"停车坐爱枫林晚，霜叶红于二月花"的诗意。后游览世界最长的城市内河绿洲、湘江明珠——【橘子洲头】(环保车 20 元/人自愿自理，游览时间 1 小时)，是湘江的一个江心小岛，长约 5 千米，距今已有 1600 多年的历史。橘子洲是一座承接历史的桥。它浸染着湖湘文化，形成了浓厚的历史底蕴。南面朱熹、张轼往来于岳麓书院与城南书院讲学过江的朱张渡，诠释着 800 年前湖湘子弟求学的盛况；后乘车前往岳阳入住酒店。

行车里程及时间：170 千米约 2 小时。

D2：岳阳—宜昌—西陵峡全景游　　　　含早中餐　　　　　　　　　　住宿：宜昌

早餐后外观岳阳楼，游洞庭湖光带，步行沿途游览巨资打造的沿湖仿古风情街——【汴河街】(游览时间约 1 小时)，是目前国内仿古建筑最逼真，设计功能最全，文化底蕴最厚，沿湖风景最美，面积最大的一条传统风貌商业街，是以岳阳楼文化、洞庭文化、巴陵文化为基础精心打造的一条特仿古商业街。乘车前往宜昌共进午餐，下午前往国家 AAAA 级西陵峡风景名胜区（约 30 分钟车程)，进入【三游洞景区】(游览约 1 小时)：丰富的诗文歌赋、摩崖壁刻仿佛把您带到唐宋年间，感受历史的轮回，张飞擂鼓台、印章石园、楚赛楼、奇石馆、震旦角石，行走三游洞玻璃栈道，感受滔滔江水脚下穿过的刺激感……沿着三峡古栈道到西陵峡码头，乘坐【西陵画廊游船】(游览约 1 小时)：览原汁原味的西陵峡自然风光，享受壮阔在胸的博大意境。船观仙人溪，看千年悬棺、仙女瀑布。后欣赏赠送的舞台剧"绝代风华"，整场演出涵盖了舞蹈、话剧与现代高科技"声、光、电"相结合而倾情打造。游览【世外桃源景区】(游览约 2 小时)：游览昭君园、三花园、三峡起点线和白马水岩。赏西陵峡原始风光，了解部落文化，体验部落的淳朴风情。后前往【螺祖文化园】参观，螺祖纪念馆位于西陵峡东口西陵山上，是一座纪念中华民族之母螺祖的纪念馆。建筑面积1217.27 平方米，从外看像是三层，实际四层，多层重檐，棱角刺天；从底层到顶端，高 26.53 米；24 组风铃，悬挂翘角，随风飘动，传响天外。这是葛洲坝最佳拍摄地，可看葛洲坝全景。

行车里程及时间：265 千米约 3.5 小时。

温馨提示："绝代风华"的表演是固定时间演出为景区赠送，费用不退。

D3：三峡大坝—荆州古城—武汉　　　　　早中餐　　　　　　　　　　住宿：武汉

早餐后乘车经三峡专用公路赴三峡大坝游客中心，换乘景区环保大巴车游览国家 AAAAA 级景区【三峡大坝】(游览时间为 3 小时，换乘景区交通车必须自理 35 元/人；电瓶车自理 20 元/人，可自愿购票乘坐)：观坛子岭、185 平台、截流纪念园。登上 AAAAA 级旅游景区坛子岭观景点，你能鸟瞰三峡工程全貌，体会毛主席诗句"截断巫山云雨，高峡出平湖"的豪迈情怀；站在 185 平台上俯看，感受中华民族的伟大与自豪；走进近坝观景点，你能零距离感受雄伟壮丽的大坝；登上坝顶，你能直面雷霆万钧的泄洪景观；来到截流纪念园欣赏人与自然的完美结合，仿佛置身于"山水相连，天人合一"的人间美景。

游毕后乘车前往荆州，参观【荆州博物馆】(60 分钟)，荆州博物馆位于荆州城西门内侧在荆州区内，是一座集陈列展览、宣传教育、文物收藏与保护、考古发掘与研究等多种功能于一体的地方性综合博物馆，馆舍占地面积 5 万余平方米，建筑面积达 2.3 万平方米，由古建筑开元观、陈列大楼、珍宝馆、考古修复大楼、文物保管大楼、楚乐宫和办公楼等组成。后参观【荆州古城墙】(车观，不登城墙)，荆州古城墙始建于春秋战国时期，曾是楚国的官船码头和渚宫，后成为江陵县治所，出现了最初的城郭。经过 350 多年的风雨，现存的古城墙大部分为明末清初建筑。游览后，乘车前往武汉入住酒店。

行车里程及时间：宜昌—荆州 113 千米约 1.5 小时、荆州—武汉 225 千米约 3 小时

D4：武汉—广州　　　　早餐

早餐后【船游两江美景】，乘过江轮渡参观"中国桥都"的武汉长江大桥、武昌长江二桥、晴川桥等，领略两江四岸美景，远观我国第一代导弹驱逐舰——西安舰，以及大小是西安舰 3 倍、与"泰坦尼克号"极其神似的大型主题演艺轮船"知音号"。逛有"天下第一步行街"美誉的我国最长的商业步行街——【江汉路步行街】，各色百年以上老建筑，与上海外滩齐名，规模更大。后参观【黄鹤楼】(费用 70 元/人自愿自理，游览时长 2 小时)，地处于湖北省武汉市，与晴川阁、古琴台并称"武汉三大名胜"。黄鹤楼始建于三国时期吴黄武二年(公元 223 年)，传说是为了军事目的而建，孙权为实现"以武治国而昌"("武昌"的名称由此而来)，筑城为守，建楼以瞭望。至唐朝，其军事性质逐渐演变为著名的名胜景点，历代文人墨客到此游览，留下不少脍炙人口的诗篇，因此黄鹤楼是古典与现代熔铸、诗化与美意构筑的精品。前往著名的武汉小吃街【户部巷】，游客可自由品尝特色小吃(游约 1 小时)，户部巷乃"汉味小吃第一巷"，位于中国著名的历史文化名城武汉市有名的武昌民主路和自由路，是一条长 150 米的百年老巷，其繁华的早点摊群几十年经久不衰。以"小吃"闻名的户部巷，就是武汉最有名的"早点一条巷"，"来武汉必来户部巷"。游览全国最大的城中湖——【东湖听涛风景区】(若遇灯展，则改为车游)，该景区是东湖风景区的核心景区之一，位于东湖最大的湖泊郭郑湖的西北岸，湖岸线长达 3290 米，景区是由内堤路连接的多个半岛组成，总占地面积 2560 亩，其中陆地面积 2160 亩，湖面面积 400 亩。最后送武汉站高铁，乘高铁返回广州南，结束愉快行程！

特别须知：如遇特殊情况，在不减少景点的情况下，我社有权根据实际情况调整游览顺序。

费用标准

1. 大交通：往返高铁二等座及手续费、车次时间以出团通知书为准，我社保留行程根据具体火车车次时间前后调整的权利，景点及标准不变；当地 5~55 座旅游大巴车。

2. 用餐：全程含 3 早 3 正。正餐 25 元/人/正，八菜一汤的标准，10~12 人一围，如不足 10 人，菜数和菜量将相应减少，早餐为酒店赠送，不用不退。

3. **住宿**：3晚商务酒店双标间，我社有权根据游览顺序调整住宿地点(全程补房差220元/人，退房差120元/人，退房差含早)。
4. **门票**：含行程中西陵峡全景+西陵峡游船，长江渡轮，岳麓山，爱晚亭，橘子洲头，嫘祖文化园，三峡大坝，东湖听涛。
5. **用车**：当地5~55座空调旅游大巴车，保证一人一正座。
6. **导游**：全程一位地接导游服务，中途不换导游。
7. **购物**：全程无购物无自费。
8. **保险**：旅行社责任险。建议客人自行购买旅游意外险。
9. **小孩**：1.2米以下小孩仅当地车位费、导服、餐，其他现场自理。1.2~1.5米小孩补往返半价高铁408元/人。

特别说明

1. 此团40人以上独立成团，如人数未达40人以上，我社提前两天全额退款，我社不承担任何责任，敬请谅解。
2. 自费项目(自愿参加，不强制性消费)：**《长江三峡夜游船》**(游览时间约120分钟，参考费用：120元/人)
   项目介绍：登长江三峡豪华游轮，用全新的视角展现宜昌的风情万种、高楼林立、长江夜色。途观世界水电之都、三峡明珠——宜昌市的迷人夜色。既是一种惬意休闲的放松，同时又深度游览了宜昌作为世界水电之都最重要的景点之一——葛洲坝：它是长江上第一座大型水电站，也是世界上最大的低水头大流量、径流式水电站。游轮经过万里长江第一坝——葛洲坝船闸，享受水涨船高的独特体验(过闸时间约40分钟)。
   备注：旅游者与旅行社双方协商一致可选择参加的自费项目，以上所有报价均为包括导游司机服务费、车辆燃油费、景区门票等费用构成。
3. 因该产品为景区联动特价打包产品，无任何优惠退免。
4. 报名后因客人自身原因不能如期出行或少去某景点均无任何退费。

注意事项

1. **健康提示**：患有传染性疾病、心血管疾病、脑血管疾病、呼吸系统疾病、贫血病、高血压、精神病的患者，以及大中型手术恢复期的患者、孕妇、行动不便者等不适宜参加旅游活动的，因服务能力所限无法接待。未满18周岁者，请由家属陪同参团。70周岁或以上的旅游者参团，建议由50周岁以下成年人(其亲属朋友)陪同参团并填写**《游客健康申明及担保书》《老人旅游承诺函》**。如隐瞒实情，依据《旅游法》，旅行社有权随时解除合同并由旅游者承担全部责任和损失，若参团后发生事故的，依法由旅游者承担后果。
2. **出行必备物品**：参团时必须携带第二代身份证原件。较多行程在山区，气温较平原地区低，部分路段需徒步游览，请多备一件保暖衣物，穿着舒适的鞋子。请备好一些自己所需的药品及常用的生活小药品。

3. 证件的使用：因该产品为景区联动特价打包产品，无任何优惠退免；70周岁以上老人请务必由家属陪同，若无，需要签订安全协议书。

4. 抵达景区游览前，谨记导游交代的集中地点、时间、所乘游览用车车号。万一脱团，请于集中地点等候导游返回寻找。在游览过程中跟随导游的引导，切勿自行活动，以防意外发生。在游览过程中必须听从该团导游安排，不能去的景区小道，一定不能去，景区内限定了专为游客提供的游览通道，景区内为防止在森林中迷路，一定要听从导游安排。若在山里遇上暴风雨，首先要认清方向，找一处较开阔的坪子，既不致迷途，也可避开雷击。

5. 夜间或自由活动时间自行外出，请告知团友，应特别注意安全。

6. 每次退房前请游客检查好所携带的行李物品，特别是身份证件和贵重财物。

7. 若因为用餐人数的问题，存在用餐无法安排，旅行社会提早通知客人，并由导游现退客人全程餐费 75 元/人。

8. 关于单房差：住宿为双人标准间，只含每人每天一床位，没有三人间也不提供加床。若出现单男单女，客人可以选择补房差或退房差。

9. 关于不可抗力：当发生不可抗力或危及游客人身、财产安全的情形，或者由于第三方原因(包括游船停航、景区暂停游览、天气原因导致飞机停航等)，造成本次出游行程变更或取消，属旅行社不能预见、不能避免和不能克服的客观事件。与游客协商后，本社可以调整或者变更行程安排，如有超出费用(如住、吃及交通费调整等)，我社有权追加收取。如游客不同意变更，也可选择中止合同，扣除已支付且不可退还的费用之后，余款退还游客。

10. 关于安全警示：本产品主要交通路程均在江上和山区，可能会有少许颠簸，请游客注意扶好站稳。正餐自理期间，请游客选择干净卫生的餐馆用餐，远离无保障的小摊贩。本产品不安排定点购物，游客可于自由活动期间自行购买当地土特产品，请注意货比三家。

11. 关于意见反馈：行程中如有意见及建议，请及时向导游或客服人员反馈并进行解决。行程结束时，请如实填写《游客意见反馈单》。行程结束之后，不再接受与《游客意见反馈单》相反的投诉意见。

12. 关于保险：本产品仅含旅行社责任险，建议游客购买旅游人身意外伤害险。

13. 导游会在出发前一天或者到达当天联系客人，请游客保持手机畅通并耐心等待。

14. 散客无全陪，地接导游在长沙南站接团；我社会安排工作人员在广州南站送票，客人需按规定时间抵达南站取票后检票进站，如因个人问题造成未能赶上高铁或错过高铁，所有费用由客人自行承担！

思考： 请仔细阅读上述案例，认真思考并回答以下问题。

1. 在图 2-5 标注旅游行程每一天的游览顺序、车程和各个城市之间的交通距离。
2. 行程内各个景点的特色有哪些？
3. 除了行程提供的当地风味用餐，还有哪些当地特色餐饮美食？
4. 收集行程内各个入住酒店的地址、电话、房价等信息，请问同级替代酒店还有哪些？

5. 六天旅游行程内容有限，客人要求增加具有当地特色的娱乐项目，你有哪些推荐？
6. 你认为哪些地方可以改进和修改？如果可以，你认为如何调整比较合适？

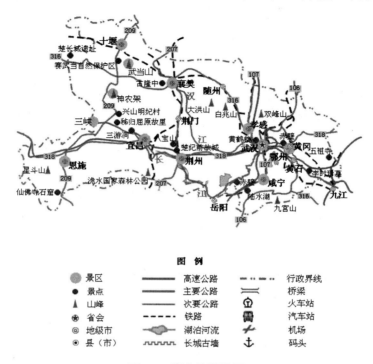

图 2-5　湖北旅游地图

二、旅游线路设计的比较和优化

旅游线路设计的最终目标是要满足旅游者的需求，从而使旅行社获利。旅行社旅游线路设计的比较和优化均是要从旅游线路的体验者——旅游者的角度来考量。旅游者选择旅游线路时会考虑空间、时间、经济和安全等方面的情况。因此，旅游线路设计的比较和优化的因素包括以下几方面。

1. 空间因素

旅游者外出旅游必须完成从居住地到旅游目的地之间的空间移动。一方面，旅游者居住地与旅游目的地之间的环境差异会激发旅游者的旅游动机，而且旅游者的旅游愿望与这种差异成正相关的关系。另一方面，旅游者居住地与旅游目的地之间的空间距离与旅游者外出旅游的动机成反相关的关系，一般认为，空间距离过大是造成旅游者旅游的障碍之一。

2. 时间因素

旅游的发生依赖于人们闲暇时间的多少。旅游者的出游时间与闲暇时间成正相关的关系。此外，旅游者关注从居住地到旅游目的地的旅行时间与在旅游目的地游玩时间的比值，也就是旅游时间比。一般如无特殊需求，人们选择旅游线路时总是追求最小的旅游时间比。

3. 经济因素

旅游者的经济收入和旅游者愿意支付的旅游费用是主要考量的经济因素。处在不同经济阶层及对旅游态度不同的旅游者，选择旅游线路会有比较明显的差异。这个差异主要体现在线路的价格和服务的标准等。

4. 安全因素

旅游者选择旅游线路时最关注安全因素。首先是旅游线路中的交通安全；其次是旅游目的地的社会状况，包括当地政府对旅游者的政策、当地居民对旅游者的态度、社会治安、政治形势等。

项 目 小 结

旅行社产品可以从旅行社的角度下定义，也可以从旅游者的角度下定义，一个概念两个方面来理解有助于我们对旅行社产品有更清晰的认识。从旅行社的角度看，旅行社产品是指旅游经营者凭借一定的旅游资源和旅游设施向旅客提供的满足其在旅游过程中综合需求的服务。从旅游者的角度看，旅行社产品是指旅游者花费了一定的时间、费用和精力所换取的一种旅游经历。旅行社产品具有综合性、不可感知性、不可分离性、不可储存性和易波动性等特点。

一般来说，旅行社产品由旅游交通、旅游住宿、旅游餐饮、游览观光、娱乐项目、购物项目、导游服务和旅游保险八个要素构成，这些要素的有机结合，构成了旅行社线路产品的重要内容。根据旅游的目的性，旅行社产品可分为观光型旅游、文化型旅游、商务型旅游、度假型旅游和特种型旅游五大类型。根据旅行社提供的旅游服务内容，可以将旅行社产品的形态分为包价旅游、组合旅游和单项服务。目前我国旅行社在产品开发设计方面存在缺乏市场研究，不注重分析竞争者，旅游产品难以实现个性化、多样化和层次化的细分等问题。

旅行社产品最主要的形式是旅游线路。旅游线路是旅行社从业人员经过市场调查、筛选、组织、创意策划、服务采购、广告设计等最终生产出来的。旅行社线路设计受到诸多因素的影响。合理的旅游线路一般应遵循市场导向、突出特色、不重复、多样化、时间合理、安全第一和与时俱进等原则。旅游线路按照旅游距离、旅游时间和线路性质三种不同的标准可以划分出不同的线路类型。旅游线路的设计是一项技术性非常强的工作,设计旅游线路的流程包括充分调研,了解市场要求;突出主题,确定产品名称;优化资源,策划旅游路径;充实内容,巧排活动日程;总结反馈,不断修改完善五大步骤。

思考与能力训练

一、单项选择题

1. 团队包价旅游又称为( )。
   A. 全包价旅游　　　B. 小包价旅游　　　C. 零包价旅游　　　D. 组合旅游
2. 在全包价旅游的基础上,扣除中、晚餐费用的一种包价形式是( )。
   A. 小包价旅游　　　B. 零包价旅游　　　C. 半包价旅游　　　D. 单项旅游
3. "分散进出,团体旅游"的旅游形式为( )。
   A. 小包价旅游　　　B. 全包价旅游　　　C. 半包价旅游　　　D. 组合旅游
4. 广州一日游旅游产品属于按照( )来划分的旅游线路。
   A. 旅游距离　　　　B. 旅游时间　　　　C. 旅游目的　　　　D. 线路性质
5. 针对不同的旅游者群体设计出不同的旅游线路,体现的是旅游线路设计的( )原则。
   A. 多样化原则　　　　　　　　　　　　B. 不重复原则
   C. 市场导向原则　　　　　　　　　　　D. 突出特色原则

二、多项选择题

1. 旅行社产品的特点有( )。
   A. 综合性　　　　　B. 不可感知性　　　C. 易波动性　　　D. 不可储存性
2. 按照旅游目的划分,旅行社产品可以分为( )。
   A. 观光型旅游产品　　　　　　　　　　B. 商务型旅游产品
   C. 文化型旅游产品　　　　　　　　　　D. 特种型旅游产品
3. 包价旅游产品包括( )。
   A. 全包价旅游产品　　　　　　　　　　B. 小包价旅游产品
   C. 零包价旅游产品　　　　　　　　　　D. 组合旅游产品
4. 影响旅行社线路设计的外部因素有( )。
   A. 资源禀赋　　　　　　　　　　　　　B. 旅行社经济实力
   C. 旅游需求　　　　　　　　　　　　　D. 行业竞争
5. 按线路性质分类,旅游线路可以分为( )。

A. 远程旅游线　　　　B. 观光旅游线　　　　C. 休闲旅游线　　　　D. 多日游线路

6. 旅行社产品开发的趋势有(　　)。

A. 升级换代加速　　　B. 特色化　　　　　　C. 绿色化　　　　　　D. 网络化

三、名词解释

1. 旅行社产品
2. 零包价旅游产品
3. 单项旅游产品
4. 旅游线路

四、简答题

1. 旅行社产品的构成要素有哪些？
2. 影响旅游线路设计的因素有哪些？
3. 旅行社线路设计的基本原则有哪些？
4. 旅游产品设计的创新性要求有哪些？
5. 简述组合旅游产品的特点。

五、论述题

1. 举例说明我国旅行社产品的发展现状。
2. 比较四种包价旅游产品的优劣。

六、案例分析

携程旅游发布精品跟团游产品及服务标准

2017年6月20日，携程旅游在全国五大城市北京、上海、广州、成都、武汉，举行主题为"不是一般的跟团游"发布会，发布跟团游"新钻级标准"及"臻品游"精品跟团游品牌。

针对当前跟团游市场存在的三大问题：产品同质化、恶性价格竞争严重；缺乏有效的分级标准；缺乏以专业精神和情怀设计的精品品牌。携程发布的"新钻级标准"对酒店、航班、用车、购物等服务项目，设定了新的升级标准，全面废除下线原有的"2钻"等级，最终重新设立3钻、4钻、5钻三大产品与服务标准，并将相关服务与赔付标准提升2~5倍。对不符合各钻级标准的产品予以降级，或者不给予评级。新标准上线后，携程预计平台将有数万条产品陆续被"降钻"，从目前进度来看，原5钻产品降钻率最高，预计将达到49%。

此次携程发布的"臻品游"精品跟团游品牌，其涵盖的30款产品都经过踩点、设计、初审、终极考研五道工序流程,这都将作为携程跟团游的"样本",让"跟团游"重新获得中国主流旅游者的认可。

(资料来源:肖阳.携程旅游发布新钻级标准及"臻品游"品牌[N].南方都市报,2017年6月22日.)

思考:根据所学旅游线路设计相关知识,结合本案例分析旅行社该如何更有效地设计和操作跟团游线路。

七、实训题

1. 实训项目

(1) 从报纸杂志或网络上收集不同旅行社(至少三家)的"北京双飞5日游"旅游线路,分别对它们进行比较评价。

(2) 根据旅游线路设计流程,设计一条为期8~10天的研学旅行线路,针对此线路写出线路设计报告书。

2. 实训目标:培养学生资料搜集,以及运用所学知识分析实际问题的能力,通过项目让学生更好地掌握旅游线路设计方面的知识。

3. 实训指导

(1) 指导学生掌握资料搜集方法,以及掌握旅游线路设计方面的知识。

(2) 给学生提供必要的线路参考资料。

4. 实训组织

(1) 把所在班级学生分成小组,每组4~6人,确定组长,实行组长负责制。

(2) 完成旅游线路对比PPT汇报及旅游线路设计报告书,在课堂上进行汇报交流。

5. 实训考核

(1) 根据每组的旅游线路对比PPT汇报,由主讲教师进行评分和点评,占比40%。

(2) 根据每组的旅游线路设计报告书汇报,由主讲教师进行评分和点评,占比40%。

(3) 课堂讲解完后,各个小组互评,各给出一个成绩,取其平均分,占比20%。

项目三

旅行社计调业务

【学习目标】

本项目的学习,要求学生了解旅行社计调的工作特点和基本业务,理解计调人员的分类和素质要求,熟悉旅行社计调工作流程,掌握旅游服务采购的各个要素,能够针对国内旅游线路、出境旅游线路和入境旅游线路开展计调工作。

【关键词】

计调　国内旅游　出境旅游　入境旅游　工作流程　服务采购

旅行社经营管理实务

案例导入

机票上打错名字，意大利华人旅行社逃避责任惹人怒

新欧洲侨报特别关注：近年来意大利各地华人旅行社蓬勃发展。从带团到地陪，从邮轮到短线旅游，项目越来越多，生意也越做越旺。但万变不离其宗，旅行社的老本行——卖机票是维持旅行社正常运转的基本服务。卖机票就是雇几个年轻人坐在计算机前搜搜机票，然后打印出来交给客人，不就得了！其实不然。机票上的名字打错了，该由谁来承担责任？一个细节没给客人说到，害得客人差点回不来，又该由谁来承担损失？旅行社无小事，如何提升服务细节已成为从业者必须认真反省的问题。

春节前夕，小林买了米兰至上海的往返机票。当他高高兴兴来到 Malpensa 机场换取登机牌时，工作人员告诉他机票上的名字不对。这张机票是小林从一家华人旅行社买来的，因为都是中国人，当时旅行社员工把票单打出来交给他时，他一眼也没看就装到了兜里。现在出了问题，该怎么办？小林立即点开那家旅行社的客服微信号，告诉他们机票出了点问题。客服却推说这与他们无关，这种情况没办法解决。时间一分钟一分钟地过去，无奈之下小林只得在机场补交了125欧元进行更正。事后小林气愤地说："我买票的时候，把护照交给他们(旅行社出票员)看了，他们自己打错了，最后责任都推到我身上，这对吗？我气的不是多花了125欧元，我气的是他们不认错，还百般抵赖！"

(资料来源：http://www.sohu.com/a/308926492_659880)

思考题： 结合这个案例，如果你是旅行社工作人员，你会怎么处理这一事件？

答题思路： 旅行社工作人员是否存在工作失误，把客户姓名写错了，旅行社是否有错在先？旅行社是不是应有应对的措施呢？旅行社要进一步跟游客协商，争取找到一个双方都满意的解决办法。

任务一　认知旅行社计调业务

任务目标

你作为一名国际旅行社计调主管，部门刚来了一名新同事，需要你向她介绍部门计调业务的工作特点、基本业务、素质要求和工作标准等内容。

任务实施过程

请每个小组将任务实施的步骤和结果填写到表3-1任务单中。

项目三 旅行社计调业务

表 3-1 任务单

小组成员：		指导教师：
任务名称：		任务完成地点：
工作岗位分工：		
工作场景： (1)你是一名国际旅行社计调经理，部门来了一名新同事 (2)需要你向她介绍旅行社计调的工作特点、基本业务、素质要求和工作标准等内容		
教学辅助设施	文字、图片、视频等多媒体	
任务描述	通过对本地一家旅行社进行调研分析，让学生认知旅行社计调工作特点、素质要求和业务流程	
任务重点	主要考查学生对旅行社计调业务的认知	
任务能力分解目标	(1)认识计调业务 (2)了解计调人员分类及素质要求 (3)熟悉计调工作标准	
任务实施步骤	(1)学习相关知识点 (2)学生以小组为单位，通过实地走访当地旅行社，或者通过书籍、网络搜集资料，调研分析国内外各一家旅行社计调业务 (3)每小组以多媒体形式进行汇报，展示调研成果 (4)各小组进行互评，教师进行点评	

任务评价

(1) 熟悉旅行社计调工作及特点。
(2) 了解计调人员分类及素质要求。
(3) 掌握旅行社计调的工作标准。

任务相关知识点

情境一 认知旅行社计调

在旅游行业中，一直就有"外联买菜、计调做菜、导游带游客品尝大餐"的说法。可见，外联、计调、导游各司其职，都是旅行社业务中十分重要的角色。计调人员犹如饭店里的厨师一样，其素质与水平的高低，直接决定着旅游行程的服务质量，因此有人把"计调"比喻为"旅游行程中的命脉"。

计调是"计划调度"的简称,在岗位识别上被称为计调员,业内简而通称"计调"。在从事国际旅游业务的旅行社中通常又称为"OP",即 Operator 的简称,译为"操作者"。旅行社经营管理中,销售部、计调部、接待部构成旅行社具体操作的三大块,计调处于中枢位置,业务连接内外,关乎旅行社的盈利。

一、计调工作特点

计调部在旅行社业务中处于中枢位置,在旅行社运转中的作用日益突出,具有以下共同特点。

(一)计调业务是旅行社经营活动的重要环节

旅行社实行的是承诺销售,旅游者购买的是预约产品。旅行社能否兑现销售时承诺的数量和质量,旅游者对消费是否满意,在很大程度上取决于旅行社计调的作业质量。计调的对外采购和协调业务是保证旅游活动顺利进行的前提条件,而计调对内及时传递有关信息又是旅行社做好销售工作和业务决策的保障。

(二)计调业务是旅行社实现降低成本的重要因素

旅游产品的价格是旅游产品成本和旅行社利润的加总,降低旅游产品成本决定了旅行社利润增长的空间,以及市场份额的占有。旅游产品的成本通常表现为:为各旅游供应商提供的机(车)位、客房、餐饮、门票等的价格,计调部门在对外进行相应采购时,应尽量争取获得最优惠的价格,以降低旅游产品的总成本,这也就意味着旅行社利润的增加。此外,旅游产品成本的降低,保证了旅行社在激烈的市场竞争中获得更多的市场份额。计调业务虽然不能直接创收,但降低采购价格无疑对旅行社的营业额和利润实现具有重要意义。

(三)计调业务承担着极为繁重的操作任务

计调业务包括采购、计划、团控、质量、核算等内容。通常人们只是从基本原则和实践意义做出阐述,概括地讲到采购和计划作业,而忽视了计调作业的技巧、策略及可操作性。

知识拓展 3-1

计调工作两大核心

(1) 成本领先。计调掌握着旅行社的成本,要与接待旅游团队的酒店、餐馆、旅游车队及合作的地接社等洽谈接待费用。一个好的计调人员必须做到成本控制与团队运作效果相兼顾，必须在保证团队有良好的运作效果的前提下，在不同行程中编制出一条能把成本控制得最低的线路出来。在旅游旺季，一名称职的计调要凭自己的能力争取到十分紧张的用车、客房和餐位等。在具体操作过程中，一名称职的计调要业务熟练，对团队旅行目的地的情况、接待单位的实力、票务运作等都胸有成竹。

(2) 质量控制。计调在细心周到地安排团队行程计划书外，还要对所接待旅游团队的整个行程进行监控。因为导游在外带团，与旅行社的联系途径通常就是计调，而旅行社也恰恰通过计调对旅游团队的活动情况进行跟踪、了解，对导游的服务进行监管，对游客在旅游过程中的突发事件代表旅行社灵活进行应变处理。在质量控制上，中小旅行社十分需要水平高的计调人员进行总控。整合旅游资源、包装旅游产品、进行市场定位等都需要计调来完成。计调要懂游客心理，具有分销意识及开发产品的能力等。

二、计调的基本业务

由于旅行社的规模、性质、业务、职能和管理方式不尽相同，各计调部的工作也是因社而异的，但对外采购服务、对内提供信息服务都是旅行社计调业务的基本内容。

对外采购服务是按照旅游计划，代表旅行社与交通运输部门、酒店、餐厅和其他旅行社及其他相关部门签订协议，预订各种服务，满足旅游者在吃、住、行、游、购、娱等方面的需求，并随着计划的变更取消或重订。所谓对内提供信息，是把旅游供应商及相关部门的服务信息向销售部门提供，以便组合旅游产品；做好统计工作，向决策部门提供有关旅游需求和旅游供应方面的信息。

总体来说，计调部的基本业务不外乎信息收集，计划统计，衔接沟通，订票、订房、订餐业务，内勤业务等。

(一)信息收集

主要收集各种资料和市场信息，并进行汇总编辑，编号存档，分析和提炼观点，供旅行社协作部门和领导参考和决策。

- 收集整理来自旅游行业的专门信息。
- 收集整理来自旅行社同行的专门信息。
- 收集整理来自旅游合作单位(诸如旅游景点、运输公司、票务公司、酒店、餐厅、土特产商店等)的专门信息。
- 收集整理旅游团队客人的反馈意见或建议(包括表扬肯定或抱怨投诉)。
- 收集整理涉及旅游行业发展的各种政策或规定。
- 收集整理当地经济建设的发展现状，以及公众对旅游所持有的各种观念或心态等。

(二)计划统计

主要编制计调部的各种业务计划，统计旅行社的各种资料，做好档案管理工作。
- 拟订和发放旅游团队的接待计划。
- 接收和处理有关单位发来的旅游团队接待计划。
- 编撰旅行社的年度、季度和月度业务计划。
- 详细编写旅行社接待人数、过夜人数、住房间的天数等报表。
- 向旅行社财务部门和领导提供旅游团队的流量、住房、餐饮、交通等方面业务的统计和分析报告等。

(三)衔接沟通

主要担当对外合作伙伴的联络和沟通、洽谈和信息传递。
- 选择和对比行业合作伙伴，对外报价和接受报价。
- 获取和整理信息，传达协调其他部门，汇报支持领导决策。
- 做好业务值班，登记值班日志，及时准确转达和知会。
- 充分了解和掌握旅行社的接待计划，包括团队编号、人数、旅游目的地、行程线路、服务等级和标准、抵离日期，交通工具、航班时间、导游员、地接社、运行状况等。
- 全面监控旅游团队的实时变化，诸如取消、新增、变更等情况，并及时通知相关合作伙伴做出合理科学的调整。

(四)订票业务

主要担当旅游者(团队)的各种交通票据(火车票、飞机票、汽车票、游船票等)及景区门票的预订、验证和购买等。
- 负责落实旅游者(团队)的各种交通票据，并将具体信息及时准确地转达给有关部门或人员。
- 根据有关部门和旅游者(团队)的票务变更信息，及时快速地与合作伙伴处理好取消、新增、变更等事宜。
- 根据组团社的要求或旅游者(团队)的具体情况，负责申请特殊运输工具或航程票务，如包机、包船、专列等，并通知有关部门或合作伙伴，及时组织客源和促销。
- 根据旅游者(团队)的具体情况，落实景区景点的票务。
- 全面负责各种票务的核算和结算工作。

(五)订房、订餐业务

主要担当旅游者(团队)的各种订房、订餐业务。

- 负责和各种档次的宾馆、酒店、饭店、旅馆进行洽谈,签订合作协议书。
- 根据组团社或地接社的订房、订餐要求,为旅游者(团队)及导游司机预订客房、预订进餐。
- 根据旅游者(团队)的实际运行情况,及时应对取消、新增、变更等情况。
- 全面做好旺季和黄金周包房的销售、协调和调剂工作。
- 定期或不定期地做好旅游者(团队)住房流量和就餐流量相关报表的制作和统计工作。
- 配合并协助接待和财务部门做好旅游者(团队)用房、用餐的核算和结算工作。

(六)内勤业务

主要担当计调部的各种内勤内务工作。

- 与运输公司和车队拟定合作协议和操作价格;
- 与旅游景点或娱乐演出公司确定旅游者(团队)的游览参观或观看节目;
- 安排旅游者(团队)运行过程中特殊的拜谒、祭祀、访问或会见等;
- 做好部门各种文件的存档和交接班日志等。

案例分析 3-1

中国高铁规划,下一个"米"字形枢纽将落户临沂

纵观我国的"十二五"规划的"四纵四横",到"十三五"规划的"八纵八横"。高铁的规划建设已经上升到城市发展的战略层面,各个城市都在积极地争取每一条高铁干线的走向。在"十三五"期间,我国将出现多个"米"字形的高铁枢纽。

这个有望成为下一个"米"字形高铁枢纽的城市,坐落在山东省,很多人说是济南,济南作为省会,成为高铁枢纽不在话下。今天我们要说的是一个三线城市,它就是临沂市。临沂是长三角经济圈与环渤海经济圈的连接点,将为江苏、山东带来发展的机会。

未来的临沂将建设鲁南高铁、京沪高铁二线、济莱临高铁快速通道、临沂至连云港高铁等。同时也将临沂构筑成"米"字形高速铁路主骨架和"四纵四横"普通铁路网,把临沂市建设成"一带一路"国际铁路枢纽。这么一个三线城市将被中国高铁规划成为下一个"米"字型的高铁枢纽,这是对临沂的一次认可,也是临沂发展的最好机会,未来高铁的建成通车将会给临沂的百姓带来致富的机会。

(资料来源:东方资讯网,http://mini.eastday.com/a/190417010337424.html.)

思考： 临沂构筑成"米"字形高速铁路主骨架和"四纵四横"普通铁路网，把临沂市建设成"一带一路"国际铁路枢纽，山东旅行社应该怎样进行产品设计和优化？作为一名优秀的旅行社计调，你要做哪些方面的工作？

三、计调人员的分类和素质要求

(一)旅行社计调的分类

随着旅游业的发展和旅行社业务规模的扩大，计调业务朝着专业化、细分化方向发展。从业务范围划分，计调人员分为组团类计调、接待类计调、批发类计调、专项类计调四种。

(1) 组团类计调。按游客出行目的地可划分为国内游计调和出境游计调。例如，国内中长线计调、省内短线计调、港澳台地区计调；欧洲地区计调、美加地区计调、澳新地区计调、东南亚地区计调、日韩地区计调、非洲地区计调等。

(2) 接待类计调。包括国内地接计调和国际入境接待计调，如旅游地接待计调、中转联程接待计调等。

(3) 批发类计调。包括国内游专线同业批发计调和出境游专线同业批发计调。

(4) 专项类计调。包括商务会展计调、老年游计调、学生游计调、机票加酒店类计调、签证类计调等。

知识拓展 3-2

组团社和接待社

组团社(Tour Organizer)：招徕、组织国内旅游者，并为国内旅游者提供全程旅游服务的旅行社。

接待社(Local Operator)：接受组团社委托，实施组团社的接待计划，安排旅游者在当地参观游览等活动的旅行社。

(二)计调的素质要求

1. 知识储备

- 一名合格的计调应该熟悉各项旅游法规，包括《旅游法》《旅行社条例》《导游管理条例》，以及酒店管理、车辆运输、航空法规等相关行业的法律法规。
- 一名称职的计调应该有较强的文档处理知识，能熟练使用计算机办公自动化、图形处理、旅行社管理软件，具备一定的网页制作、网络操作和档案编制能力。

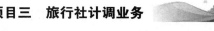

项目三　旅行社计调业务

- 一名优秀的计调要具备高超的交际和沟通能力。旅游是与人打交道的行业，要有良好的沟通能力，通晓旅游礼仪，经常进行有针对性的学习和培训。

2. 信息储备

不同的计调类型有不同的分工，不同的计调分工需要有不同的信息储备。

(1) 组团型计调。

- 必须了解各条线路的价格、成本、特点、影响因素，以及各条线路的变化和趋势。初入门的计调，建议最好从全陪做起，了解各条线路和各地接社的信息反馈，在自己所在的区域市场建立熟悉的人际关系。
- 要有一种以客户为中心、满足客户需要的理念，了解不同类型顾客的个性化需求。
- 每天查阅传真和信息，在报价前再次落实和核准价格、行程、标准，所含内容在签订合同前要提前通知地接社做好准备。
- 规范确认文件，在确认文件中必须同时具有到达时间、行程安排、入住酒店名称、景点情况、餐标、车辆标准(包括车型和车龄)、导游要求、可能产生的自费情况等。
- 熟悉全陪导游情况，了解每个导游的年龄、外形、学历、性格特点、责任心、金钱观念和质量反馈，针对不同的客户做出最合适的导游安排。

(2) 地接型计调。

- 熟悉所有当地和周边地区的吃、住、行、游、购、娱等各项旅游要素。
- 掌握各个车队的车型、车龄、车况和驾驶员特点，了解车队经营者的特点、经营状况的好坏和事故处理能力。
- 了解酒店的位置、星级、硬件标准、同业竞争情况，了解酒店经营者的特点，熟悉各酒店各季节的价格及变化情况，具备沟通和讨价还价的能力。
- 了解地接范围内所有的景区景点的门票和折扣，熟悉景区的资源品位和特点，尤其要关注不同客源地客人对该景点的评价。
- 了解社内导游的安排情况，熟悉本社导游的管理方法，掌握各个地接导游的具体情况，可以做出最合适的导游安排。
- 熟悉本社的竞争环境，尽可能多地了解竞争对手的特点、报价、操作方式、优势和劣势。
- 熟悉和本社相关线路，或者是合作、联动线路的特点和操作情况，掌握合作社的特点和竞争情况。
- 熟悉客源地的旅行社状况、特点、竞争情况及信用程度。

(3) 专线型计调。

- 必须熟悉自己所负责专线的航班、航空公司，以及航空公司的营销及相关工作人员。有的时候，一家旅行社在大交通上所取得的优势，能够让公司在最短的时间内获得最大的市场和利润。如何进一步建立、发挥自己公司的公关资源，是一名优秀计调必须面对和解决的问题。
- 必须熟悉自己所负责专线的酒店、车辆、用餐、景区及接待导游的情况。
- 要了解自己专线的竞争状况，与自己雷同和类似的竞争对手的计调优势、营销优势和诚信状况，尽可能和他们保持一种既竞争又友好的状态。
- 了解自己专线的时间和季节变化情况下的团队量，能够合适地安排时间进行系统销售，通过走访了解客户需要和市场潜力。
- 了解自己专线的财务状况，包括财务垫支和资金回笼。

(4) 散客型计调。
- 掌握各条线路的价格变化、团队计划、线路特色和行程安排，熟悉各个行程的注意事项。
- 熟悉旅游合同和细节、注意事项和责任条款，对有可能产生的后果，以及经常产生争议的地方做到了然于胸。
- 掌握旅游意外险、责任险、航空保险的责任条款，了解相关办理办法和程序。

知识拓展 3-3

旅行社计调工作八大禁忌

1. 口头确认或不明确确认

在与相关合作单位确定吃、住、行、游、购、娱等方面的接待事宜时，计调必须以接收到对方盖有公章或者业务专用章的确认函为准，并加以核实，不能接受对方的口头确认或者网络聊天确认。

2. 工作无条理

计调需要处理各种各样的日常或者突发事件，也需要与各种各样的人打交道，这就要求计调人员做事要有条理、有计划，要分清轻重缓急，更要准备好各种情况下的处理预案。

3. 延误回复

计调对每一项需要回复的要求都应予以重视，绝对不能拖延或者应付。服务响应时间是服务质量的重要组成部分。

4. 滥用通信设备

计调对拨出或接入的电话都应该言简意赅，快捷明了，不能闲扯过多的无关话题。同时，计调必须 24 小时开机，保证联系畅通。

5. 作业不精心

计调要缜密严谨，心细如发，能够发现接待计划中的细微变动，要对特殊要求仔细研究，要有重复检查及细节检查的意识，把每一项需要向接待人员交代的注意事项落实到书面上。

6. 行程安排不合理

计调要掌握吃、住、行、游、购、娱等事项的最新变化，以最优化的组合，妥善安排旅游接待计划。对于一些诸如看日出、观潮汐、进场馆看比赛等活动，要严格掌握时间、地点、规则、禁忌、路线等。

7. 与外联人员缺乏沟通

计调在安排团队接待计划及接待人员时一定要联系外联人员，向他详细了解团队的有关信息及特殊要求，并据此做出有针对性的接待计划。

8. 对合作的旅行社缺乏了解

计调在联系合作旅行社时要对其进行深入了解，诸如规模、行业信用度、团量等信息是必须掌握的，是否"黑社"等更要从严核实。

情境二　旅行社计调工作标准

一、计调的作业质量

(一)书面质量

(1) 抬头格式一定要醒目、规范、讲究，要与企业的 CI 系统一致，特别要正确表达商号、品牌，以及回复、更改等主要指征。

(2) 文本必须清晰，有利于阅读。

(3) 字体、字号选择恰当。

(二)文字质量

报价的文字质量体现 OP 的技术"等级"和"含量"。其文字表达必须符合行业(或约定俗成)的表达规范；报价行文中，最先概括报价依据(人数、国籍、用房、用车等)，按照日程、行程、特殊安排、报价(或单列)、联络方式的顺序一一做出，文字要求精练、表达准确，特别是景点描述，要与产品宣传有所区别。

(三)作业速度

国际上过去的规范是 24 小时回执，随着资讯的发达和竞争的日益加剧，计调的作业速度从 8 小时缩短到 2 小时，甚至 10 分钟。快速、精到、准确、无可挑剔，反映了计调的业务熟练程度，有灵气的 OP 往往省心、省力、省时，事半功倍。

(四)电话联络

在计调工作中,往往有扩展问询或差异核对,电话是最直接和快捷的沟通方式。电话礼仪要求礼貌热情、使用普通话、话音清晰、回答问询准确、果断。忌讳有四点:一忌记错对方称谓,胡答乱对,既失礼又失信;二忌"半自动"普通话,音调失准,贻笑大方;三忌答对含糊,如"可能""应该",拖泥带水,令对方不知所云;四忌业务不熟,如"稍等,我查一下"等,浪费对方宝贵时间。

二、计调的信息质量

(一)充分的业务信息

衡量一个合格的OP,其善于获得业务信息并有效地加以运用是首要标准。对实施报价的OP而言,业务信息是指对所报价地区的所有与旅游相关资源的认识和把握。例如,对酒店,不仅要明确所有不同时期的价格,还需要掌握区域、房况、保安、车位、早(正)餐等细节;对用车,不仅要明确价格,更要通晓车型、配置、车况、路桥费用和移动里程等细节。同理,还包括餐饮、景点(门票)、导游等要素。这些要素经常随淡旺季节、重大活动、政府行为等影响发生变化,因此OP对动态信息必须随时跟踪。

(二)熟练的操控能力

OP既要熟悉不同国家、地区的询价特征,又要了解顾客或对方OP处事的个性,还要有针对性地实施不同的报价策略。熟练的操控能力表现:快速浏览询价→快速捕捉询价要点→快速表达报价特色→快速形成报价文本→快速传递报价信息。面对询价中形形色色的要求,在报价中可提供多样化的选择,如同样线路多样的变化、不同星级住宿、各种交通方式的遴选,以及降低直观价格为目的的报价组合等。

(三)合理的行程配置

报价中的行程叙述是仅次于价格表达的另一大重点。行程叙述报价分为以下三部分。
(1) 日程——每天游览的景点、停靠点、用餐地点等。
(2) 行程——每天移动的距离、交通工具、抵离时刻、购物点、下榻酒店等。
(3) 特殊安排——风味餐、娱乐项目、语言导游、另类标准、特殊细节等。

通常,尽量详尽的行程是推导出最终价格的关键,尽管行程的编排可能有变动,但是万变不离其宗,有诸多规律可供遵循。因此,如果说学会打电话是做计调的基本功,那么,学会排行程则是做好报价的首要条件。

(四)切实的价格水平

价格是旅行社报价诸要素中的核心。通常，旅行社报价的价格构成采用"加成定价法"，但在规则之外又有许多变数，关键要把尽可能多的信息、资源、同行价位、市面行情及相关情况加以整合，核算出"贴心"的价位，从而反映出总体报价的业务水平。

(五)优惠的结付办法

在报价后注明结算办法，是吸引对方的重要细节。通常，组团社在出团前的客户收款都在 80%左右。在实际操作中，地接社一定要注意针对不同的组团社，提出有利于双方的结算办法，要考虑批量大小、淡旺季节、结算周期，以及自身的垫付能力等情况，这反映了一家旅行社应变市场的能力和自身实力的强弱。

(六)完备的应急联络

一份完备的报价，不仅是程序要求，更是取得对方信任、令对方感到"可靠"的前提。在最后部分应特别注明应急联络，包括 24 小时不间断应急方式；必要时提供报价中所列下榻酒店、餐厅、景点联络方式等。一个称职的 OP，要随身携带通讯录，以便及时回应和沟通。

三、计调的内涵表达

(一)细节表达

同样的 Word 文本，简洁又不失完备，丰满又不乏灵性，字里行间透着关怀、体贴。细节体现关怀，不仅是文字的修饰，还应包括根据客源地的风俗安排餐饮，根据团型调整观光时间和移动距离等。

(二)谨慎承诺

旅行社在产业链中的位置，决定了企业必然受到上游或下游行业的制约。比如，地接社在提供六大要素的保障中，因为诸多因素的影响，任意环节的变动都可能是致命的，既要实事求是地讲明如"旺季""调价""不可预见"等情况，同时又要"明目张胆"地承诺。关键时刻，旅行社拼的是处置能力，是出了问题敢于负责的胆识和实力。承诺，不仅仅要在报价纸面上表达，重要的是，承诺的可信度要靠平时的"诚信积分"来奠定。

(三)合作诚意

当今旅行社间的合作早就不再囿于团来团往、账款两清的商业交际。旅行社的不同报价中反映了"合作诚意"。作为地接社，一忌"乱开价"，要留给组团社利润空间；二忌"没商量",要设身处地为组团社着想;三忌"不作为",要耐心对待对方的询价。作为组团社,应该尊重地接社的"合作诚意",不要错把对方的委婉、呵护、礼遇和退让当作砍价的薄弱环节。"合作诚意"的目的是双赢,但不仅仅意味着双方只为眼前利益,实际是一种追求共生的境界。

四、需要注意的其他问题

(1) 往返大交通还是区间交通,甚至包括景点间的交通,在行程上最好标明班次、出发和抵达时间;交通票价的单列最好有所体现。

(2) 景点上标明价格,包括对内对外价格,以及景区中需自费的小景点的票价;还要标明景点游览时间,具体的游览路线也最好要有体现。

(3) 用餐上一般需要针对不同地方的游客设计不同口味的菜式,这一点在报价单上也要有所体现。

(4) 住宿上除了说明房差之外,每晚住宿的位置、星级或宾馆新旧应该体现出来。

(5) 线路的综合推介,地接社设计的每条线路,都应有指向或特色,并在报价单上特别宣传,说明设计主旨。

(6) 标明该线路价格的有效时间。

(7) 作为地接报价单,建议引入承诺制。诸如承诺日均进店不超 1 个;承诺无强制消费等。

案例分析 3-2

寻雾东江湖、寻雾仰天湖、丹霞飞天山 高铁纯玩三天报价

项目三　旅行社计调业务

■　特色安排
◆　AAAAA 东江湖风景区
★　独家首创"画中游"游览方式——徒步醉美小东江景区，颁发【徒步证书】，评比【最具人气奖】。
★　赠送东江鱼品尝礼包。
◆　有"无寸土不丽，无一山不奇"美誉的飞天山国家地质公园。
◆　绿草期最长的休闲胜地——仰天湖大草原。
★　独家安排在山顶草地上搭建【帐篷】，携带【音乐】供游客感受大自然风光。

■　目的地特点
◆　中华奇观：起雾的小东江水墨丹青，世界闻名遐迩【雾漫小东江】。
◆　丹霞飞天山：经典的丹霞地貌，山水犬牙交错、奇形怪状，不是鬼斧神工，而是上天的刻意为之……
◆　亲近自然：中国绿草期最长的仰天湖大草原，草原、帐篷、音乐显得野趣更浓。

■　市区活动·美食攻略
◆　游水三文鱼：东江湖养殖基地，一鱼五吃，味道鲜美。
◆　野生东江鱼：东江湖里的野生鱼类，怎么烹饪都好吃。
◆　烧鸡公：吃辣者梦寐以求的美味。
◆　郴州特色米粉：本地人每天的早餐，最让游子牵肠挂肚的家乡味道。
★【逛街·可自由前往当地兴隆步行街品尝当地特色小吃】【夜宵·南塔美食广场/燕泉路/东风路/华天美食城】。
【酒吧·夜宴清吧·88 酒吧·裕后街】【表演·新田汉观赏南国丽都秀】【休闲·全国最大的香雪路风采足浴城】。

■　详细行程安排

| 第一天：广州南—郴州西—仰天湖—酒店 | 含：中晚餐 | 住：郴州市区 |

广州南站集中乘高铁，前往湖南郴州(车程约 1.5 小时)。
抵达后乘车前往被次原始森林包围的【仰天湖大草原】(车程约 1.5 小时，游览 3 小时，仰天湖因交通管制，须换乘班线车上山)，仰天湖为第四纪冰川期馈赠的一个死火山口，其自然水泊面积 20 余亩，海拔 1350 米，是悬系于长江、珠江分水线与京珠高速十字交叉点旁的一颗璀璨明珠，亦被自由旅人作家誉为"地球上(北江之源)的一滴眼泪"。仰天湖大草原也有千姿百态、鬼斧神工的安源石林和凝写沧桑、流云漫锁的平头山寨；还有十里杜鹃、雾海重田、高山观日、晴雪云耕、通天洞峡、滴水岱瀑等十大景观。

后入住酒店休息。

第二天：酒店—东江湖景区—酒店　　　含早中晚餐　　　　　　住：郴州市区

早餐后前往无量寿佛的故乡——**资兴市**(车程约50分钟)，抵达后游览**东江湖人文潇湘馆、东江湖摄影艺术馆、东江湖奇石馆**(游览时间约1.5小时)；后进入【**东江湖风景区**】(游览约3小时，含景区大门票)，游览【**龙景大峡谷瀑布群**】，龙景大峡谷是一处旅游观光、休闲康健的综合性旅游景区，峡谷全线游程为2.5公里，沿途山势陡峭、青山滴翠、古木参天，青潭、瀑布成群，是我国目前瀑布密集度较高的景区。

特别安排：乘景区车前往小东江段，开始徒步醉美【**小东江**】景区段，偶遇雾漫美景。小东江的水质达到国家一级饮用水标准，干净、清澈的湖水，直接渗透我们的心灵。两岸常年的峰峦叠嶂、土房、红叶、白云等自然景观形成倒影，美妙绝伦。行程所到之处，空气中、水中都弥漫着纯净【无法用言语来形容此景，只能简单地呐喊"干净，原来可以这么美丽"】；游毕后安排入住酒店休息。

第三天：酒店—飞天山—郴州西—广州南　　　含早中餐　　　　　　住：温馨的家

乘车前往【**飞天山国家地质公园**】(车程50分钟，停留约3小时)，大旅行家徐霞客曾赞叹飞天山"无寸土不丽，无一山不奇"，并镌刻"寸土佳丽"。景区山顶相连，沟壑纵横，山环水绕，寨坦错落，精巧处如精雕细琢，巧夺天工；宏伟处如横空出世，壮志凌云。翠江风情能与漓江风景媲美，享有"小桂林"美誉。游寿佛寺、天然瀑布、乌龟藏宝、洗心池、古练兵场、老百姓最喜欢的湘南百景之一的睡美人、剪刀坳、聚仙台、老虎山等，期待你去探索。

午餐后统一乘车前往郴州西高铁站**(车程约 50 分钟)**，后乘下午高铁返回温馨的家，结束愉快的旅程！

■报价：2019 年 6 月出发 40 人(非节假日报价，周五、周六为周末价)

(1) 门票：东江湖 A 线 70 元/人(不含游船)+飞天山 30 元/人(不含游船)+仰天湖 35 元/人+仰天湖班线车 60 元/人。

(2) 房费：郴州段五星——温德姆酒店 398 元/间/晚含早；郴州国际会展酒店 368 元/间/晚含早含一次性温泉。

(3) 餐费：30 元/人×5 正 =150 元/人(5 正 2 早，10 人一围，不足或超出 10 人补齐餐差)。

(4) 车费：33 座车 3400 元/台。

(5) 导服：600/车/导(如有特殊要求，导服另算)。

(6) 大交通：175×2+手续费 10=360 元/人(广州南—郴州西往返高铁二等座含手续费，如 12306 系统上无票，则手续费另加 30 元/人)。

(7) 全陪费用：大交通+住宿，温德姆 300 元/间/晚，外住 160 元/间/晚(须携带导游证)。

思考：请根据前面学习的内容，分析以上报价单，指出哪些方面符合一份好的报价单标准？此外，你认为这份报价单在哪些方面可以修正？

任务二　旅游服务采购

任务目标

旅行社销售部同事和客户商定了一条旅游线路，签订了一份旅游合同。你是一名旅行社计调助理，接下来的工作，需要你根据旅游合同落实该旅游线路的各项细节，对各项旅游服务进行采购。

任务实施过程

请每个小组将任务实施的步骤和结果填写到表 3-2 任务单中。

表 3-2　任务单

小组成员：	指导教师：
任务名称：	任务完成地点：

工作岗位分工：

工作场景：
(1)和客户商定了一条旅游线路，签订了一份旅游合同
(2)落实合同约定的旅游线路各项细节，对各项旅游服务进行采购

教学辅助设施	文字、图片、视频等多媒体
任务描述	通过对本地一家旅行社旅游线路进行详细分析，进行项目分解，让学生对各项旅游服务进行采购
任务重点	主要考查学生对旅行社旅游服务采购的认知
任务能力分解目标	(1)认识旅游采购业务 (2)了解旅游采购的内容 (3)熟悉旅游采购合同
任务实施步骤	(1)学习相关知识点 (2)学生以小组为单位，通过互联网或书籍搜集资料，调研分析本地一家旅行社的旅游服务采购业务 (3)每小组以多媒体形式进行汇报，展示调研成果 (4)各小组进行互评，教师进行点评

任务评价

(1) 熟悉旅行社旅游服务采购的内容。
(2) 掌握旅行社旅游服务采购的要求。
(3) 熟悉旅行社服务采购合同的格式及注意事项。

任务相关知识点

情境一　认知旅游采购服务

旅游采购服务是计调最基本的业务。旅游采购服务的成效，直接关系到旅行社经营活动的成败。

一、什么是旅游采购服务

旅行社通过向其他旅游服务企业或相关部门采购交通、食宿、游览、娱乐等单项服务产品，经过组合加工再进行销售。旅行社是一种旅游中介组织，并不直接经营旅游活动中的交通、食宿、游览、娱乐等服务项目，采购旅游服务也就成为旅行社经营活动的一个重要方面。旅游采购服务是旅行社通过合同或协议形式，按照一定价格，向相关旅游企业及部门订购各项旅游相关服务，以保证旅行社向旅游者提供所需的旅游产品。

二、旅游采购服务的内容

旅游活动涉及食、宿、行、游、购、娱等方面，航空公司、铁路公司、轮船公司、旅游酒店、旅游餐厅、旅游景点及娱乐场所等旅游业务相关企业就成为旅行社的采购对象。

1. 交通服务的采购

交通不仅要解决旅游者往来不同旅游点间的空间距离问题，更重要的是解决其中的时间距离问题。安全、舒适、便捷、经济是旅行社采购交通时需要考量的因素，旅行社必须与包括航空公司、铁路部门、轮船公司、汽车公司在内的交通部门建立密切的合作关系。事实上，为寻找稳定的客源渠道，交通部门也非常倾向于同旅行社合作。旅行社要取得有关交通部门的代理资格，以便顺利采购到所需的交通服务。

（1）采购航空服务。

作为大众旅游时期远程旅行方式之一，航空服务的主要优点是安全、快速和舒适。一般而言，旅行社选择航空公司主要考虑机票折扣、数量和航班的密度。

机票折扣是否具有竞争力。机票价格是旅行社考虑的重要因素，是旅行社之间核心竞争力的具体表现。航空公司之间的竞争往往集中在价格上，注意选择特价票时，它对改期及退票的规定会较多。

机位数量是否能够满足旅游者(团队)的需求，也是旅行社在旅游业务市场竞争中能否立于不败之地的关键。是否有充足的机位接待旅游团队，如果是中小机型的飞机，用于接待旅游团队的位置有限。

工作配合度。关键时期，航空公司能否密切配合和支持，也是旅行社能否最大限度地满足旅游者(团队)的需求和战胜旅游同行的外部因素。

航班线路。计调部在选择和采购航空业务时，往往会考虑航班的行程线路是否对旅游者(团队)具有吸引力，是否和旅游目的地密切相关。如果航空公司航班密度较大，意味着旅行社有更多的航班可供选择。一般来说，在行程内的航班在早上出发、下午返程的(早机去晚机回)较受旅行社和游客的欢迎。

计调部根据旅游接待预报计划,在规定的期限内向航空公司提出订位,如有变更,应及时通知有关方面。航空服务主要分为定期航班服务和包机服务两种。如遇客流量超过正常航班的运力,旅游团队无法按计划成行,旅行社可能就要考虑包机运输或者选择其他交通工具。

国内和国外航空公司代码表

国内航空公司			国外航空公司		
中文名称	英文名称	代码	中文名称	英文名称	代码
中国国际航空公司	Air China	CA	港龙航空公司	Dragon Air	KA
中国北方航空公司	China Northern Airlines	CJ	大韩航空公司	Korean Air	KE
中国南方航空公司	China Southern Airlines	CZ	韩亚航空公司	Asiana Airways	OZ
中国西南航空公司	China Southwest Airlines	SZ	日本航空公司	Japan Airlines	JL
中国西北航空公司	China Northwest Airlines	WH	全日空公司	All Nippon Airways	NH
东方航空公司	China Eastern Airlines	MU	新加坡航空公司	Singapore Airlines	SQ
厦门航空公司	Xiamen Airlines	MF	泰国国际航空公司	Thai Airways International	TG
山东航空公司	Shandong Airlines	SC	美国西北航空公司	Northwest Airlines	NW
上海航空公司	Shanghai Airlines	FM	加拿大国际航空公司	Canadian Airlines International	AC
深圳航空公司	Shenzhen Airlines	4G	美国联合航空公司	United Airlines	UA
中国新华航空公司	Chinaxinhua Airlines	X2	英国航空公司	British Airways	BA
云南航空公司	Yunnan Airlines	3Q	德国汉莎航空公司	Lufthansa German Airlines	LH
新疆航空公司	Xinjiang Airlines	XO	法国航空公司	Air France	AF
四川航空公司	Sichuan Airlines	3U	瑞士航空公司	Swissair	SR

续表

国内航空公司			国外航空公司		
中文名称	英文名称	代码	中文名称	英文名称	代码
中原航空公司	Zhongyuan Airlines	Z2	奥地利航空公司	Austrian Airlines	OS
武汉航空公司	Wuhan Airlines	WU	俄罗斯国际航空公司	Aeroflot Russian International	SU
贵州航空公司	Guizhou Airlines	G4	澳洲航空公司	Qantas Airways	QF
海南航空公司	Hainan Airlines	H4	芬兰航空公司	Finnair Airlines	AY
浙江航空公司	Zhejiang Airlines	ZJ	菲律宾航空公司	Philippine Airlines	PR
长安航空公司	Changan Airlines	2Z	马来西亚航空公司	Malaysian Airlines	MH

知识拓展 3-5 见右侧二维码。

航 班 常 识

知识拓展 3-5

1. 航班号：航空公司代号如 CZ3395 意即 CZ 指南航，3 指出发的郑州，3 指到达地广州，CZ3395 和 CZ3396 表示往返航班(去程为单)。

2. 飞机餐(配餐)：飞行超过两小时有正餐，指米饭；配餐只有点心；特殊旅客(如穆斯林)有特餐。

3. 直达、经停、联航：直达是指点到点，不需要技术支持的航班；经停是指因技术原因或经营考虑，需要加降(如加油等)。

4. 舱位等级：不同航空公司用英文字母来代表舱位，表达各异，主要是从头等舱、商务舱、经济舱、特价舱依次排列。

5. 订座：

A. 票价：一般分为公布票价、折扣票价两种；

B. 成人 100%；小童 50%；婴幼儿(2 岁以内)10%；

C. 团体：指有组织的、同一日期、同一等级、同一目的地，10 人以上等；

D. 座位再证实：联航 3 日内；OPIN 票年内；OK 票限期；需要提供技术编号在返程地再证实；

E. 行李：各个航空公司对行李的要求都不一样，也会因目的地不同而有不同的规定。具体的行李要求要在订机票时询问售票代理处或航空公司。

6. 航班起飞和到达状况查询：航空公司或机场官网、旅游航空类 APP，如航旅纵横、信天游等。

(2) 采购铁路服务。

火车具有价格便宜、乘客沿途可以饱览风光的特点，在包价产品中具有竞争力。近年来，我国加大铁路建设力度，使火车运输仍具优势。目前，国内多数旅游者仍选择火车作为首选出游交通工具，尤其是高铁开通后，铁路时速超过250km/h，人们的旅游方式更加方便和快捷。旅行社向铁路部门采购，主要是做好票务工作，按照旅游接待计划订购火车票，确保团队顺利成行。出票率、保障率是衡量铁路服务采购的重要指标。

知识拓展 3-7

中国铁路常识

目前，12306是全国铁路统一客服电话号码，www.12306.cn是铁道部客户服务官方网站，12306APP提供火车票查询、网上订票、铁路知识和新闻公告、信息查询等。

1. 车票

A.基本票，指客票；B.附加票，指加快票、空调票、卧铺票等；火车票分为硬座(YZ)、软座(RZ)、硬卧(YW)、软卧(RW)四种，按运输分类分为普快、直快、特快等。高铁列车车票分为四个等级，分别为商务座、特等座、一等座及二等座。

2. 列车

YZ车厢：21、22型118座，已淘汰；24、25型(新型、多用)128座；卧铺车厢：66个铺；双层车厢：162座；高铁车厢每节负荷人数为50～100。

工学结合 3-1

填写火车票预订单

假设上海旅行社组织28人旅游团队前往湖北四日游，高铁往返，7月10日前往武汉，13日返回。请根据旅行社团队情况，填写火车票预订单。

编号：

旅行社信息			
旅行社名称			
公司地址			
公司联系人		座机/手机	
票务信息			
出发站		到达站	
车次		时间	

种　类	单价(元)	订票费(元)	数　量	总计(元)
合计				
备注				

确认人签字：　　　　　　　　　　　　　　　　　　　年　　月　　日

(3) 采购水路服务。

鉴于我国的大陆形态，除了三峡、漓江等内河及渤海湾、琼州海峡、台湾海峡和舟山海域等少数海路，轮船并不是外出旅游的主要交通工具。旅行社向轮船公司采购水路服务，关键是做好票务工作。如遇运力无法满足，或者因不可抗力无法实现计划，造成团队航次、船期、舱位等级变更，应及时果断地采取应急措施。

(4) 采购公路服务。

尽管汽车已成为人们普遍的旅行方式，但一般认为，乘汽车旅游的距离不宜过长，每天最好控制在300千米(5小时)以内，否则客人会感觉疲劳。旅行社在采购汽车服务时应考虑车型、车况、司机驾驶技术、服务规范和旅游营运资格等问题。选择管理严格、车型齐全、驾驶员素质好、服务优良、已取得准运资格，且善于配合，同时车价优惠的汽车公司，并与之签订协议书。

案例 3-1

租　车　协　议

甲方(出租方)：

乙方(承租方)： ××旅行社有限公司

为明确甲乙双方合作的各项权利和义务，保证双方的共同利益，经双方协商签订如下合同，供双方共同遵守执行。

一、合作方式

1. 甲方根据乙方出团前需租用的车辆传真确认，出租车辆给乙方使用。
2. 乙方按协议支付甲方租车费用，双方有共同的义务和权利，为出租方和承租方的关系。

二、付款方式和付款时间

1. 付款方式：甲方依据乙方传真确认的费用价格收取租车费，并以现金或支票支付。
2. 付款时间：45天内结算(特殊情况另议)，甲方凭有效票据向乙方收取租车费。

三、双方的权利和义务

1. 甲方须保证提供乙方使用车辆符合本合同规定，即甲方出租给乙方使用的车龄不超过两年，23座以上的车辆须有车底行李厢，车厢内须有窗帘；车辆的音响、麦克风、充足的冷气等设备须正常使用，单团行程须跨省的长线汽车团必须每车派两名司机并办理跨省证，否则乙方因此造成的损失由甲方负责。

2. 甲方须在出团前向乙方确认车辆的车型、租车费、车牌号码、与司机的联系方式等，乙方须通知甲方接团地点、时间及导游的联系方式。

3. 甲方须保证接团车辆具备旅游用车的所有权合法手续，并已购买车辆全保保险，并提供保险合同复印件交乙方备案，出现交通事故或客人乘车时出现安全事故，由甲方承担全部责任。

4. 甲方须保证接团车辆准时到达，接团时车辆内外均须整洁卫生，司机着装整洁。

5. 甲方须保证所派车司机的驾驶技术、态度良好，并督促司机上团时不喝酒、不超速行驶、不熬夜，保持良好的精神状态，如因此造成严重后果和损失，由甲方负责。

6. 乙方保证在淡、旺季均优先租用甲方的车辆，甲方须保证乙方在节假日、旺季的用车数量和质量。

7. 甲方司机不得强行索取小费及强行增加购物点，支持并听从导游、领队的工作和意见。

8. 车辆发生故障时的维修费用、坏车时的换车费用、司机违反交通规则和因车辆证照问题被处罚的费用由甲方负责。

四、所订合同由甲乙双方共同遵守，若不按合同协议执行，造成一方损失由责任方负责赔偿。

五、本合同如有未尽事宜，双方进行友好协商，再达成补充合同，补充合同与本合同具有同等法律效力。

六、本合同一式二份，甲乙双方各持一份，具有同等法律效力。

七、本合同由双方代表签字、盖章之日起生效，期满后双方无异议，此合同继续生效。

甲　方：　　　　　　　　　　　　　　乙　方：
代　表：　　　　　　　　　　　　　　代　表：
电　话：　　　　　　　　　　　　　　电　话：
传　真：　　　　　　　　　　　　　　传　真：
联系人：　　　　　　　　　　　　　　联系人：
地　址：　　　　　　　　　　　　　　地　址：
签订日期：　　　　　　　　　　　　　签订日期：

(附甲方营业执照复印件)

2. 采购住宿服务

旅游酒店是旅游业三大支柱之一，是旅游产品的重要组成部分，在一定程度上已成为衡量一个国家或地区旅游接待能力的重要标尺。酒店的种类，根据主要功能划分为商务酒店、度假酒店、会议酒店和旅游酒店等，根据酒店等级划分有1～5星级。计调人员应按照接待计划的等级要求，采购住宿服务。在保证住宿服务供给的前提下，利用合作关系，结合市场状况，考虑季节因素，最大限度地降低采购成本，为旅行社争取最大经济效益。在选择酒店时要充分考虑酒店的位置、房价及结算方式、环境、服务和安全状况。

工学结合 3-2

撰写酒店询价函

采购工作是计调非常重要的工作，旅行社和旅游交通、酒店、景区、餐厅、娱乐和购物是紧密联系的。目前，很多酒店都规定，旅行社的合作价格，不接受口头报价，一般要先给酒店发询价函。请你拟一份询价函发给酒店。

3. 采购餐饮服务

餐饮属于旅游者基本的旅游活动之一，餐饮质量关系到旅游产品的质量。对旅游者来说，用餐不仅仅是填饱肚子的问题，还是一种旅游享受。因此，计调在选择餐馆时要认真考虑以下因素。

（1）环境整洁，符合 GB 6153—1996 饭店(餐厅)卫生标准的要求，提供的食品、饮料应符合国家有关法律、法规的要求。先实地察看旅游定点餐厅的地点、环境、卫生设施、停车场地、便餐和风味餐菜单等。满意后，根据国家旅游行政管理部门规定的用餐收费标准，与餐厅或饭店洽谈用餐事宜，签订相关协议书。

（2）地理位置应根据旅游线路来安排，餐点不宜过多，应少而精，而且要注意地理位置的合理，尽可能靠近机场、码头、游览地、剧场等，也可选择去往某旅游点的必经道路上的餐馆。避免因用餐来回往返多花汽车交通费。

（3）按规定的标准订餐，如果个别旅游者因宗教信仰关系或特殊口味提出要求，应及时转告餐厅。

（4）所选择的餐厅，其菜式应符合客人口味，诚信经营，口碑好。

案例 3-2 见右侧二维码。

4. 采购参观及景点服务

参观游览是旅游活动的重要内容。参观游览及娱乐部门会接待众多的游客，为寻求这些部门的支持与合作，旅行社要及时与他们沟通意见，

案例 3-2

定期结算相关费用，以取得景点、娱乐部门的支持与配合，确保旅游活动顺利进行。与参观游览景点合作的步骤如下。

(1) 签订协议书。

与景点就以下内容进行洽谈，签订协议书。包括：旅游门票优惠协议价格(散客、团队、儿童、学生团体、老人、军人、残疾人等)；大、小车的费用；景区外(内)是否有停车场，可供同时停泊车辆数、停车费用、停车时间等；结算方式和期限。

(2) 备案。

将以下有关签约景点的规定事宜整理列表，打印后分发接待部门并报审计、财务备案。包括：签约景点的名称、电话、联系人；将要前往某旅游景点参观的进门方向；去某景点的行车路线、停车地点。

工学结合 3-3

填写订票计划单

旅行社本周末要组织48人到某AAAA级旅游景区，请你填写以下《订票计划单》发给景区。

_____旅行社订票计划单

TO:　　　　　　　　TEL:　　　　　　　　FAX:
FROM:　　　　　　　TEL:　　　　　　　　FAX:

团队(客人)名称：

人数：_____成人_____小孩　　　　游览时间：____年____月____日

门票类型：_____

门票价格：成人_____元/人，小孩_____元/人，小计_____元

导游电话：_____

特殊要求：_____

付款方式：按付款协议约定执行(导游前台凭此单登记拿票)

备注：

1. 其他费用均由客人自理，本社不予承担。
2. 收到传真后，请速将回执传回我社。

公司名称(盖章)：　　　　　　　　联系人：

　　　　　　　　　　　　　　　　　　年　　月　　日

5. 采购娱乐服务

娱乐是旅游活动六要素之一。组织旅游者晚间文化娱乐活动，如看杂技、马戏、欣赏戏曲、歌舞等，这不仅是白天参观游览活动的补充，使旅游活动更加充实，还是一种文化传播和交流。旅行社在向这些文艺单位采购文化娱乐服务时，就预订票及演出内容、演出日期、演出时间、票价、支付方式等达成协议。

6. 采购购物商店服务

旅游购物为非基本旅游需求，但购物无疑是旅游活动的一项重要内容。旅游者常常因购置了称心如意的物品而难忘旅程，也会为没有得到有纪念价值的商品而沮丧。引导旅游者购物，是接待旅行社的任务之一。为旅游者购物提供方便和安全，旅行社应当慎重选择旅游购物商店，要与旅游定点商场等建立相对稳定的合作关系，避免因经济利益而与提供伪劣产品的旅游商店合作。

7. 采购保险服务

《旅行社管理条例》规定：旅行社组织旅游，应当为旅游者办理旅游意外保险。旅游者一旦在旅游期间发生意外事故，造成经济损失或人身伤害即可得到一定的经济补偿。旅游保险不仅有利于保护旅游者的合法权益，还有利于旅行社减少因灾害、事故造成的损失，这对旅行社的发展有重要的意义。因此，采购保险服务也是旅行社采购的内容之一，具体包括以下内容。

- 认真阅读中华人民共和国国家旅游局第14号令《旅行社投保旅行社责任保险规定》和保险公司的有关规定。
- 与保险公司就旅行社游客的旅游保险事宜签订协议书。
- 将协议书上的有关内容进行整理打印，分发给外联部门并通知其对外收取保险费。
- 将每一个投保的旅游团(者)的接待通知(含名单)按时送到保险公司作为投保依据。
- 注意接收和保存保险公司的《承保确认书》。
- 按投保的准确人数每季向保险公司交纳保险费。
- 当旅游途中发生意外事故或遇到自然灾害，必须及时向在第一线的导游了解情况，必要时去现场考察并以最快速度通知保险公司。还应在 3 天之内向保险公司呈报书面材料，其中包括《旅行社游客旅游保险事故通知书》和《旅行社游客保险索赔申请书》。
- 索赔时，须向保险公司提供有关方面的证明，其中包括医院的《死亡诊断证明》(经司法机关公证)，民航或铁路部门的《行李丢失证单》，饭店和餐厅保卫部门的《被盗证明信》等。

8. 采购异地接待服务

旅行社向旅游者销售的旅游线路，通常有一个至多个旅游目的地。采购异地接待服务的目的,是使旅游计划如期如愿实现。应该说,旅游产品的质量在很大程度上取决于各地的接待质量,尤其是各旅行社的接待质量。因此,选择高质量的接待旅行社,是采购到优质接待服务的关键。计调在采购时应综合考虑以下因素:接待社的资质、实力、信誉;接待社的体制、管理;接待社的报价;接待社的作业质量;接待社的接待质量;接待社的结算(垫付)周期;接待社的合作意愿。

情境二　认知旅游服务合同

　　旅行社为购买各种旅游服务项目而与旅游企业或相关部门订立的各种购买契约,统称为旅游采购服务合同。旅行社以一定价格向其他旅游企业及部门购买相关的服务行为,是一种预约性的批发交易,通过多次成交完成。这种采购特点决定了旅行社同采购单位签订经济合同的重要性,以避免和正确处理可能发生的各种纠纷。

　　采购合同的基本内容包括以下几项。

　　(1)　合同标的。合同标的是指法律行为所要达到的目的。旅游采购合同的标的就是旅行社向旅游企业或相关部门购买的服务项目,如客房、餐饮、航空、陆路交通等。

　　(2)　数量和质量。数量指买卖双方商定的计划采购量(非确切购买量),质量则由双方商定最低的质量要求。

　　(3)　价格和付款办法。采购价格是合同中所要规定的重要内容。确定采购量和定价的关系,以及合同期内价格变动情况,还要规定结算方式及付款时间等。

　　(4)　合同期限。合同期限指签订合同后开始和终止买卖行为的时间,一般一年一签,也可按淡、旺季分列两个合同。

　　(5)　违约责任。按照我国《经济合同法》的规定,违约方要承担支付违约金和赔偿金的义务。

案例分析 3-3

某国际酒店旅行社订房协议书

协议号:

　　××酒店有限公司非常乐意向贵社/公司提供如下价格,其细则详见本合同。

```
┌─────────────────────────────────────────────┐
│  旅行社(公司)名称:                            │
│      电话:_____　传真:_____        │
│      _____邮编:_____    │
│                                              │
└─────────────────────────────────────────────┘
```

一、本协议书有效期为 2019 年 1 月 1 日至 2019 年 12 月 31 日。

二、酒店优惠房价

货币单位：人民币/元

客房类型	酒店门市价 +10%服务费	旅行社散客价	旅行社团队价
(主楼)山景客房	788	486	438
(主楼)花园客房	888	538	488
(1号楼)高级客房	888	538	488
(主楼)山景套房	1288	778	708
(主楼)花园套房	1688	1018	928
(1号楼)高级套房	2288	1388	1258
(主楼)豪华复式套房	8888	3588	3588
A区别墅	36800	15888	15888
B区别墅	26800	11888	11888
C区别墅	16800	6388	6388
加床	200元/张	120元/张	120元/张

上述房价已包括10%服务费。

散客房价(含早餐)；会议/旅游团队房价(含早餐)；加床早餐另收(68元/份)。

上述房旅游团房需同时入住最少8间客房，而"会议团"则必须另有付费会议场地之活动安排在酒店内举行。

10间以上团房可提供司陪房1间(按团房半价收费)、免费提供司陪餐2位。

上述优惠房价必须经由贵社以书面或传真方式预订，否则无效。

上述房价按人民币计算，未特别注明的房价均为净价(内含政府税及附加费)；如政府增加税收、附加费或有需要，酒店方面将有权对房价做出适当的调整。

家庭计划：未满12岁小童与父母同住一间房免收房费(若加床按公布价收费)。

三、酒店餐饮、会议场租优惠价格

货币单位：人民币/元

餐饮类型	团体价格	散客价格
中西式自助早餐	68元/位起，小童七折	按挂牌价格
中西式自助正餐	98元/位起，小童七折	按挂牌价格
会议场租	按挂牌价格八五折	——

团体餐已包括10%服务费；散客餐费须加收10%服务费。

30人或以上使用自助正餐除特别临时指定用餐外，所有用餐均在酒店枫菲西餐厅。

"小童"是指身高 1.2 米以下的儿童。

四、客房预订

1. 客人入住时间为 14:00，退房时间为 12:00。
2. 所有客房之预订(包括散客及团体)，须待酒店以书面回复确认后，方可坐实。
3. 所有预订(包括散客及团体)，请直接与本酒店市场营销部联系

    传真号码：×××-××××××××

五、取消订房/更改订房/空订房

1. 节假日

凡是取消订房或更改订房超过原订房数的 50%，必须在团体抵达酒店前 7 个工作日通知，否则，本酒店将收取全部房租的 50%作为取消订房费。

在团体抵达酒店前 1 个工作日内取消订房、更改入住日期或空订房，本酒店将照例收取所有房间 1 晚房租作为取消订房费。

2. 平日

凡是取消订房或更改订房超过原订房的 50%，必须在团体抵达酒店前 3 个工作日通知，否则，本酒店将照例收取所有房间 1 晚房租作为取消订房费。

六、预订金/付款

1. 必须在客人抵达酒店前 7 个工作日预付所订房间 50%的房费作为订金。酒店以账户上实际收到款项日期为准；若未能按期预缴预订金者，酒店无义务预留房间。

2. 如在客人抵店时，所汇款项未到账，则由客人在前台现付。所有未收取预订金的订房，只保留至当天 18:00。如抵店时间晚于 18:00，须提前知会酒店。

七、乙方义务

1. 贵社住房可获以上优惠，前提是在 2019 年 1 月 1 日至 2019 年 12 月 31 日内，保证入住本酒店达到 400 个或以上房间，如未达到以上房数，房价将做适当调增。如超过以上房数，房价将做适当调减。调增或者调减的幅度须约定清楚。

2. 乙方有义务在合约有效期内为甲方做相关的宣传及推广工作。

八、付款方式

1. 除双方同意的书面信贷担保之外，所有费用必须在团体抵达前用现金、信用卡或银行汇票支付。

2. 外币结算费用的团体，以退房时的酒店兑换率兑换。

3. 所有预付费用，可以转账方式传入酒店之下列账户：

    酒店全称：××××酒店有限公司
    开 户 行：建设银行××××支行
    账   号：×××× ×××× ×××× ××××

九、合同效力

1. 本合同一式两份，甲乙双方各执一份，经双方签署即为生效；双方必须坚守协议，

项目三 旅行社计调业务

并对合同内容严格保密；如有违反，酒店将保留立即取消所有优惠之权利。

2. 如果阁下认可以上条款，请于本合同发出之日起 28 日内，签字盖章并寄回本酒店。

甲　　方：××××国际度假会议酒店	乙　　方：××××国际旅行社有限公司
地　　址：××省××市××县××路	地　　址：××省××市××县××路
区域经理：×××	联系人：×××
TEL：+86 ×××× ××××　QQ：	TEL：+86 ×××× ××××　QQ：
FAX：+86 ×××× ××××　Mob：	FAX：+86 ×××× ××××　Mob：
酒店网址：	公司网址：
甲方代表签章：	乙方代表签章：
日　　期：　　　年　月　日	日　　期：　　　年　月　日

思考：

1. 一个 35 人的旅游团队入住该酒店，需要住宿两晚，开一天半会议，需要会场安排，用四正餐两早餐，请你做一份报价，要求不同餐标列出详细的菜单。

2. 在进行酒店预订时，需要注意哪些问题？

任务三　掌握计调业务流程

任务目标

你刚到一家国际旅行社工作，其中一个部门负责国内和出境组团业务，另外一个部门负责地接业务，这两个部门的工作内容和业务流程，有什么区别呢？

任务实施过程

请每个小组将任务实施的步骤和结果填写到表 3-3 任务单中。

表 3-3　任务单

小组成员：		指导教师：
任务名称：	任务完成地点：	
工作岗位分工：		
工作场景： (1)在一家国际旅行社工作 (2)了解组团业务和地接业务的工作内容和业务流程		

续表

教学辅助设施	文字、图片、视频等多媒体
任务描述	通过对本地一家旅行社旅游线路进行详细分析，进行项目分解，让学生对各项旅游服务进行采购
任务重点	主要考查学生对旅行社旅游服务采购的认知
任务能力分解目标	(1)熟悉组团计调的业务流程 (2)掌握国内游和出境游组团业务及注意事项 (3)掌握地接计调业务流程
任务实施步骤	(1)学习相关知识点 (2)学生以小组为单位，通过项目引导和角色扮演，分别以组团社和地接社的角色熟悉业务流程 (3)每小组掌握组团和地接业务流程及注意事项，以各种业务操作单展示调研成果 (4)各小组进行互评，教师进行点评

任务评价

(1) 熟悉组团计调的业务流程。
(2) 掌握国内游组团业务及注意事项。
(3) 掌握出境游组团业务及注意事项。
(4) 熟悉地接计调业务流程。

任务相关知识点

情境一　组团社计调业务流程

案例分析 3-4

2019年1月，广州某旅行社接受了一批客人的委托，为他们定制组团到云南西双版纳旅游，并根据客人的需求拟订了旅游行程计划书，计划书中除了常规的游览外，还按客人的要求，安排了昆明自由活动一天。旅行社组团人员考虑了多种因素，安排的行程是在客人返回广州的当天，让客人乘早班机从西双版纳飞昆明，上午10点抵达昆明，晚上8点飞广州，这种安排让客人在昆明停留的时间有10个小时，可自由活动的时间有6~8小时，客人同意旅行社的安排，与旅行社签订了旅游合同。

项目三　旅行社计调业务

旅行社计调人员根据旅游行程计划书，预订了广州—昆明、昆明—西双版纳、西双版纳—昆明、昆明—广州四联程机票，与云南的地接社联系，做好了所有工作。但是，航空公司没有确认机票的预订，回复说，预订的四段联程机票中有三段没问题，但其中旅行社要求日期的西双版纳飞昆明的这段，早班机机位不够，下午的航班机位数可以满足旅行社的要求，请旅行社考虑是否可以用下午的航班。这位计调人员得知情况后，多方联系了其他航空公司，都不能满足计划。他预订不到能按计划飞的机票，又自认为这天没有旅游景点，自由活动在昆明或西双版纳差不多，于是他擅自订了下午的航班，没有就此事征求组团社意见，也没有通知全陪。

这个团按计划飞到了云南，走完了游览行程，客人基本满意。到了最后一天，西双版纳的地接社按照计划书上的航班时间把客人送到了机场，结果是客人上不了飞机。全陪急了，给组团人打电话，给计调打电话，又是了解情况，又是埋怨，拖了很长时间也没有商量出解决的方案。这时的客人只好在候机室内外焦急地等待，有的年龄大的客人在候机室找不到座椅，就到室外的街沿边坐着休息，全团客人情绪很大，又是惊讶又是气愤，回到广州后，客人投诉旅行社单方面改变行程，其中有一个客人是一位老红军，他说，当时他提出在昆明自由活动一天，是为了约见几十年未见面的老战友，有几个客人说他们是要用这段时间探亲访友，还有的客人是安排了其他的事，旅行社改了航班时间，压缩了他们在昆明的时间，导致他们没见到老战友，没见到亲友，让他们的计划落空，要求旅行社赔偿。

思考：
1. 旅游行程计划书计调有权改动吗？
2. 此例中，组团社计调犯了什么错误？
3. 地接计调有疏忽的地方吗？他们有机会发现和解决组团计调的错误吗？
4. 全陪工作有漏洞吗？

组团社指客源地的旅行社，通过各种招揽方式组团，向游客提供符合其需求的旅游产品，并就其旅行中的有关事项与游客协商后，签订旅游合同，并监督约束旅游目的地接待社的接待活动，从而保障整个旅游活动顺利进行。组团计调是在组团社内负责操作组团流程的专职人员。组团计调业务流程如图3-1所示。

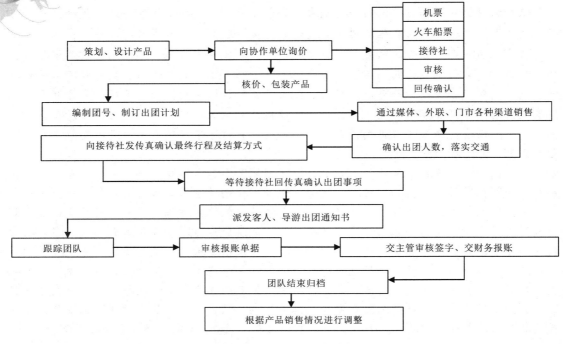

图 3-1　组团计调业务流程

一、组团计调的业务流程

1. 策划、设计产品

市场策划人员根据收集到的旅游信息决定推广什么样的旅游线路，然后和计调人员确定线路的可行性，同时核算出线路的成本价格(需与地接社联系)，共同确定每一条线路的销售价格、行程、接待容量等计划。针对团体客户，市场人员了解客户需求后，和计调人员一起设计、策划个性化的线路。

2. 向协作单位询价

主要是询问交通、住宿、用餐、景点、娱乐或者购物等环节的价格，可以直接向服务供应商直接咨询单列的价格，或者向地接社咨询各项分列价格和总体价格。

3. 核价、包装产品

通过两家以上地接社的价格对比，计调需要重新核实地接的各项价格，尤其是大交通和酒店的价格，不同采购渠道价格可能会有所差异。

4. 编制团号、制订出团计划

向地接社询价的同时编制出团计划——《团队接待通知书》，向行程中的各地接社发出接待计划。

5. 通过媒体、外联、门市各种渠道销售，接受游客报名

产品策划整合完毕，接着就是销售和推向市场的问题。计调要将产品和出团计划通过媒体、外联、门市等各种渠道销售出去，将计划落到实处。

6. 确定出团人数，落实交通

根据预计的接待能力收客，落实相关旅游交通。

7. 向接待社发传真确认最终行程及结算方式

给接待社发传真确认最终出团的行程、餐饮、住宿、标准、价格，特别要附上参团游客的人数及名单、接团方式、紧急联系人姓名及电话等，约定好结算方式。如果行程或团队人数有变化，须及时通知接待社，并就变更内容重新做确认。

8. 等待地接社回传真确认出团事项

督促地接社在最短的时间内(8~24 小时)书面确认。确认重点为机(车、船)票、用房、用车、导游、结算单等。

9. 派发客人、导游出团通知书

向客人派发出团通知书，确认团队的行程、出发时间、地点、紧急联系人姓名及电话和相关注意事项等信息；向导游交代接待计划，确认的行程、标准、出发时间及地点、游客名单及联系电话、接团导游姓名及电话、接待社联系人及电话等信息列明，并对陪同的职责和业务要详加提示，督促导游员携带齐全各种收单据。

10. 跟踪团队

根据游客名单购买旅游意外保险。在团队正式开始游览后，跟踪团队行程中的各项吃、住、行、游、购、娱等事项，处理突发情况和意外事件。团队在行程中，如要求改变各程或食宿等情况，计调人员首先要征得对方地接社经办人的同意，并发传真确认方可改变计划，不得只凭口头改变行程。

11. 审核报账单据

导游交回行程单和游客意见表，对比原先的接待计划和实际接待工作，审核团队变动的用餐、门票、住房及其他费用，相关费用的产生是否和发票或者单据相符。

12. 交主管审核签字、交财务报账

团队行程结束，一周内清账。填写《决算单》，连同《概算单》一式两份、《组团合同》、地接社《确认件》、地接社《结算单》《团队接待通知书》原始凭证，交公司财务部报账。确认团队质量无异议，经财务部审核，总经理批准，将团款汇入地接社账号。

13. 团队结束归档

计调要将所有操作传真及单据复印留档，作为操作完毕团队资料归档。客户服务人员根据游客意见表，对参团客人进行回访，建立客户档案。

14. 适当调整产品

根据产品销售情况、出团量、团队质量对产品进行适当调整。销售好的产品可继续销售，也可以适当增加出团计划，销售欠佳的产品要总结，是线路本身不够有吸引力，还是由市场等情况造成的。如团队质量出现问题，要追究责任，对于接待单位也要磨合、考验与再选择。

二、国内游组团业务及注意事项

国内游组团业务流程如图 3-2 所示，在产品策划上要更加注意收集同业信息和景点信息，做好接待计划，通过同行销售、直客销售、网上销售、媒体宣传，以及面向家属、朋友、老客户进行多方面销售。计调按照接待计划，预订机票、火车票等大交通，当地的酒店、用车、景点、用餐、购物和导游，一般交由长期合作的地接社负责。因此，地接社的服务和接待质量直接体现了旅游线路的总体质量，一个旅游团能否成功完成行程很大程度上取决于地接社的服务水平。

在组团业务中，对地方接待旅行社的选择要非常重视。组团社应根据旅游客源市场的需求及其发展趋势，有针对性地在旅游目的地的各个旅行社中进行比较和筛选，选择符合条件的旅行社作为自己的业务合作伙伴。选择地接社时可参考以下几个标准。

1. 考察地接社的合法性

组团社需要考察该旅行社是否经过国家批准合法设立的，是否有经营许可证及许可证期限等，以免把旅游团交给了非法经营的旅行社，导致组团社的损失。

2. 地接社的经营状况

了解该地接社的经营状况是否良好，管理模式是否科学有效，是否有人性化的管理理念、良好的公众形象和发展潜力，员工数量及业务水平如何。

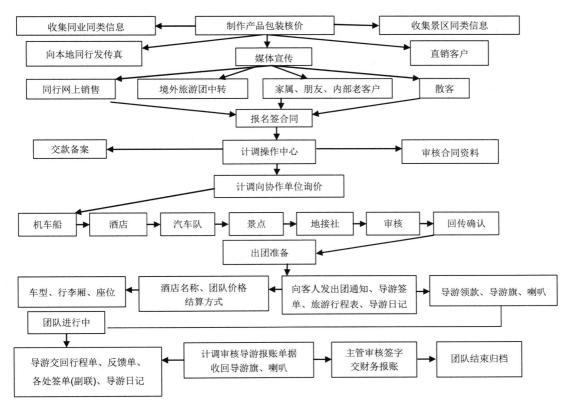

图 3-2　国内游组团业务流程

3. 考察接团实力和接团记录

对地接社接待实力的评价，主要是考察其业务量状况。业务量是评价接待实力的重要风向标，业务量的大小直接决定了该旅行社的旅游服务采购能力，旅游服务保障力也会随之有所增强。考察业务量时，既要看业务量的多少，还要看在一定时期内，业务量水平是否稳定。

此外，还可以通过地接社的接团记录了解地接社的接团经历、对线路的熟悉程度、服务质量、客人评价、声誉如何等。通过对这些信息的了解，组团社可以选择出经验丰富、信用度较高的地接社，把自己的旅游团放心地交给地接社进行接待。

4. 产品的地接报价

旅游产品的地接报价，一方面关系到旅游者的支付价格，另一方面也与组团社的经济收益密切相关。因此，线路报价是组团社选择地接社的重要标准之一。在考虑价格因素时，不能只看一个总报价，还应要求地接社对所提供的服务项目做出分项报价，这才能使得组团社在以价格为基础的地接社选择中有较全面的认识。

案例 3-3 见右侧二维码。

案例 3-3

工学结合 3-4

宜昌长江三峡大坝、长沙橘子洲头、荆州古城、武汉黄鹤楼双高四天纯玩团计调工作

参照项目二中案例分析 2-6 的行程，按照行程的标准，联系一家地接社落实各项事宜，填写某国际旅行社有限公司计调操作确认单内的所有内容(见表 3-4)，要求全部填写，不能缺漏。

表 3-4　计调操作确认单

接单日期：			编号：		等级：□政府 □企业 □拼团	
业务员：		人数：	天数：		主题：	
去程交通：	□飞机	□火车	□大巴	返程交通：	□飞机　□火车	□大巴
去程	接客车辆	飞机	火车		大巴	
	驾驶员姓名：	航班号：	车次：		主驾驶员姓名：	
	车牌：				副驾驶员姓名：	
	车型：	起飞时间：	发车时间：		车牌：	
	接客地址：				车型：	
	接客时间：	起飞机场：	发车站台：		接客地址：	
	行车线路：				接客时间：	
	□已确认	□已确认	□已确认		□已确认	
返程	接客车辆	飞机	火车		大巴	
	驾驶员姓名：	航班号：	车次：		主驾驶员姓名：	
	车牌：				副驾驶员姓名：	
	车型：	起飞时间：	发车时间：		车牌：	
	接客地址：				车型：	
	接客时间：	起飞机场：	发车站台：		接客地址：	
	行车线路：				接客时间：	
	□已确认	□已确认	□已确认		□已确认	
火车、大巴餐食标准及详情，参考附件					□已确认	
领队(全陪)姓名：			联系电话：		□已确认	
客人资料信息(参考附件)，已确认无误，名字无模糊，身份证号码无错误					□已确认	

续表

地接社信息	地接社全称：		导游：	
	地接社电话：		联系方式：	
	地接社传真：		注意事项：	
	地接社负责人：			
	负责人联系电话：			
	☐以上地接社信息已确认			
出团前的准备资料			备注：	
1. 计调业务操作确认单		☐已确认		
2. 导游费用报销单		☐已确认		
3. 导游联系卡		☐已确认		
4. 帽子、胸牌、水、导游旗		☐已确认		
5. 宾馆确认单		☐已确认		
6. 景点确认单		☐已确认		
7. 餐厅确认单		☐已确认		
8. 车队确认单		☐已确认		
9. 旅游任务单		☐已确认		
10. 保险确认		☐已确认		
11. 其他补充		☐已确认	☐已确认	
部门经理审核：		公司副总经理审核：	公司总经理审核：	

三、出境游组团业务及注意事项

出境计调的操作流程和国内组团计调的操作流程大致一样，由于出境旅游操作存在语言和通信上的差异，所以更要特别细致，防止上当受骗。以下问题应该格外引起重视。

1. 审核资料

出团计划制订完毕后，通过各种渠道接收到的客人在前台做好统计后，客人的资料会转到计调处，因此审核资料是计调人员非常重要的工作。要注意证件的时效性、证照是否相符、出游动机、担保人情况，并加以提示说明。还未办理护照及签证的游客，由申请人本人携带以下申请材料到公安局入境管理处办理护照或通行证：①身份证、户口本原件、复印件；②两张2寸彩色护照照片(公安局照)；③政审盖章后的出国申请表。审核游客提交的个人资料有个人登记表、有效期半年以上的护照(通行证)、参团签证材料及四张2寸彩色护照照片。护照(通行证)办理好后，游客交齐全额团费签订旅游合同、协议。计调人员确定前台人员与游客签订的出境旅游合同及出行线路、提交资料准确无误后，统一办理签证及出境手续。

2. 查看要求

游客在报名出游时，可能会有一些特殊的要求。计调人员在审核参团资料及与销售人员沟通时，要掌握客人的特殊要求，审查是否可以满足的范围内，以及会产生的影响和后果等都要做充分评估，不能盲目答应，避免日后带来不必要的麻烦。

3. 选择航班

出境团基本是选择飞机作为交通工具，因此计调在选择航班时，要做一下价格、性能及航班时间的综合比较，包括区间交通工具的选择都要配合到游程的时间和舒适度。交通工具选择合理，团队运作顺利，自然皆大欢喜。

4. 解析成本

解析成本要求计调人员具备较高的职业技能。一般计调人员只能对照国内同行信息加以区别，辨别能力弱。其实解析境外旅游成本并不困难，和国内旅游线路的成本解析大同小异，不要因为地域的区别就主观上感觉很难。计调人员要学会查看地图，善用网络检索自己需要的信息，化繁杂为简化。

5. 实施操作

操作只需按照出境计调人员掌握的规范的操作流程进行就可以。团队出发前，通过说明会等方式教育团员遵守国外的法律，以及旅游相关规定等。需要提醒的是，一切业务往来均应以书面确认为准，所有的操作单都要做备份，细小的更正也要重新落实，否则因疏忽带来的损失将不可估量。

6. 全程跟踪

游客回国，计调人员要主动做好回访等善后工作。出境团队和国内团队发生问题不同，国内团队沟通得当，问题会容易化解，而出境团队一旦出了问题，可能就不是小事，组团社远水救不了近火，全要依靠接待方的努力和协作。因此在团队行进过程中进行跟踪监控是必要的。

7. 结账归档

出境接待有地域和汇率的变化，出境计调人员在回馈信息与质量监督上一定要多留神、多询问，遇到问题要及时解决，要按照约定方式进行款项的结清和团队资料的整理归档。

知识拓展 3-8

国际时差的换算

国家名称	城市名称	与北京时差	国家名称	城市名称	与北京时差
美国	旧金山	-16	匈牙利	布达佩斯	-7
墨西哥	墨西哥城	-15	罗马尼亚	布加勒斯特	-6
美国	纽约	-13	埃及	开罗	-6
巴拿马	巴拿马城	-13	俄罗斯	莫斯科	-5
加拿大	蒙特利尔	-13	印度	新德里	-2.3
古巴	哈瓦那	-13	斯里兰卡	科伦城	-2.3
法国	巴黎	-8	新加坡	新加坡	-0.3
英国	伦敦	-8	印尼	雅加达	-0.3
意大利	罗马	-7	马来西亚	吉隆坡	-0.3
德国	柏林	-7	菲律宾	马尼拉	-0.3
波兰	华沙	-7	朝鲜	平壤	1
瑞士	日内瓦	-7	日本	东京	1
捷克	布拉格	-7	澳大利亚	悉尼	2

知识拓展 3-9 见右侧二维码。

情境二 地接计调业务流程

知识拓展 3-9

接待类计调是指在接待社中负责按照组团社计划和要求确定旅游用车等区间交通工具、用餐、住宿、游览、派发导游等事宜的专职人员。按组团社的地区差异可分为国内接待计调和国际入境接待计调。

地接计调主要包括以下业务流程，如图 3-3 所示。

1. 报价

根据对方询价编排线路，以《报价单》提供相应价格信息(报价)。

2. 计划登录

接到组团社书面预报计划后，将团号、人数、国籍、抵/离机(车)、时间等相关信息登录在当月《团队动态表》中。如遇对方口头预报，必须请求对方以书面方式补发计划，或者在我方确认书上加盖对方业务专用章并由经手人签名，回传作为确认件。

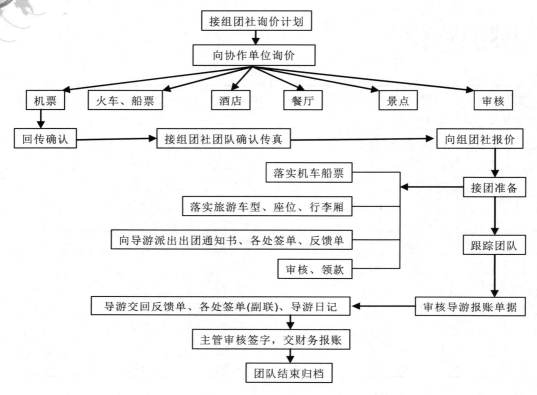

图 3-3　地接计调业务流程

3. 编制团队动态表

编制接待计划，将人数、陪同数、抵/离航班(车)、时间、住宿酒店、餐厅、参观景点、地接旅行社、接团时间及地点、其他特殊要求等逐一登记在《团队动态表》中。

4. 计划发送

向各有关单位发送计划书，并逐一落实。

(1) 用房。根据团队人数、要求，以传真方式向协议酒店或指定酒店发送《订房计划书》并要求对方书面确认。如遇人数变更，及时做出《更改件》，以传真方式向协议酒店或指定酒店发送，并要求对方书面确认。如遇酒店无法接待，应及时通知组团社，经同意后调整至同级酒店。

(2) 用车。根据人数、要求安排用车，以传真方式向协议车队发送《订车计划书》并要求对方书面确认。如遇变更，及时做出《更改件》，以传真方式向协议车队发送，并要求对方书面确认。

(3) 用餐。根据团队人数、要求，以传真或电话通知的方式向协议餐厅发送《订餐计划书》。如遇变更，及时做出《更改件》，以传真方式向协议餐厅发送，并要求对方书面确认。

(4) 景点。以传真方式向景区发送《团队接待通知书》并要求对方书面确认。如遇变更，及时做出《更改件》，以传真方式发送，并要求对方书面确认。

(5) 往返交通。仔细落实并核对计划，向票务人员下达《订票通知单》，注明团号、人数、航班(车次)、用票时间、票别、票量，并由经手人签字。如遇变更，及时通知票务人员。

5. 计划确认

逐一落实完毕后(或同时)，编制接待《确认书》，加盖确认章，以传真方式发送至组团社并确认组团社收到。

6. 编制概算

编制团队《概算单》。注明现付费用、用途，送财务部经理审核，填写《借款单》，与《概算单》一并交部门经理审核签字，报总经理签字后，凭《概算单》《接待计划》《借款单》向财务部领取借款。

7. 下达计划

编制《接待计划》及附件，由计调人员签字并加盖团队计划专用章，通知导游人员领取计划及附件。附件包括名单表、向协议单位提供的加盖作业章的公司《结算单》、导游人员填写的《陪同报告书》、游客(全陪)填写的《质量反馈单》、需要现付的现金等，票款当面点清并由导游人员签收。

8. 编制结算

填制公司《团队结算单》，经审核后加盖公司财务专用章。于团队抵达前将结算单传真至组团社，催收。

9. 报账

团队行程结束，通知导游员凭《接待计划》《陪同报告书》《质量反馈单》、原始票据等及时向部门计调人员报账。计调人员详细审核导游填写的《陪同报告书》，以此为据填制《团费用小结单》及《决算单》，交部门经理审核签字后，交财务部并由财务部经理审核签字，总经理签字，向财务部报账。

10. 登账

部门将涉及该团的协议单位的相关款项及时登录到《团队费用往来明细表》中，以便核对。

11. 归档

整理该团的原始资料，每月底将该月团队资料登记存档，以备查询。

案例 3-4

地接社让组团社最厌恶的 8 种做法

1. 虚假报价

有些地接社先给组团社一个相对较低的报价，组团社按此报价给客人销售成团后，与地接社确认时，地接社却迟迟不给回传确认，打电话询问，对方说，"对不起，给你报的是××酒店，现在价格下不来了"或"原来那家酒店没有房了，需换酒店，但得加钱"，抑或"原来的报价是按郊区酒店报的，如果住市区要加钱"，等等。

2. 克扣餐标

一是组团社给客人订的和地接社确认的餐标是 20 元/人，而地接社实际给客人的餐标是 18 元/人、15 元/人，更有甚者为 12 元/人、10 元/人。二是导游引诱客人吃风味餐，让每个客人另加 30～50 元，而给客人的还是原来的 20 元/人的餐标。

3. 偷换酒店及标准

地接社往往在宾馆的位置、星级、新旧上做文章。最不易察觉的是，确认的是四星级或三星级酒店，而地接社专找酒店有 A、B 区或不同楼号不同标准的酒店，从而降低标准，以此获取差价。

4. 用车投机取巧

地接社不用正规旅游车队的车。用黑车、套牌车、套团用车或改变车型、改变车况(报价时组团社问地接社："为什么车费高？"地接社经常回答："给你们上的是新车，但是……")。

5. 蒙骗客人、更换景点

地接社导游对客人说：××景点(行程内的)没有意思，我们这里有一个新景点，非常好，不去简直太可惜了(能把沙子说成黄金，能把猫说成老虎，能把猪拱过的水坑说成贵妃娘娘在此洗过脚)，门票一样(或让客人加一点)。蒙骗客人签字同意自愿更换景点(实际这个景点有很大的回扣或有回扣的自费项目，像海南、张家界等经常发生这样的情况)。

6. 欺骗客人进店

在行程之外，导游或地接社想要加店，经常欺骗客人：我们的车要在前面换一下轮胎(或加水，或者我要去给大家取机票、火车票、发票，去取上一个团客人落下的东西……)，大家先到商店里休息一下，喝点水，上一下卫生间……这个店就在不知不觉中加成了，最起码人头费就进了导游、司机或地接社的腰包。

7. 调侃、戏谑或中伤组团社

一旦客人对餐、房或行程不满意，地接社导游就向客人诉苦："我们没有办法啊，你们组团社给我们的费用太少了，就订的是这样的标准啊……"将所有问题全部推给组团社。客人回来后就会找组团社或销售人员质问，给组团社带来相当大的麻烦。

8. 不提供发票或提供假发票

组团社现付团款或银行汇款后，有些地接社故意拖延或告知，"不能提供发票，因为报价太低，再开发票上税就赔了"，或者干脆就提供假发票。

(资料来源：http://www.jidiao.net/space-470-do-thread-id-280)

工学结合 3-5

宜昌长江三峡大坝、长沙橘子洲头、荆州古城、武汉黄鹤楼双高四天纯玩团计调工作

参照案例分析 2-6 的行程，按照行程标准，如果你作为一家地接社计调，请落实行程内的酒店、用餐、用车、门票、购物、娱乐等各项事宜，发一份确认函给组团社。

学生小组分角色扮演组团社与地接社，根据组团社与地接社的合作流程，分工合作完成这个旅游团各项安排和接待事宜。

项 目 小 结

旅行社的计调业务是旅游活动顺利进行的保障。旅行社对计调从业人员的工作态度及专业程度要求非常高，计调工作非常繁杂，因此需要计调人员具备良好的职业素养、语言能力及实际操作能力等。计调人员通过降低成本，把握市场行情变化，将旅行社利益最大化。在旅行社的经营管理中，销售部、计调部、接待部构成旅行社具体操作的三大块，计调处于中枢位置，业务连接内外，旅行社盈利多少，靠的是计调人员的调度。本项目主要介绍了计调的工作特点及计调的基本业务，计调人员的分类和素质要求，旅行社的计调工作标准，什么是旅游采购服务及采购服务的内容，旅游服务采购的合同内容，组团社计调业务流程，以及地接计调的业务流程。

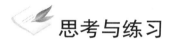

思考与练习

一、单项选择题

1. 计调是计划调度的简称，在从事国际旅游业务的旅行社中通常又称为(　　)。

A. CP　　　　　B. VP　　　　　C. OP　　　　　D. UP

2. 接待类计调分为国内地接计调和(　　)。
   A. 欧洲地区计调　　　　　B. 国际入境接待计调
   C. 国内中长线计调　　　　D. 签证类计调

3. 衡量一个合格的计调，首要标准是(　　)。
   A. 善于获得业务信息并有效地加以运用
   B. 熟练的操控能力
   C. 合理的行程配置
   D. 切实的价格水平

4. 一般来说，受旅行社和游客欢迎的航班是(　　)。
   A. 早机去早机回　　　　　B. 晚机去晚机回
   C. 晚机去早机回　　　　　D. 早机去晚机回

5. 目前，国内多数旅游者首选出游交通工具是(　　)。
   A. 飞机　　　　B. 火车　　　　C. 汽车　　　　D. 轮船

6. 一般认为，乘汽车旅游的距离不宜过长，每天最好控制在(　　)以内。
   A. 100千米　　　B. 200千米　　　C. 300千米　　　D. 400千米

二、多项选择题

1. 旅行社的经营管理中，旅行社具体操作的三部门是(　　)。
   A. 销售部　　　B. 计调部　　　C. 接待部　　　D. 导游部

2. 计调基本业务包括(　　)。
   A. 信息收集　　B. 衔接沟通　　C. 订票业务　　D. 内勤业务

3. 以下属于专项类计调的有(　　)。
   A. 美加线计调　　　　　　B. 商务会展计调
   C. 机票加酒店类计调　　　D. 东南亚地区计调

4. 计调的作业质量包括(　　)。
   A. 文字质量　　B. 书面质量　　C. 作业速度　　D. 电话联络

5. 计调行程叙述报价包括(　　)。
   A. 日程　　　　B. 里程　　　　C. 行程　　　　D. 特殊安排

6. 采购合同的基本内容包括(　　)。
   A. 合同标的　　B. 数量和质量　C. 价格和付款办法　D. 违约责任

三、名词解释

1. 旅行社计调

2. 组团
3. 地接社
4. 旅游采购服务
5. 接待类计调

四、简答题

1. 计调工作的业务有哪些？
2. 旅行社计调的工作有哪些要求标准？
3. 旅游采购服务包括哪些内容？
4. 组团计调的业务流程有哪些？
5. 选择地接社有哪些标准？
6. 地接计调主要包括哪些业务流程？

五、论述题

1. 在一些小旅行社，计调人员身兼数职是一点也不奇怪的，既要做导游，又要做门市接待，还要做业务，但工资一般不会高于旅行社老总的工资，而他们的工作量却不一定比老总少。在这种情况下，造成了一部分计调人员的流失。因此在某些小旅行社，常常让亲信或家属充当计调部经理或计调人员；而在一些大旅行社，则多采取业务提成或奖励的方式来留住计调人员，否则旅行社几乎就留不住计调人才，小旅行社实际是变成了一个人才培训机构。请问，应怎样对待计调人员的流失问题？

2. 随着旅游业的发展和科学技术以及各种新媒体的出现，对计调的素质提出了哪些更高的要求？计调的工作特点与以往有何不同？

六、案例分析

1. 新疆某旅行社地陪在带团购物时，因团客购物不理想而面露不悦之色，带着情绪工作，全陪向组团社领导汇报工作时说明了此事，组团社与地接社进行了沟通。第二天早餐地陪没有来，因为上午是自由活动。本来，头天晚上地陪告诉客人，只要报出旅行社的名称即可就餐，但是地陪未与餐厅衔接好，餐厅当班的服务员根本不知道此事，故拒绝让客人吃早餐。领班与餐厅经理联系，餐厅经理手机关机，直至全陪到来，才迫使餐厅让客人吃上早饭。全陪在与地接社计调部经理通话时，该计调部经理却大声责备全陪不应把这件事情向组团社上报，而应向其本人反映，并说地陪有情绪是正常的。为此全陪非常生气，迅速关机。这件事情的影响非常恶劣，导致第二个团没有交给该地接社操作。

思考：

(1) 计调部经理能这样袒护其地陪吗？

(2) 如何做一位优秀的计调？

(3) 计调人员的工作仅仅是在办公室接打电话吗？

2. 北京某旅游团通知，乘 8 月 30 日 1301 次航班于 14:05 离京飞广州，9 月 1 日晨离广州飞香港。7 月 26 日有关人员预订机票时，该航班已满员，便改订了同日 3102 次班机的票，12:05 起飞。订票人当即在订票单上注明"注意航班变化，12:05 起飞"，并将订票单附在通知单上送到计调部门。计调部门工作人员并没有注意到航班的变化，仍按原通知中的航班起飞时间安排活动日程，并预订了起飞当日的午饭。日程表送达内勤人员后，内勤人员也没有核对把关，错误地认为，导游员应该知道航班的变化。因此，内勤人员只通知了行李员航班变化的时间，而没有通知导游员。8 月 30 日 9:00，行李员发现导游员留言条上写的时间与他的任务单上的时间不符，经过提醒，也没有引起导游员的注意，结果造成了误机的重大责任事故。

思考：

(1) 在以上案例中，导游员是否需要负全部责任？为什么？

(2) 根据以上案例，在旅行社中应当如何做好计调工作？

七、实训题

实训名称：旅行社产品的采购与谈判。

实训方法：实例分析、模拟操作、角色扮演法。

实训条件：多媒体课室、具备上网环境的课室、白板或者黑板、电话。

实训目标：

(1) 知识目标：掌握旅行社产品采购的概念、内容和方式；掌握计调服务的概念和作用；掌握旅行社产品采购的实务——根据线路需要采购相关资源要素。

(2) 能力目标：能够根据线路需要采购相关资源；能够合理议价；能够为旅行社争取相关政策，使采购更具独特性——旅行社产品的采购与计调服务。

(3) 素质目标：培养与人沟通的能力；锻炼信息搜集能力；培养独立处理问题的能力——旅行社旅游线路设计相关知识和信息。

实训内容及过程：各组汇报两条线路采购的情况和采购过程中遇到的问题与困难。

此外，在该项目之前，教师应与相关单位取得联系，确定某条线路各项产品应季价格成本，并由教师对此案采购价格进行把关、点评。

根据以上旅行社产品的采购，拟一份旅游服务采购的合同。

项目四

旅行社产品销售业务

【学习目标】

知识目标： 通过对本章的学习，要求学生掌握旅行社产品的价格构成，了解影响旅行社产品定价的因素，掌握旅行社产品的定价策略，理解旅行社产品的定价方法，熟悉旅行社销售渠道策略，以及旅游中间商的选择，掌握旅行社产品促销策略和旅行社门市销售业务流程，熟悉旅行社门市交易的一般技巧。

能力目标： 能科学分析旅行社产品的价格构成要素；能合理制定旅行社产品的价格；能科学使用几种常用的旅行社产品定价策略；能灵活运用旅行社产品的销售渠道、促销方法；能根据旅行社门市销售业务的流程及技巧进行工作。

素质目标： 热爱旅行社销售工作，具有较强的责任心，与团队成员有合作精神和创新意识，具备良好的沟通及观察能力。

【关键词】

旅行社产品　价格　销售渠道　促销　旅行社门市　销售

案例导入

千亿研学游市场　旅行社尚待发力

2019年1月，中国旅行社协会对外发布《研学旅行指导师(中小学)专业标准》，向社会征求意见。据了解，尽管目前研学旅行火爆，但旅行社所占的市场份额仅为10%。虽有不少旅行社与学校展开研学旅行方面的合作，也难免有为学校"作嫁衣"之嫌。在业内人士看来，研学旅行属于教育旅游，核心是教育，而旅行社其实并未真正进入这一领域。

为保证研学旅行健康有序发展，中国旅行社协会对外发布了《研学旅行指导师(中小学)专业标准》送审稿，向业界征求意见。据了解，此次标准将规定中小学研学旅行指导师的规范性引领条件，未来将对研学旅行行业产生重要影响。

眼下，国内研学市场无疑是教育机构、旅行社等都想分一杯羹的香饽饽。据中国旅游研究院等联合发布的《中国研学旅行发展报告》显示，未来三五年内，中国研学旅行市场总体规模将超过千亿元。

除了各中小学校、教育培训机构和旅行社，还有包括中国人民大学、北京外国语大学等在内的高校也参与其中。据《21世纪经济报道》指出，在2017年内，工商资料中新增"研学"的机构超过5000余家。在资本市场，研学旅行项目也同样受到关注。据统计，2017—2018年，共发生16起研学旅行和营地教育领域融资。青少年研学旅行平台青蛙研学宣布获得数百万元天使轮融资。

在眼下的研学旅行市场中，产品质量良莠不齐的现象仍然突出。国家教育部原基础教育司司长王文湛就曾公开表示，目前国内的研学旅行有两个主要问题倾向，一个是"只学不游"，另一个是"只游不学"。

在业内人士看来，要解决这些行业短板，中国旅行社协会提出的此项标准很有必要。旅游专家王兴斌表示："应该把它作为一个行业的行规，作为产品质量的标准。"

新京报记者了解到，目前不少旅行社的研学项目是与学校合作的，但双方合作难以用"深入"来形容，单纯为学校研学活动"作嫁衣"的旅行社也不在少数。以北京外国语大学为例，作为合作方的杭州长桥商务旅行社，仅是项目的收客渠道，为北京外国语大学的研学项目提供客源。在整个研学旅行的过程中，包括交通、住宿、餐饮、活动安排、行程规划等一系列环节，旅行社均不参与。

另有一些旅行社，与学校合作的程度相对更深入一些，但也依然有限。据了解，众信旅游的研学团会派出自己的领队，负责旅行中所有的统筹工作；校方则会派出老师，负责照顾孩子、结合课程内容。如果不是与学校合作的研学团，而是来自不同学校的散客，就无法安排专业老师，只有领队带队。研学旅行属于教育旅游，老师的重要作用不言而喻。但从教育机构的视角来看，旅行社的研学旅行产品，教育属性缺乏依然是老大难的问题。

新东方国际游学推广管理中心市场运营部副总监王寅告诉新京报记者，旅行社的研学产品，随团派出的很多都是领队，但教育机构往往会派出专业老师；在路线上，旅行社产品在参考旅游线路的基础上修改，学生的主要活动还是旅游；在产品定位上，旅行社走低价路线，这也是旅行社的旅游基因决定的。

从此次的标准来看，提出了拥有教师资格证的人可考取研学旅行指导师证书，也能看出意在解决旅行社的这一痛点，提高产品质量。不过，目前在国内研学旅行市场内，旅行社掌握的话语权无疑是微弱的，根本原因便在于研学产品的经济效益。

统计显示，在研学人群选择的研学渠道中，通过学校游学的人群占比 45%，游学机构约占比 27%，留学中介约占比 14%，旅行社仅占比 10%。而在国际游学中，自行组织的各大公立私立学校市场份额约占比 70%；教育培训机构/留学中介机构约占比 10%；旅行社约占比 9%；专业游学机构约占比 8%。

"研学旅游属于教育旅游，这并不是一个暴利行业，带有很强的公益性，利润比较薄，所以旅行社的兴致缺缺，真正沉下心来做教育旅游的专业旅行社极少，综合性的大型旅行社也不把教育旅游放在特别重要的位置上。"王兴斌表示，"这个标准能不能做好，核心的问题还是在于能不能给旅行社及指导师带来经济效益。"

即便是在专业的研学旅行机构中，毛利率水平差别也很大。以游学研学为主营业务的世纪明德，2017 年毛利率为 26.39%；而另一机构乐旅股份，2017 年毛利率仅为 4.24%。对于毛利率向来偏低的旅行社，研学旅行产品的价格也往往低于教育机构，其毛利率多少也需打上问号。

王寅明确表示，目前研学旅行市场的整体变化，是一些机构的出局和淘汰。"相信未来行业会更加健康和完善，只游不学、不注重研学产品教育研发和成长收获的机构，必将会淡出市场舞台"。

（资料来源：http://travel.people.com.cn/n1/2019/0109/c41570-30511657.html. 有删减）

思考： 结合案例分析旅行社行业如何才能成功售出"研学游"产品。

答题思路： 一个成功的产品，必须关注从市场调研、产品定位到产品设计、宣传推广的全过程，可以根据这个过程逐一分析"研学游"产品。

1960 年杰罗姆·麦卡锡(E.Jerome McCarthy)在《基础营销》(*Basic Marketing*)一书中第一次提出 4Ps 营销组合理论。他将企业的营销要素归结为四个基本策略的组合，即商品(Product)、价格(Price)、渠道(Place)及促销(Promotion)，由于上述四个要素都是由"P"开头，所以被统称为 4Ps。旅游产品的内容在项目二已进行了介绍，本项目主要介绍 4Ps 中的价格、渠道、促销。

任务一　制定旅行社产品价格

任务目标

××旅行社，刚刚推出一款新产品(结合时节及具体信息)，你作为旅行社销售经理，请你确定该新品的价格，并说明该价格的构成、利润空间、制定的方法及你所考虑的因素。

任务实施

请每个小组将任务实施的步骤和结果填写到表 4-1 任务单中。

表 4-1　任务单

小组成员：	指导教师：
任务名称：	模拟地点：
工作岗位分工：	
工作场景： (1) ××旅行社开发了一款新产品 (2) 需要确定新产品价格 (3) 分析该价格的构成、利润空间、考虑因素	
教学辅助设施	模拟旅行社真实工作环境，配备相关教具
任务描述	通过对旅行社产品价格的制定、影响因素的分析等工作的开展，让学生了解产品价格的制定过程
任务重点	主要考查学生对旅行社产品价格的认识
任务能力分解目标	(1) 旅行社产品的价格构成 (2) 旅行社产品价格的影响因素 (3) 旅行社产品价格的制定策略 (4) 旅行社产品价格的制定方法
任务实施步骤	
任务实施结果	

任务评价考核点

(1) 了解旅行社产品的价格构成。

(2) 了解、分析旅行社产品构成的影响因素。
(3) 能够进行简单价格制定的基本操作。
(4) 销售人员在工作中，能够熟知自身产品的价格构成、价格优势等。
(5) 掌握旅行社产品的价格策略、价格制定方法。

任务相关知识点

情境一　了解旅行社产品的价格构成

旅行社产品的价格，从游客的购买方式上看，可分为单项服务价、全包价和部分包价。游客可根据需要，选择不同的购买方式。

其中包价旅游主要包括综合服务费、房费、城市间交通费和专项附加费四个部分。

(1) 综合服务费。

其构成含餐饮费、基本汽车费、杂费、翻译导游费、领队减免费、全程陪同费、接团手续费和宣传费。

(2) 房费。

游客可以根据本人意愿，预订高、中、低各档次饭店，旅行社按照与饭店签订的协议价格向游客收费。

(3) 城市间交通费。

其包括飞机、火车、轮船、内河及古运河船和汽车客票价格。

(4) 专项附加费。

其包括汽车超公里费、游江游湖费、特殊游览门票费、风味餐费、专业活动费、责任保险费、不可预见费等。

桂林某旅行社某年度地接价格协议(节选)

某年外宾综合服务等地接价

一、综费(16 免 1 人)

人　　等	10 人	6～9 人	2～5 人	1 人
报　　价	40 元	50 元	160 元	300 元
综费按餐顿比例结算：早餐 33%、午餐 34%、晚餐 33%				

二、餐费(中式正餐)

人　　等	10 人	6～9 人	2～5 人	1 人
报　　价	28 元/餐	35 元/餐	55 元/餐	70 元/餐
风味餐	每人每餐加收 90 元			

三、超公里(元/人)

	10 人	6～9 人	2～5 人	1 人
桂林—机场(单程)	10	15	25	55
桂林—阳朔(游漓江)	28	50	90	185
桂林—冠岩(双程)	18	35	65	120
桂林—大圩(单程)	10	15	25	55
桂林—龙胜村寨(往返)	88	156	221	383
桂林—三江(往返)	133	224	266	532

四、游江外宾船票 (元/人)

人　　等	10 人以上	1～9 人
豪华船票(三星)价格	265	265
超豪华船票(四星)价格	400	450
船上午餐	35，45(环保船)(团散同价)	

五、景点门票(游、湖、索道费)及其他附加费：(无16免1优惠)(元/人/次)

象鼻山　70	伏波山　30 团体　(23)	叠彩山　35 团体　(26)
冠岩　75	靖江王陵　20	尧山索道　110(往返)
黄姚古镇　100	阳朔月亮山　30	阳朔大榕树　15
七星公园　75	七星岩　75	印象刘三姐(C)　190
三江村寨　60	芦笛岩　90(团体 65)	
程阳风雨桥　60	龙胜龙脊　80(门票+进山车费)	
七星公园动物园　70	夜游四湖　190～210	

六、儿童收费标准

1. 不足 12 周岁者按小孩标准收费。

2. 接待费：2～12 岁计 50%，2 岁以下计 10%。

3. 交通费：按民航、铁路、轮船公司规定计算。

4. 用餐：2岁以上小孩用餐按50%计算，用早餐、风味餐均按成人计算。
5. 门票及超公里等附加费均按成人计算。
6. 12周岁以上按成人价结算。

情境二　分析旅行社产品价格影响因素

旅行社进行产品定价时，通常受到诸多因素的影响，主要分为内部因素和外部因素两大类。

(一)旅行社内部因素

1. 旅游产品成本

旅游产品成本是影响其价格的最基本、最直接的因素，其决定了产品的最低价格，是旅行社制定销售价格的直接依据。产品的成本越低，其价格也越低，市场需求量也会越大。

旅行社产品的成本费包括固定成本费和变动成本费。固定成本费是指在一定时间和范围内，旅行社经营业务的增减对某些产品成本没有影响，包括旅行社的房屋租金、房屋折旧费、员工固定工资、宣传促销费、通信费、旅行社其他设施固定资产折旧费等。变动成本费是指随着旅行社产品销售量的变化而变化的某些成本，包括导游费用、销售人员提成、交通费用、住宿费用、餐饮费用、门票费用等。变动成本费在旅游产品价格构成中所占比重较大。

2. 利润

利润是指旅行社销售旅游产品获得的收入减去旅行社生产和销售这些产品付出的各项成本费用所得的差额，是旅行社经营的财务成果。

3. 品牌特色

旅游产品的差异化程度越高，排斥新竞争者的进入壁垒就越高，竞争优势就越强。旅行社一旦拥有了强势品牌，游客对旅行社及其产品的认知度就会极大提高，从而使旅行社拥有独特的销售市场。因此，旅行社的品牌化经营将有利于产品实施高价的定价策略，为占有更大的市场提供有效保障。

知识拓展 4-1

旅行社品牌策略

旅行社的发展需要品牌策略，旅行社如何致力于自身企业品牌的建设呢？

(1) 确立适当的公司名称。

(2) 在综合考虑各种因素的基础上赋予企业品牌独特的内涵。

(3) 设计与公司的名称、内涵相一致的公司标志，并连同公司一起注册，取得合法的排他性使用权。

(4) 通过品牌内涵的管理与品牌内涵的营销沟通，唤起消费者对品牌的注意，强化消费者的认同态度，促成消费者的购买行为。

(5) 通过优良的服务与售后服务不断吸引回头客，培育顾客的品牌忠诚。

例如，国旅总社针对中国公民推出"环球行"品牌。注意：旅行社的品牌不适合用线路名称命名。

(资料来源：张俊，葛益娟. 旅行社经营管理[M]. 北京：旅游教育出版社，2018.)

(二)旅行社外部因素

1. 市场需求

市场需求是旅游产品价格变化的一个很敏感的杠杆。当旅游市场上对于某种产品的需求量增加时，旅行社可适当提高该产品的价格，形成卖方市场，赚取更多利润；反之，当该产品的需求量下降时，旅行社应适当降低价格，形成买方市场，以避免产品滞销。

2. 同行业竞争

同行业的竞争促使价格趋于合理、低平，有利于游客。在旅游产品市场中，绝大多数旅行社都生产和销售同类产品，而产品特色、价格的相近，致使该产品没有抢占市场的优势，因此各个旅行社通过打价格战来吸引游客，于是，削价竞争成了旅游产品市场的主流竞争。但长期削价竞争易形成恶性竞争，对实力较弱的旅行社易造成重创。

3. 季节

旅游旺季时，旅行社通常会保持其产品价格不变或微微上调；旅游淡季时则往往适当降低该产品价格，以吸引更多的游客。并且多数景区景点的淡季门票价格会有很大回落，也促使旅行社相应下调其旅游产品的价格。

4. 汇率

汇率是指一个国家的货币用另一个国家的货币所表示的价格。两种货币之间的比价发生变化，会对旅行社产品价格产生一定影响，因此，汇率主要影响入境旅游产品和出境旅游产品。

案例 4-2 见右侧二维码。

案例 4-2

情境三　制定旅行社产品价格策略

旅行社产品的价格是旅行社营销活动中一个十分敏感、十分重要的因素，对价格的管理关系到旅行社营销的成败。旅行社产品需求弹性较大，它的价格强烈影响到旅游者的购买行为，影响到旅行社的销售量及利润。同时，价格又是一种重要的竞争手段，尽管近年来非价格因素对旅游者选择产品的重要性日益突出，但价格仍是双方最具理性的行为指标，也决定了旅行社的竞争能力。具体来说，旅行社产品定价可以遵循以下策略。

(一)心理定价策略

心理定价策略是指旅行社根据游客的消费心理，为刺激游客的购买欲，制定出行之有效的产品价格。常见的心理定价策略有以下几种。

1. 尾数定价策略

尾数定价策略是指根据游客求廉的心理来定价。它使旅游产品价格低于但又非常接近下一个整数的价格，使游客获得享受价格优惠的印象。

2. 声望定价策略

声望定价策略是指根据游客价高质优的心理特点来定价。这类游客往往注重"名牌效应"，认定价高质必优。品牌知名度高、口碑较好、在同行中声望较高的旅行社可采用这种定价法。

3. 习惯定价策略

习惯定价策略是指根据游客习惯消费心理来定价。某些旅游产品在长期的买卖过程中已经形成了被游客默认的价格，因此旅行社在对这类产品定价时，应比照市场同类产品价格定价，并充分考虑游客的习惯倾向，不可随意变动价格。

4. 招徕定价策略

招徕定价策略是指利用游客的求廉、好奇心理来定价。旅行社通过把某几种产品的价格定得很低，甚至亏损，在销售廉价产品的同时借机带动和扩大其他产品的销售，或者在某些节日或季节举行特殊活动时，适度将某产品以特价的方式刺激游客购买。

5. 分级定价策略

分级定价策略是指根据不同层次游客的不同消费心理来定价。旅行社可将同类产品分为几个等级，价格不同。采用这种定价策略，能使游客产生货真价实的感觉，易于接受。

(二)折让定价策略

折让策略是指根据不同交易方式、数量、时间及条件,对成交价格实行降低或减让的一种定价策略。主要有以下几种。

1. 现金折扣

旅行社对那些提前付款,现金交易或按期付款的客户,给予一定比例的价格优惠。采用这种定价策略,可有效吸引旅游消费者提前或按时付款,以便尽快回笼资金,确保资金周转的畅通,减少坏账损失。

2. 数量折扣

旅行社根据消费者购买的总数量给予一定的折扣,目的是鼓励购买者大量购买。数量折扣又分为以下两种。

(1) 累计数量折扣。累计数量折扣是指在一定时间内,旅游产品购买者的购买总数超过一定数额,给予相应折扣。这种策略可以鼓励消费者多次重复购买,稳定市场客源。

(2) 非累计数量折扣。非累计数量折扣是指消费者一次购买达到一定数量或购买多种产品达到一定的金额时,旅行社给予的折扣。这种定价策略能有效刺激消费者大量购买,减少交易次数,降低旅行社成本,如图 4-1 所示。

图 4-1　南湖国旅推出福建动车五天　第二名 5 折特惠活动

3. 季节折扣

消费者在旅游淡季购买产品时旅行社给予的价格优惠。由于旅游产品的季节性很强,淡季折扣可刺激消费者的购买欲望,使旅游景点的设施能在淡季得到充分利用,有利于旅行社的常规经营。

(三)新产品定价策略

在激烈的市场竞争中,旅行社开发的新产品能否及时打开市场销路,获取高额利润,很大程度上取决于行之有效的产品定价策略。常用的新产品定价策略有以下几种。

1. 撇脂定价策略

撇脂定价是一种高价策略,是指新产品上市时把价格定得较高,以获取超额利润,在短期内回收投资并取得较高收益的一种定价策略。

2. 渗透定价策略

渗透定价是一种低价策略,是指新产品上市初期,将产品价格定得低于预期价格,薄利多销,以市场占有率扩大为目标的定价策略,如表 4-2 所示。

表 4-2　新产品高价与低价策略的选择标准

考虑因素	撇脂定价	渗透定价
价格弹性	小	大
与竞争产品的差异	大	小
投资回收目标	快	慢
市场潜力	小	大
市场需求水平	高	低
扩大接待能力的可能性	小	大
仿制的难易程度	难	易

3. 适宜定价策略

适宜定价是介于撇脂定价和渗透定价之间的价格策略。新产品价格定在高价与低价之间,可以使各方都满意,俗称"君子价格"。旅行社适宜定价,属于保守行为,不适宜于瞬息万变和竞争激烈的市场环境,易丧失市场份额及获得高额利润的机会。

旅行社在确定新产品价格时,要根据不同情况对上述三种策略加以选择,如图 4-2 所示。

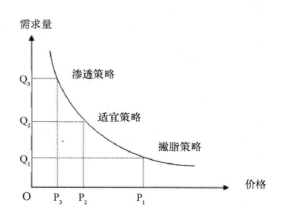

图 4-2　旅行社新产品定价策略示意

案例 4-3 见右侧二维码。

案例 4-3

情境四　确定旅行社产品定价方法

影响旅行社产品价格的因素主要有旅游商品的价值、市场供求需求弹性、货币汇率、国家政策等。商品的价格是由其内部所包含的价值决定的。旅行社产品进行合理定价，主要依照如下方法。

(一)成本导向定价法

成本导向定价法是指以旅游产品单位成本为基本依据，再加上预期利润确定产品的价格。这种定价方法不考虑市场需求方面的因素，简单易行，是目前旅行社最基本、最常用的一种定价方法，主要包括以下三种。

1. 成本加成定价法

旅行社在单位产品成本的基础上加上一定比例的预期利润作为产品价格(成本中包含了税金)，这是一种最简单的定价方法。其计算公式为

$$单位产品价格=单位产品成本\times (1+成本利润率)$$

例如，某旅行社一款两日游的产品成本为 400 元，旅行社确定的成本利润率为 20%，则

$$两日游产品价格=400\times(1+20\%)=480(元)$$

这种定价方法是旅行社常见的一种定价方法，简便易行，以成本为中心，不必经常依据需求情况而作调整，采用这种方法可以使旅行社获得正常利润。但是，这种定价法单从旅行社的利益出发进行定价，而忽视了市场需求多变的现实，并且成本利润率只是一个估计数，缺乏科学性，会导致旅行社产品在市场上缺乏竞争力。

2. 目标利润定价法

目标利润定价法是指旅行社根据其总成本及预测出来的总销售确定一个目标利润总额，来计算产品的价格。其计算公式为

$$单位产品价格=总成本+目标利润总额/预期销售总量$$

这里的总成本为固定成本与变动成本之和。这种方法的优点在于可以保证旅行社实现既定的目标利润，在预定期限内回笼资金，保护旅行社利益。但是，由于此方法是以预计销售量来推算产品价格，忽略了价格对销售量的直接影响。这种方法计算出来的产品价格往往难以确保预测的销售量实现，只有经营垄断性产品或具有很高市场占有率的旅行社才有可能凭借其垄断力量采取此方法定价。

3. 边际贡献定价法

边际贡献定价法是指旅行社在产品定价时，只计算变动成本，而不计算固定成本。这种方法主要用于同类旅行社产品供过于求、市场竞争激烈、客源不足的环境。其计算公式为

$$单位产品价格=单位产品变动成本+单位产品边际贡献$$

例如，某旅行社在旅游淡季推出三日游团体包价旅游产品，固定成本均为 20 元/人，两早(10 元/人/餐)五正(20 元/人/餐)餐费共计 120 元/人，门票费共 300 元/人，房费 100 元/人，交通费 30 元/人，该产品总计 570 元/人。由于是在淡季，若旅行社仍以 570 元的价格进行销售，很难吸引大量游客，如果旅行社将价格降至 550 元/人，变动成本为 550 元，此时，销售价格与变动成本一致，则边际贡献为零，旅行社为保本状态。

这种定价方法的优点在于，保障旅行社在市场环境不利的情况下以较低价格吸引客源，保住市场份额，维持旅行社生存。但在一定程度上使旅行社蒙受利润损失，又由于产品的变动成本并非一成不变，因而迫使产品的价格不断地重新计算。

(二)需求导向定价法

需求导向定价法是以市场需求为核心，根据游客对旅游产品价值的认知程度来定价的一种方法。具体可分为以下三种。

1. 理解价值定价法

理解价值定价法是指旅行社根据游客对旅游产品的主观评判，而非旅游产品的实际价值而定价的一种方法。常用的营销方法有，搞好产品的市场定位、突出产品特征、加深游客对产品的印象等。

2. 需求差别定价法

需求差别定价法是指旅行社针对游客对旅游产品购买力的不同，产品的种类、数量、时间、地点的不同等因素，采取不同价格。这种定价方法，通常为同一产品在同一市场上制定两个或两个以上的价格，强调的是适应游客不同特性的需求，而把成本补偿放在次要地位。

3. 逆向定价

逆向定价是指旅行社首先对旅游市场需求、同行业的同类产品的售价、整个市场竞争环境等方面进行调查，然后先确定产品价格，再根据产品的内容和成本对价格作相应调整。这种方法不以实际成本为主要依据，而以市场需求为定价出发点，既能与竞争对手价格保持同步，又能为游客所接受。但这种定价法容易造成产品质量下降而缺乏市场吸引力。

(三)竞争导向定价法

竞争导向定价法是指为了应付市场竞争而采取的特殊定价方法，同类旅游产品的市场竞争是旅行社产品定价的依据和核心，竞争对手的价格是其定价的出发点和参考标准。具体可分为以下两种。

1. 随行就市定价法

随行就市定价法是指旅行社根据本行业同类产品的平均价格来制定本旅行社产品价格的方法。这种方法为大多数旅行社所采用，利用市场的平均价格获得平均收益，避免了对手间竞争带来的损失。

2. 率先定价法

率先定价法是指旅行社根据市场竞争状况、自身旅行社实力，率先打破市场原有的价格，自行制定价格，在同行中取得"价格领袖"地位。采用率先定价法的旅行社一般要有雄厚实力，或者在产品上具有竞争对手无法比拟的优势。

总体来看，随行就市法属于稳妥型定价方法，可以减少风险，利于与竞争对手和平共处。而率先定价法属于进攻型定价方法，定价低于对手可以提高市场占有率，高的话则可以树立旅行社的品牌形象。

任务二　选择旅行社产品的销售渠道

任务目标

××旅行社，你作为旅行社销售人员，请你选择出适合某新产品(沿用任务一的新产品)的销售渠道组合(含旅游广告、公共关系、网络营销、现场直播等)方案，并比较各大销售渠道、销售策略的优缺点，说明原因。

任务实施

请每个小组将任务实施的步骤和结果填写到表4-3任务单中。

项目四　旅行社产品销售业务

表 4-3　任务单

小组成员：		指导教师：
任务名称：		模拟地点：
工作岗位分工：		
工作场景： (1) ××旅行社新产品推广 (2) 分析各种销售渠道的优劣 (3) 进行旅行社产品销售的模拟		
教学辅助设施	模拟旅行社真实工作环境，配备相关教具	
任务描述	通过对旅行社产品销售工作的开展，让学生认知旅行社产品的销售渠道	
任务重点	主要考查学生对旅行社产品销售渠道的认识	
任务能力分解目标	(1) 销售人员基本素质 (2) 销售渠道的利弊 (3) 销售渠道的选择 (4) 中间商的选择与管理	
任务实施步骤		
任务实施结果		

任务评价考核点

(1) 认知旅行社销售渠道类型。
(2) 灵活运用旅行社销售渠道策略。
(3) 选择与管理旅游中间商。
(4) 能够进行简单的销售操作。

任务相关知识点

情境一　认知旅行社销售渠道类型

任何一个旅行社在具有了足够的生产能力时，都希望能尽量扩展销售渠道，一方面这是因为扩展销售渠道能使旅行社接触到更多的消费者，扩大产品的销售量，增加旅行社的市场份额，实现旅行社的发展壮大，使旅行社具有强大的竞争优势；另一方面，由于旅行社的目标市场与本企业空间距离较远，像很多以经营入境旅游业务为主的旅行社，其目标市场遍布世界很多地方，旅行社必须借助销售渠道中各中间商的力量，才能接触到目标市场，实现产品的销售。

(一)旅行社销售渠道的概念

旅行社销售渠道，又称分销渠道，是指旅行社生产出来的产品，在适当的时间、地点，以适当的价格提供给游客，其产品所经历的各个中间环节连接起来的通道。简而言之，旅行社销售渠道是指旅行社将产品转移给最终消费者的实现途径。

(二)旅行社销售渠道的类型

旅行社销售的关键，是以最合适的销售渠道、最少的流通费用、最快捷的流通速度将旅行社产品转移到消费者手中。

目前，我国旅行社产品销售渠道分为以下两种。

1. 直接销售渠道

直接销售渠道就是所谓的零级渠道，指旅行社直接向游客出售其产品。这是最古老的销售方式。直接销售渠道，旅行社省去了与中间商的合作，易于控制价格；能及时获得消费者需求变化的市场信息的第一手资料；可及时加快资金的周转，减少佣金开支；刺激旅行社向消费者提供高质量的旅游产品，树立旅行社形象。但直接销售渠道存在一定缺陷。当销量小或销量不稳定时，旅行社的销售成本增加，经营风险增大；当销售面广、游客分散时，旅行社难以把产品全部出售给游客。直接销售渠道如图4-3所示。

图4-3　直接销售渠道图示

2. 间接销售渠道

间接销售渠道，指旅行社通过中间商，经销、代理或帮助销售，向游客销售旅游产品和服务的流通途径。这是目前旅游产品的主要销售方式。我国的国际旅行社在国际入境旅游业务中就主要采用间接销售渠道。

间接销售渠道又分为一级销售渠道、二级销售渠道和三级销售渠道等类型。存在两个或两个以上中介机构的销售渠道统称为多级销售渠道，与直接销售渠道的零级渠道相对应。

与直接销售渠道相比，间接销售渠道增设了中间环节及扩大了合作者队伍，因此，旅行社销售活动的辐射范围增大；又由于分工协作，销售活动深层次的内容也得以发展，这是有利的一面。但是，旅行社在经营间接销售渠道中，对销售活动的控制力减弱，难以控制产品的最终售价，费用结算相对较慢，容易延缓旅行社资金周转的速度；同时，旅行社需支付中间商一笔佣金，这也增加了旅行社的成本。间接销售渠道如图 4-4 所示。

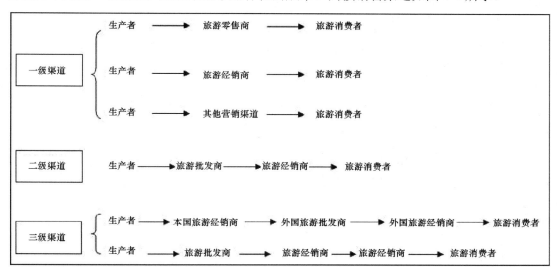

图 4-4　间接销售渠道

(三)旅行社销售渠道的特点

1. 连续性

连续性是良好旅游产品销售渠道的首要特征。旅行社选择的旅游销售渠道应保证旅游产品顺畅传达到消费者手中。

2. 辐射性

旅游销售渠道的辐射性直接影响旅行社产品的市场覆盖面和渗透程度。

3. 配套性

中间商除具有买卖交易能力外，还应具有促销、运输、开发市场等功能，保证旅游产品顺利完成由旅行社向消费者的转移，更有针对性地满足多种旅游消费者的需要。

情境二　灵活运用旅行社销售渠道策略

销售渠道策略是影响旅游产品销售的关键因素。国内旅行社在销售活动中，都同时采用直接销售渠道和间接销售渠道。对于近距离的目标市场，旅行社多采用直接销售渠道。而对于庞杂、分散的目标市场，旅行社多采用间接销售渠道，借助各类型中间商的力量，扩大旅行社销售活动的辐射空间。间接销售渠道通常采用以下三种销售策略。

1. 专营性销售渠道策略

专营性销售渠道策略是指旅行社在特定的旅游市场只选择一家中间商的销售策略。

这种策略的优点是能有效调动中间商的积极性,利益、信誉的捆绑式利害关系便于旅行社对中间商的控制。但也存在缺点,如灵活性较小,不利于游客分散购买。并且中间商选择不当或中间商经营失误,将会对该地区的旅游市场造成重大损失。

2. 广泛性销售渠道策略

广泛性销售渠道策略是指旅行社在销售渠道中尽可能选取更多的中间商,扩大市场销售面。这种策略通常适用于开拓新市场之初,便于寻找并确定长期的合作伙伴。

这种策略的优点是可吸纳更多客源,渗透目标市场。其缺点是中间商过于分散,控制难度大,信息反馈缓慢,还可能引发中间商争夺客源的冲突。

3. 选择性销售渠道策略

选择性销售渠道策略是指在一定的市场中,旅行社从众多中间商中,只选择那些素质高、销售能力强、能给游客提供针对性服务的中间商作为合作伙伴。这种策略适用于档次高、专业性强的旅游产品。

这种策略的优点,有利于旅行社将主要力量放在主要目标市场上,可以有效增加销量,同时中间商的减少可降低渠道费用。其缺点是对于中间商的选择要格外慎重,选择不当会极大地影响该市场的产品销售。

案例分析 4-1

同一种销售渠道策略带来的不同效果

随着中国改革开放步伐的加快,越来越多的境外旅行社开始将目光转移到中国,组织本国居民到中国旅游观光。J市的TF国际旅行社在姚总经理的领导下,积极开展与欧洲旅游批发经营商的接触,寻求与他们的合作。对于销售渠道,姚总经理有个人的见解,他认为,广泛地接触大量旅游批发经营商,并同他们都保持合作关系,可能会导致客源的不稳定和销售成本的大幅度上涨。因此,他决定采取专营性的销售渠道策略,选择一家实力雄厚、信誉良好、目标市场与TF国际旅行社一致或接近的旅游批发经营商作为长期合作伙伴。

经过一段时间的考察,TF国际旅行社发现欧洲地区A国的奥林巴斯旅行社基本上符合姚总经理对合作伙伴的要求,遂决定立即与其联系。鉴于TF国际旅行社在J市的旅行社行业中颇具知名度和良好的信誉记录,奥林巴斯旅行社也欣然同意与其合作。这样,双方的合作关系便正式地确立了。一年后,TF国际旅行社和奥林巴斯旅行社签订了长期合作的协议,约定TF国际旅行社授权奥林巴斯旅行社为其在A国旅游市场的唯一的合作伙伴,并不

项目四　旅行社产品销售业务

再同 A 国的其他旅行社进行业务方面的联系，也不再接待除了奥林巴斯旅行社之外任何一家 A 国旅行社组织的来自 A 国的旅游团队或散客。作为回报，奥林巴斯旅行社将其在 A 国组织的全部旅游客源都交给 TF 国际旅行社接待，并且不再授权 J 市的其他旅行社为其接待旅游者。

在此后的 10 余年里，TF 国际旅行社和奥林巴斯旅行社一直有着十分愉快的合作，并且都获得了良好的经济效益。

在欧洲市场上获得成功之后，姚总经理决定继续采取专营性销售渠道策略，打开北美地区的旅游客源市场。然而，TF 国际旅行社的市场开发部副经理小王却对此提出了不同的看法。小王认为，在 A 国的旅游市场上，旅游客源集中程度比较高，采取专营性销售渠道策略完全符合当地的市场条件，是一项正确的决策。但是，北美地区旅游客源市场条件与地处欧洲的 A 国不同。北美地区的地域广阔，人口是 A 国的 3 倍，拥有 3 万多家旅行社，其中大型的旅游批发经营商不下百余家，它们都拥有较强的客源招徕和组织能力。此外，像美国运通公司这样的超大型旅行社不可能屈尊与 J 市的一家中型旅行社建立如同奥林巴斯旅行社与 TF 国际旅行社那样的排他性合作关系。因此，小王建议，TF 国际旅行社在北美地区的旅游市场上先采取广泛性销售渠道策略，同众多的旅游批发经营商建立起比较松散的合作关系，并通过一段时间的考察，逐步在该地区的不同州(省)选择数家具有强烈的合作愿望、良好的市场声誉和企业信誉、较强的客源招徕和组织能力的旅游批发经营商建立较为稳定的合作关系。姚总经理对小王的建议不以为然。TF 国际旅行社仍然决定选择北美地区的一家旅游批发经营商作为在该地区旅游市场上唯一的合作伙伴。

在这种销售渠道策略的指导下，TF 国际旅行社很快就同位于美国旧金山的新大陆旅行社建立起专营性销售关系，并正式签订了对双方都有很大约束力的合作协议，规定双方不得在对方的旅游市场上与其他旅行社进行合作。

在合作初始阶段，双方都表现出一定的诚意，合作也是愉快的。但是，不久，TF 国际旅行社发现，新大陆旅行社只在旧金山地区拥有较大的影响，而对北美地区的其他州(省)的旅游者和广大公众则毫无影响力。因此，TF 国际旅行社无法通过新大陆旅行社打开整个北美地区的旅游市场。后来新大陆旅行社开始拖欠 TF 国际旅行社的旅游团费，使 TF 国际旅行社出现了坏账的风险。财务部的马经理多次提醒姚总经理，但是姚总经理总是以"疑人不用，用人不疑"为由不听劝诫。一年后，新大陆旅行社通知 TF 国际旅行社终止双方的合作关系，并拒绝偿还拖欠的旅游团费。这时，姚总经理才如梦初醒，后悔当初听不进别人的意见，导致 TF 国际旅行社既丢失了北美地区的旅游客源市场份额，又蒙受了重大的经济损失。

(资料来源：http://wenku.baidu.com/view/3726bec2bb4cf7ec4afed019.html。)

思考： 旅行社在选择产品的销售渠道时，应该考虑的因素有哪些？姚总经理的成功之处在哪里？失败之处在哪里？

旅行社经营管理实务

情境三　选择旅游中间商

旅游中间商是指协助旅游企业推广、销售旅游产品给最终消费者的集体和个人。它主要包括旅游批发商、旅游经销商、旅游零售商、旅游代理商，以及随着互联网的产生与发展而出现的在线网络服务商。

(一)旅游中间商的类型

旅游中间商是指介于旅行社与旅游消费者之间，从事转售旅行社产品，具有法人资格的经济组织或个人。根据旅游中间商的业务方式，大体上可分为旅游批发商和旅游零售商两大类。根据旅游中间商是否拥有所有权，又可将其划分为旅游经销商和旅游代理商，而旅游批发商和旅游零售商都属于经销商。

1. 旅游经销商

旅游经销商是指将旅游产品买进以后再卖出(即拥有产品所有权)的旅游中间商，他们的利润来自旅游产品购进价与销出价之间的差额。其又分为以下两大类。

(1) 旅游批发商。

旅游批发商是指从事批发业务的旅游中间商，他们一般不直接服务于最终消费者。旅游批发商通过大量订购旅游交通、景点、饭店等旅行社的单项产品，将这些产品编排成不同时间、不同价格的包价旅游线路，然后再批发给旅游零售商，最终出售给旅游消费者。目前，国内的旅行社都尝试"旅游批发"这种新的经营模式。一般来说，旅游批发商的经营范围可宽可窄，有的旅游批发商可在全国甚至在海外通过设置办事处或建立合资企业、独资企业等形式进行大众化产品的促销工作，或者广泛经营旅游热点地区的包价旅游产品；有的旅游批发商也可在特定的目标市场中只经营一些特定的旅游产品，如专项体育活动、专项节日活动等产品；有的旅游批发商则可以通过某一交通运输工具组织包价旅游，如我国的长江三峡豪华游艇包价旅游、汽车穿越塔克拉玛干沙漠包价旅游等。

(2) 旅游零售商。

旅游零售商是指那些直接面向广大游客从事旅游产品零售业务的旅游中间商。旅游零售商主要向游客宣传与销售最终的整体旅游产品，是当前世界上旅游产品销售渠道的主要形式。旅游零售商承担着游客决策顾问与产品推销员的双重角色。为适应旅游消费者的多种需求，旅游零售商要熟悉多种旅游产品的优劣、价格和日程安排，要了解和掌握旅游消费者的经济支付水平、生活消费需要和方式等情况，以帮助旅游消费者挑选适宜于其要求的旅游产品。同时，旅游零售商在市场营销活动中应具有较强的沟通能力和应变能力，要与旅游目的地的饭店、餐馆、风景点，以及车船公司、航空公司等旅游接待企业保持良好的联系，能根据旅游市场及旅游消费者的需求变化而相应地调整服务。

2. 旅游代理商

旅游代理商，是指那些只接受旅游产品生产商或供应商的委托，在一定区域内代理销售其产品的旅游中间商，他们的收入来自被代理旅行社所支付的佣金。旅游代理商的零售业务包括为游客提供旅游咨询服务、代客预订、代办旅行票据和证件等。

(二)选择旅游中间商的标准

(1) 应具有良好的旅行社信誉和声誉。

良好的旅行社信誉是旅行社与中间商合作的基础。

(2) 要求目标市场一致。

旅行社在选择旅游中间商时，要关注中间商的目标群体是否与旅行社的目标市场相一致。这就要求旅行社优先选择那些位于旅游客源比较集中的地区或比邻地区。

(3) 应具有较强的销售能力。

销售旅行社产品是旅游中间商的工作核心。衡量旅游中间商的销售能力，旅行社可以通过其经营策略、分销能力、经济实力等方面来考察。

(4) 控制适当的中间商数量与规模。

旅行社在同一地区选择中间商，应数量适当、规模适当。

知识拓展 4-2

谈旅游中间商的选择

目前我国的旅行社广泛采用间接销售策略，这就必然涉及旅游中间商的选择与管理问题。事实上，对于旅游中间商的选择与管理直接决定了旅行社间接销售渠道策略的成败。

在选择旅游中间商之前，旅行社应该首先进行综合分析，明确自己的目标市场，建立销售网络的目标，确定产品的种类、数量和质量，摸清旅游市场需求状况和制定销售渠道策略，在此基础上才能有针对性地选择适合自己需要的旅游中间商。旅行社可以通过有关专业出版物、参加国际旅游博览会、派遣出访团、向潜在的旅游中间商寄发新建资料或通过接团等方式发现中间商，然后对旅游中间商的情况进行详细的调查与分析，待时机成熟时，再向旅游中间商明确表示合作意愿。旅行社对旅游中间商的考察应该从以下两个方面进行。

1. 中间商可能带来的经济效益

毫无疑问，旅行社选择旅游中间商的目的在于扩大销售、增加收益。因此，旅行社应选择成本相对较低、利润相对较高的销售网和中间商。对经济效益的追求要注重风险与利润的对称。一般来说,在利润相同的情况下,风险最小的销售渠道便是最理想的销售渠道。因此,旅行社应该根据自己的经营实力,在利润大小和风险高低之间进行平衡与选择。

2. 中间商的目标群体与旅行社的目标市场的一致性

中间商的目标群体必须与旅行社的目标市场相吻合,而且中间商在地理位置上应该接近旅行社客源较为集中的选择的过程。旅行社在选定中间商后,便可以签订合同,开展业务合作。

(资料来源:http://www.thjql.com/news/177.html.)

情境四　管理旅游中间商

旅行社对旅游中间商的管理,主要通过以下四种途径。

1. 建立旅游中间商档案

旅游中间商档案可包括不同内容,可详细可简单,但都要包括中间商的基本信息。中间商档案信息的积极备案在旅行社与中间商合作过程中起着决定性作用。

2. 旅游中间商的激励

旅行社应不断采取相应的激励措施,最大限度地发挥中间商的销售职能。一般来说,激励方法有正刺激和负刺激两种。正刺激通常有利润刺激、资金支持、信息支持等。

3. 旅游中间商的协调

为保证销售渠道畅通,旅行社应尽量使各中间商结成利益共同体,协调各中间商以合作为主,这样双方所获得的信息和效益才能更大。销售渠道的冲突,会发生在零售商与零售商之间,或者旅行社与批发商,或者批发商与零售商之间。为了将冲突带来的损失降到最低,协调好中间商的经营,旅行社可依据具体情况采取适当措施,通常可采用共同目标法、互相渗透法、责权利法。

4. 旅游中间商的调整

市场变化迅速,经常令旅行社应接不暇。旅行社应当不断调整中间商队伍,通常可采用增减中间商数量、增减销售渠道等手段,以确保销售渠道的畅通。

任务三 促销旅行社产品

任务目标

××旅行社，你作为旅行社销售人员，针对前期设计的旅行社产品，请你制定出一份旅行社产品的促销方案，并完成一份规范完整的旅游促销策划书。

任务实施

请每个小组将任务实施的步骤和结果填写到表 4-4 任务单中。

表 4-4 任务单

小组成员：		指导教师：
任务名称：		模拟地点：
工作岗位分工：		
工作场景： (1) ××旅行社推出一款新产品 (2) 销售人员进行促销 (3) 完成一份完整规范的产品促销策划书		
教学辅助设施	模拟旅行社真实工作环境，配备相关教具	
任务描述	通过对旅行社产品促销工作的开展，让学生认知销售的促销方式	
任务重点	主要考查学生对销售工作的认识	
任务能力分解目标	(1) 销售人员基本素质、技能 (2) 销售人员促销方法的灵活掌握 (3) 销售人员的文案写作 (4) 销售人员策划功底	
任务实施步骤		
任务实施结果		

任务评价考核点

(1) 了解旅行社广告促销、销售促进。

(2) 知晓旅行社人员的促销技巧。
(3) 能够灵活运用促销手段进行旅行社产品销售。
(4) 能够利用公共关系进行产品销售。

任务相关知识点

现代旅行社大都有着复杂的营销沟通系统，其进行产品促销的策略和方法也是多种多样，主要包括人员推销和非人员促销两大类。人员推销是指旅行社销售人员直接接触潜在消费者，面对面地介绍产品，并促进其实现产品销售。非人员促销主要包括广告、销售促进、人员推销、公共关系等。

情境一　旅行社广告促销

广告一词源于拉丁文，原意是"我大喊大叫"。根据美国市场营销学会(AMA)的解释，广告是指由某一主办者就其知识产品、实物产品和服务通过任何付款方式以非人员接触形式向目标受众开展的推介和宣传活动。而在旅游产品营销中，广告是指旅游企业为达到影响大众、促进本企业旅游产品销售的目的，通过媒体以付费方式向旅游者提供相关信息的宣传形式。旅游广告具有传播面广、间接传播、强烈的表现力和吸引力等特点。

广告策划及其实施主要包括 5 个方面，如图 4-5 所示。

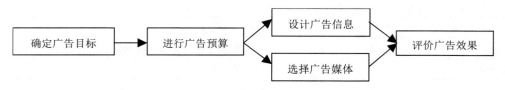

图 4-5　广告策划及实施过程

(一)确定广告目标

实施广告策略，首先要确定广告目标。广告目标是指企业通过广告要达到的目的。例如，产品销售提高 10%、产品知名度提高 20%、市场份额达到 50%等。广告目标的实质就是要在特定的时间内对特定的受众完成特定内容的沟通。旅游企业的广告目标取决于企业所在的发展阶段和整体营销目标。一般来说，具体分为以下三种基本类型。

1. 宣传型

宣传型广告是指旅游企业通过广告活动向目标对象提供各种旅游产品信息，如旅游产品的类型、各类产品的特色、价格等。其主要应用于旅游产品市场开拓的起步阶段，主要介绍新旅游服务项目，有利于激发潜在消费者的初步需求和树立良好的市场形象。此外，通过宣传型广告，企业还可以向市场介绍一项老产品的新用途，介绍产品的变化和可以提供的服务，说明产品的性能和功效。

2. 说服型

说服型广告主要用于旅游产品的成长期。此时，消费者对某一产品有需求，但还没形成品牌偏好，可在不同品牌中进行选择。因此说服型广告主要突出本企业产品的特色、与竞争者的产品之间的差异等，目的在于建立本企业的品牌偏好，改变消费者对本企业产品的态度，鼓励消费者放弃竞争者的产品进而购买本企业的产品。

3. 提示型

提示型广告主要是为了随时提醒消费者旅游产品的存在性及优势，保持旅游产品的知名度和吸引力。实践证明，提示型广告不但可以提醒旅游消费者及时购买旅游产品，还能够大大缩短旅游者重复购买旅游产品的间隔时间。

(二)进行广告预算

为了实现成本与效果的最佳结合，以较低的广告成本达到预期的广告目标，旅游企业必须进行合理的广告预算，即投放广告活动的费用计划，它规定了各种经费额度和使用范围等。具体分为以下四种方法。

1. 量力而行法

量力而行法是指根据旅游企业财务的承受能力来决定企业广告预算的方法。这种方法简便易行，但是容易造成广告费用和真正需要的费用脱节，从而导致广告计划难以执行，无法实现预期的广告目标。相对来说，这种方法较适宜于小型企业的广告及临时的广告开支。

2. 销售百分比法

销售百分比法是指把某一销售额(当期、预期或平均值)的一定百分比作为广告预算，或者是将其设定为销售价格的百分比。这种方法使广告费用与销售收入挂钩，简便易行，但是这种方法颠倒了二者之间的关系，忽视了广告促销对销售收入的正效应。同时，使用这一方法，需要根据本企业历史经验和数据、行业一般水平等来确定这个百分比，没有充分考虑未来市场的变化。

3. 目标任务法

目标任务法是指根据为实现广告目标所必须完成的任务及为完成这些任务所需要的费

用来决定广告预算。目标任务法具有较强的科学性,注重广告效果,使预算能满足实际需求。但是用该方法确定各费用带有一定的主观性,且预算不易控制。

4. 竞争平衡法

竞争平衡法是指参照竞争对手的广告费来确定能与其抗衡的广告费用。把竞争对手的广告费用考虑进来,有利于与竞争对手在同一平台上对话,保持在广告促销中处于平等或优势地位,但是这种方法过于关注费用支出竞争,忽视了竞争者广告费用的不合理性及与竞争者之间的差异。因此,使用竞争平衡法时应考虑企业自身的实力及与竞争者之间的差别,不能盲目攀比。

(三)设计广告信息

广告信息设计是广告策略实施的第三步,也是广告决策的核心。广告能否达到预期效果和目标,取决于广告信息设计得是否有创意,是否对消费者有吸引力和感染力。因此设计的广告信息应达到以下四种要求。

1. 有创意

作为广告,只有其信息内容和表现形式具有创意,才容易吸引大众的眼球。然而,企业也应注意到,广告创意的价值最终在于能刺激销售,不能为了创意本身而追求创意。

案例4-4 见右侧二维码。

案例4-4

2. 主题突出、鲜明

广告主题是广告的灵魂所在,是广告要表达的基本内容。这个主题必须反映出该产品的独特优势,有利于旅游产品在市场上的定位。只有这样,消费者才能在接触广告之后,理解这则广告在向他们传递什么信息,以及他们可以做什么或得到什么服务。

3. 措辞易于记忆和传播

一般来说,语句简洁、言简意赅的广告词才容易给目标消费者留下印象,便于消费者记忆并传播。例如,北京市的"东方古都、长城故乡",浙江的"诗画江南,山水浙江",山东的"齐鲁神韵,山水豪情",江西的"红色摇篮,绿色家园"等都比较简洁,且以本地的资源为主,游客能够记住,并印象深刻。

4. 内容具可信性

目前市场上的广告多得使消费者目不暇接,当然也有不少消费者怀疑部分广告的真实性。因此,只有广告内容是真实的,才能获得消费者的信任,达到扩大企业产品销售的目的。如果广告内容失真,欺骗消费者,这不仅损害了消费者的利益,同时也会影响企业的名誉，甚至使企业受到法律的制裁。

要达到上述要求，可以从旅游广告信息制作、选择和评价、如何表达三个环节来严格控制。旅游企业向市场提供的产品可能具备多方面的特征，应对这些特征加以分辨，选出最具代表性和传播价值的特性制作成可选择的广告信息方案。对多种信息方案进行选择时，可以从信息的吸引力、可信度来判断，广告信息的表达是对各种广告形式的综合运用，既要达到标新立异、吸引消费者的效果，又要尽量避免广告主题被新奇形式掩盖而喧宾夺主，如图4-11所示。

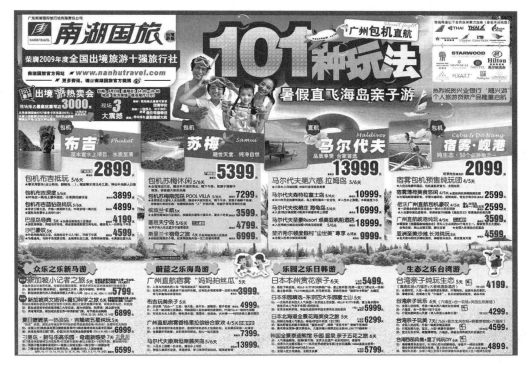

图4-11 南湖国旅海岛游广告

(四)选择广告媒体

选择广告媒体实质上就是寻找最佳媒介来传递广告信息，从而实现广告目标。旅游广告媒体可以分为两大类：一类是付费租用的大众传播媒体，主要包括电视、报纸、杂志、广播、户外广告、直邮广告等；另一类是广告主自己购买制作的媒体，包括各种自办宣传品、宣传物。各种媒体都有其优缺点，主要广告媒体的特点如表4-5所示。

选择广告媒体时主要是从目标受众的视听习惯、媒体本身的特点、旅游产品的特点、广告信息的特点、广告费用水平、覆盖区域等方面进行综合考虑。

表 4-5 广告媒体的优缺点对比

媒体类型	优 点	缺 点
电视	覆盖面大，有声有色，富有感染力	制作难度大，成本较高，播出时间短
报纸	容量大，时效性强，可重复阅读	缺乏视觉和听觉冲击，覆盖面比电视小
杂志	与报纸相同，专业程度高，针对性较强	发行量比报纸小，影响面较窄
广播	信息传播迅速，时效性强，成本低	只有声音，不如电视引人入胜，记忆起来较为困难
户外广告	灵活、醒目、展示时间长	信息接收对象选择性较差，覆盖面有一定的局限性
直邮广告	目标受众针对性强，说服力强，灵活	相对成本较高
网络	灵活及时，便于更新和补充；覆盖范围广；多媒体的信息发布，易于复制，费用较低，并能与网络预订结合	对目标受众缺乏选择；可信度受影响；被动的等待搜索；受计算机和网络普及程度的影响
交通	可充分利用各类交通工具和场所	造价较高，覆盖面有局限性

(五)评价广告效果

广告效果评价是广告促销整体管理中不可缺少的重要组成部分。它不仅能够衡量广告投入是否达到了预期的效益，还为下一步的广告策划提供了改进的依据。广告效果评价主要分为以下两个方面。

1. 广告传播效果评价

广告传播效果是指广告信息传播的广度、深度、对消费者的认知和偏好所产生的影响程度，主要表现为受众对广告信息的接触范围、理解和记忆程度等。

(1) 接触度评价。

受众对广告的接触情况表现为对音像广告的视听情况和书面广告的阅读情况。例如，电视广播广告的视听率、报纸杂志的阅读率、网络广告的点击率等。

(2) 理解度评价。

这主要是测定接触过广告的受众对广告信息的认知、理解情况。例如，受众对广告信息的个人观点、联想和看过广告后对产品的评价等。

(3) 记忆度评价。

记忆度主要是指受众对接触过的广告信息的印象深刻程度，记住了多少主要信息，可以采用让受众回顾广告用语、回想广告表现手法、复述广告内容等方法来进行评价。

2. 广告销售效果评价

广告销售效果不等于广告传播效果。通过广告提高了产品的知名度，不一定能提高产品的销售量。因此越来越多的企业开始注重对广告销售效果评价，即广告发布后在相关市场上企业产品的销售变化情况。由于除广告之外产品销售量还受到价格、竞争状况等多种因素的影响，准确测定广告销售效果较为困难。下面两个公式可以作为衡量广告销售效果的参考。

广告销售效果=销售量增加额÷广告费用增加额×100%

广告效果销售比率=销售量增加率÷广告费用增加率×100%

情境二　旅行社销售促进

销售促进的方式多种多样，主要有针对旅游者的销售促进、针对旅游中间商的销售促进、针对销售人员的销售促进三大类。每个企业可以根据促销目标、目标市场的类型、市场环境，以及各种方式的特点等因素来选择适合的方式。

1. 针对旅游者的销售促进

针对旅游者的销售促进主要作用包括鼓励老顾客继续消费、促进新顾客消费、培养竞争对手顾客对本企业的偏爱等。其具体方式表现如下。

1) 样品试用

样品试用是指为顾客提供一定数量的样品供他们免费试用，以使他们在购买之前实际感受产品的性质、特点、用途，从而坚定他们的购买信心。

2) 优惠券

优惠券是指在购买某种商品时，持券可以减免一定的金额，或者购买商品后赠送一些其他产品的优惠券。如图 4-12 所示，登录广之旅易起行官网，你可根据你的消费记录，查阅你的旅游积分卡的积分，根据积分规则，换取各种礼品券或者优惠券、现金券。

3) 赠送

旅游企业通过赠送旅游纪念品的方法进行促进销售。例如，旅行社赠送顾客旅行包、太阳帽等。

案例 4-5 见右侧二维码。

案例 4-5

4) 购物抽奖

这一般是对购买特定商品或购买总额达到一定限度的消费者所给予的奖励，可以是一次性的，也可以是连续的。一次性抽奖是为了在一定时间内销售完某种产品，产品售完即停止奖励。连续抽奖是为了刺激顾客在较长时间内购买这种产品，如连续抽奖，各期奖品可以成为一整套。

图 4-12　广之旅易起行官网的旅游积分卡兑换栏目

5) 组合展销

旅游企业将一些能显示企业优势和特征的产品集中展示，边展示边销售，如图 4-13 所示。

图 4-13　南湖国旅(左)、同程旅游(右)在广州白云宾馆进行暑期产品展销

2. 针对旅游中间商的销售促进

为鼓励旅游中间商大批量购买，动员所有旅游中间商积极购存或推销某些旅游产品。其具体方式如下。

1) 促销合作

在旅游中间商中开展促销活动时，企业提供一定的帮助和协作，共同参与促销活动。促销合作既可以通过提供现金，也可以通过提供实物或劳务的方式实现。

2) 批发回扣

为鼓励中间商多采购或经销自己的产品，旅游企业可以根据其经销的产品的比例给予一定的回扣，经销越多，回扣越多。

3) 销售竞赛

根据中间商经销本企业产品的业绩，为业绩突出者提供一定的奖励或优惠条件。

3. 针对销售人员的销售促进

针对销售人员的销售促进主要有分提销售额、推销竞赛、以销定奖等，目的是鼓励他们销售产品的热情，促使他们积极开拓新市场。

情境三　旅行社人员推销

旅行社人员推销是最古老的一种传统促销方式，同时也是现代旅游企业中最常用、最直接、最有效的一种促销方式。在一些传统行业，销售人员面向最终消费者开展的是上门推销或电话推销活动。但是在旅游业，由于销售人员对散客进行上门或电话推销不会带来理想的收益，旅行社销售人员所针对的对象大多数是团体购买者或是批量购买者，主要方式有营业推销、会议推销和派员推销。

1. 营业推销

营业推销是指旅游企业各个环节的从业人员在接待旅游消费者或潜在消费者的过程中销售产品的推销方式。可以说，旅游企业的所有人员都可以是推销员，他们依靠良好的服务接待技巧，不失时机地向消费者或潜在消费者推销本企业的产品和服务，使其购买。

2. 会议推销

会议推销是指旅游企业利用各种会议介绍宣传本企业旅游产品的一种推销方式。例如，销售人员可以参加各类旅游订货会、旅游交易会、旅游博览会、旅游年会，地区或全国性的销售会议等。很显然，这些会议活动的参加人员都有可能成为本企业的潜在顾客。通过这种形式进行推销接触到的目标客户较多，能进行较集中的宣传和促销，省时省力，不仅有机会吸引到更多的顾客，而且有利于扩大企业的影响，如图4-14所示。

3. 派员推销

派员推销通常是指在选定目标客户的基础上，通过面对面地向客户推介本企业的产品或服务，直接与客户开展交易谈判，争取客户选择使用本企业的产品或服务。在实际工作中，销售人员对客户进行拜访的直接目的因具体情况而异，主要包括进一步证实客户的资质、了解该客户的服务需求，达成交易等。

旅行社经营管理实务

图 4-14 2017 年广州琶洲旅游节 南湖国旅官网的宣传之一

旅游销售人员在开展人员推销过程中普遍会涉及以下几个阶段：一是寻找和发现顾客；二是做好推销准备工作；三是设法接近顾客，引起顾客的注意；四是开始推销面谈，介绍产品或服务；五是如果顾客就产品或服务相关的问题提出异议，应尽可能地处理好；六是当顾客有成交意向时，应主动提出请求，促使其购买。到此销售工作算是告一段落，但是还需做好成交后的工作，如售后服务等。

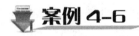 **案例 4-6**

呼和浩特文化旅游推介会在广州举行

2019 年 6 月 25—28 日，呼和浩特市文旅广局将带领文化旅游企业、带着呼和浩特市特色景区、旅行线路，走出草原，去到广州、珠海、深圳，针对三地暑期进行旅游文化推介，大力宣传呼和浩特市文化旅游资源，提升呼和浩特市的知名度和影响力。

据介绍，本次旅游推介活动首站于 6 月 25 日在广州举行推介会、路演活动，6 月 27 日在珠海举行推介会，6 月 28 日在深圳举行推介会。届时，大型实景特色表演、青城特色食品品鉴、草原优秀企业产品推介、内蒙古秀丽景色、旅游线路推介、招商项目推介，精彩纷呈。

推介会采取歌舞表演、现场抽奖、重点旅游景区推荐、呼广两地旅行商签约的形式，全方位展示"塞外草原 四季青城"呼和浩特的旅游产品和旅游线路。来自呼和浩特的相关旅游企业，云集于此，用琳琅满目的休闲旅游产品，为呼和浩特定制了暑期特色旅游线路。同时，内蒙古昭君文化旅游区，内蒙古神泉生态旅游区，黄花沟草原旅游区，大型实景民族表演《千古马颂》也在会上进行了推介。

呼和浩特文化旅游广电局相关负责人表示，希望通过此次推介会，与广州建立更多的旅游文化关系，大力宣传呼和浩特文化旅游资源，提升呼和浩特的知名度和影响力。

(资料来源：http://www.gd.xinhuanet.com/newscenter/2019-06/26/c_1124673890.html.)

情境四　公共关系促销

旅游公共关系是一种可信度较高的信息沟通方式。企业常用的公关工具主要有以下几种。

1. 新闻报道

新闻报道是指将有新闻价值的企业活动信息或产品信息通过新闻媒体向公众传递。新闻报道通常是客观描述事实，并以新闻工作者的风格来阐述，同时力争使其新闻价值最大化，以产生有利于企业的公众效应。企业公关部门还可将企业的发展史、营销状况、重大发展动向、企业文化建设等内容写成新闻稿件，通过新闻媒体报道出去。此外，企业还以邀请新闻记者来企业参观、召开新闻发布会和记者招待会等形式，向外界报道企业的情况，让社会公众多了解企业，以收到良好的宣传效果，如图4-15所示。

图4-15　广之旅新闻发言人在2018年广州旅展现场，接受新浪广东专访

案例 4-7

同程艺龙+包图网跨界组CP，上线年度旅行摄影大赛

2019年7月5日，由中国领先休闲旅游在线服务商同程艺龙与中国人气优质创意内容供给平台包图网联合举办的旅行摄影大赛正式启动。本次大赛是包图网年度第三个主题大赛。本次大赛主题为"定格瞬间　雕刻时光"，围绕旅行摄影，以挖掘旅途中的风景、建筑及人文内容为主旨，赋予"旅行"更为丰富的内涵。

本次"定格瞬间 雕刻时光"旅行摄影大赛，作品征集期为 2019 年 7 月 2 日—8 月 31 日，登录包图网官网首页活动页上传参赛作品，即有机会获得万元现金奖励。同时，特等奖获得者将有机会成为同程签约验客达人体验全球免费旅行。

(资料来源：https://news.hexun.com/2019-07-05/197753612.html，有删减)

2. 演讲策划

演讲策划是指由企业领导人通过一定渠道或活动发表演讲，介绍企业的相关情况，以及企业回报社会和消费者的实际行动，以提高社会公众对企业的关注。

案例 4-8

美丽湾区 见证荣耀！2017 广东旅游总评榜颁奖盛典隆重举行

2018 年 1 月 24 日，由广州日报主办的 2017 中国·广东旅游总评榜暨"粤港澳美丽大湾区"旅游巡礼颁奖典礼在广州 W 酒店盛大举行。这是一场盘点 2017 年广东旅游业界风云的盛会，也是一个集中展现广东旅游风采的平台。在颁奖典礼现场，云集了旅游业界的精英人士，大家共襄盛举，收获累累硕果，共同感受这份荣耀！本次颁奖典礼共同时颁布两大重磅奖项，包括 2017 年度"中国·广东旅游总评榜"及"粤港澳美丽大湾区"旅游大奖。部分奖项如表 4-6 所示。

表 4-6　2017 年度"中国·广东旅游总评榜"及"粤港澳美丽大湾区"旅游大奖　部分奖项

特色联游线路	年度最受欢迎旅行社
广州广之旅国际旅行社股份有限公司	广东南湖国际旅行社股份有限公司
广东南湖国际旅行社股份有限公司	广州广之旅国际旅行社股份有限公司
广州市金马国际旅行社有限公司	广州市金马国际旅行社有限公司
广东省中国旅行社股份有限公司	广州市假日通国际旅行社有限公司
广州市假日通国际旅行社有限公司	广东省中国旅行社股份有限公司
	广东铁青国际旅行社有限责任公司
	佛山市南海中旅假日国际旅行社有限公司
	佛山市中旅国际旅行社有限公司
	佛山市禅之旅国际旅行社有限公司
	佛山顺德区太子国际旅行社有限公司

(资料来源：http://www.sohu.com/a/218825889_169594 有删减)

3. 公益赞助和捐赠

企业可以赞助教育、环保、健康等公益事业，或者给发生灾害的地区和人们进行捐赠。

一方面这些赞助和捐赠活动表现了企业高度的社会责任感;另一方面,公众通过这些活动,对企业增加了认知,产生对企业的好感,从而树立企业良好的公众形象,促进企业产品销售等。例如,案例4-9中的万达,为了贵州小镇丹寨的发展,创新企业扶贫模式,在全球推广选拔"轮值镇长",现在已经有75任镇长在此任职,并持续更新中。这样的话,对企业、对旅游地都是一种较为有效的促销方式。

案例 4-9

丹寨万达旅游小镇全球招募"轮值镇长"

"轮值镇长"活动介绍

为扩大丹寨万达旅游小镇影响力,面向全球公开征集丹寨小镇"轮值镇长"(见图 4-16)。作为小镇的推广大使,将在小镇施政一周,将设立镇长接待日,镇长履职期间将采用直播方式对外传播。小镇设有专门办公室,配备一位镇长助理,每位镇长施政期间必须做一件对丹寨小镇或丹寨县有意义的事,由镇长自己策划。

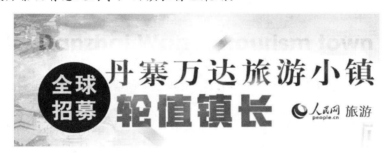

图 4-16 丹寨万达旅游小镇全球招募"轮值镇长"

(资料来源:http://house.people.com.cn/GB/412950/有删减)

4. 事件赞助

企业还可以通过赞助国内外有价值的事件实现新闻覆盖率,同时这些事件也有助于提高企业品牌的知名度。例如,赞助一些体育、音乐、艺术活动、学术竞赛、智力竞赛等。江南旅行社 2017 年赞助柏林口腔开展"柏林口腔暑期歪牙圆梦记",卢森堡欧亚国际旅行社 2016 年赞助华人春节活动,天马世界旅行社联合北京创志睿远文明传达有限公司 2017 年推出话剧《有种爱情叫浮云》,旨在推广旅行目的地及旅行社形象。这些事件赞助都大大提高了相关旅行社的知名度和美誉度。

案例 4-10 见右侧二维码。

案例 4-10

情境五　APP(手机移动客户端)促销

随着智能手机的普及，如今走到大街上，会发现几乎每个人至少都会有一部智能手机。这样的市场环境推动了移动互联网的蓬勃发展，手机应用的便捷性，以飞快的速度融入人们的生活和工作中。于是关于手机 APP 的热潮是一波接着一波地涌来。因此越来越多的商家和企业开始注意到手机 APP，或者已经开始利用手机 APP 进行营销和促销活动。

只要不是用户主动删除，APP 就会一直待在用户的手机里头，并且可以抢占用户的零散时间进行营销活动。如图 4-17 所示，同程旅游、马蜂窝等都拥有自己的 APP，南湖国旅有自己的公众号，广之旅推出"易起行"首个传统旅行社电商平台 APP，提供出境游、国内游、周边游、自由行、酒店门票查询预订等一站式服务。

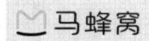

图 4-17　各 APP 标识从左到右分别是易起行、同程旅游、携程、马蜂窝

案例 4-11

同程旅游，一元门票；APP 持续引爆暑假

自 2014 年 7 月 23 日，同程旅游 APP 正式启动"1 元玩景点，百元游世界"暑期大型促销活动以来，2015 年，2016 年，2017 年，2018 年一元门票活动一直持续更新。这样的促销活动，对于抓住消费者，提高消费者的复购率，有很好的效果。

2014 年，暑促第一天，全线特惠抢购活动开始时间为 10:00，结束时间为 23:59，其间每个整点都有特惠抢购活动推出，特惠产品包含 9 元的五星酒店、10 元周末游套餐(五星酒店+两张门票)、20 元厦门自由行、90 元游马代等。据同程旅游官方消息，"7·23"大促共完成销售额 4.13 亿元。

据了解，同程旅游 2014 年暑期大促的主题为"1 元玩景点，百元游世界"，总投入 5 亿元，涵盖景点门票、自助游套餐、出境游和邮轮等产品。数日前，同程旅游宣布追加 2.5 亿元预算暑期加推 2000 场"1 元门票"活动，确保在整个暑期每天都会有 30～40 个 1 元景区推出。"1 元门票"是由同程旅游率先在移动端 APP 推出的全国景点门票大型特惠活动，从 2018 年年初至今已累计举办了近千场，均为不限量优惠。本次暑期大促是在"1 元门票"

活动的基础上加上自助游套餐、出境游和邮轮特价限时抢购活动，首创从"1元玩景点"到"百元游世界"的旅游大促新玩法。同程旅游CEO吴志祥表示，将瞄准中国在线旅游4000亿元的市场，不断拓展无线研发和无线市场，一定要在半年内进入在线旅游无线前三甲，为了这一目标，将不惜花光刚刚获得的全部20亿资金。

自2018年7月5日起，同程旅游正式启动2018年度暑期大促，以"爽一夏，1元嗨翻天"为主题，面向广大消费者推出一系列精品旅游产品和年度劲爆优惠，倾情让利给新老用户。产品覆盖了出境、国内长线、邮轮、周边跟团和海岛、海滨等热门目的地，精品跟团游、畅享自由行及专业定制游，用户灵活选择出游方式。本次大促活动将一直持续至8月31日。

活动仍会继续。

(资料来源：https://www.sohu.com/a/239609532_100148835 有改动)

任务四　旅行社门市销售

任务目标

××旅行社，你作为旅行社门店的店长，请你制定出一份旅行社门市销售业务流程图并分析门市销售人员应具备的素质。

任务实施

请每个小组将任务实施的步骤和结果填写到表4-7任务单中。

表4-7　任务单

小组成员：		指导教师：	
任务名称：		模拟地点：	
工作岗位分工：			
工作场景： (1) ××旅行社门店店长 (2) 拟定门市销售业务流程图 (3) 分析旅行社门市业务的主要接待类型			
教学辅助设施	模拟旅行社真实工作环境，配备相关教具		
任务描述	通过对旅行社门市销售工作的展开，让学生认知门店的销售业务		

续表

任务重点	主要考查学生对门市销售工作的认识
任务能力分解目标	(1) 门市销售人员的基本素质 (2) 门市销售人员的岗位职责 (3) 门市销售人员的基本技能 (4) 门市销售人员的基本礼仪
任务实施步骤	
任务实施结果	

任务评价考核点

(1) 了解旅行社门市销售人员的岗位职责、业务流程。
(2) 认知旅行社门市人员所应具备的基本素质、接待技巧。
(3) 能够进行旅行社门市部的销售操作。
(4) 门市部销售人员在工作中，能够灵活运用对客服务礼仪进行接待工作。

任务相关知识点

门市是旅行社的第一线。门市是旅游者与旅行社第一次面对面"亲密接触"的地方，是旅行社给旅游者留下"第一印象"的地方。旅行社留给旅游者的印象是款款而来的"林中月下美人"，还是"效颦的东施"，都会通过门市工作人员的一言一行、一举一动表现出来。旅行社做好门市销售接待工作对整个旅行社的经营具有重要意义。旅行社门市好的销售接待，能够展现出新的门市面貌，提升门市业绩，使旅行社赢得市场占有率，为旅行社带来巨大的利润。

情境一 制定旅行社门市销售业务流程

对于旅行社门市而言，标准化、规范化的对客服务是其成熟的标志；只有把标准化、规范化的对客服务做好了，门市才能进一步追求个性化服务。在不同的旅行社门市中，门市接待人员的工作职责是大同小异的，旅行社的门市销售流程和步骤也大致相同。以下是比较标准的、规范的旅行社门市的销售流程。

(一)掌握本社所有旅游产品的最新报价及具体内容

例如在同程旅游门店，有客人问及出境，预算价格在 5000 元左右，前台销售应该立即能够推荐合适的产品，如日本大阪 5 日 4 晚，或者塞班岛 4 晚 5 日，迪拜阿布扎比 4 晚 5 日等众多产品。这些产品的具体信息都可以在同程旅游小程序中查看。

(二)接听咨询电话，耐心回答游客咨询

当有电话铃响起，前台销售应该认真回答客人的问题。不能以客人问的线路长短或者赚得多少来决定你的服务态度。

(三)进门问候，接待上门游客，提供茶水，产品报价及相关宣传

旅游咨询者走进门市后，门市的前台服务人员应当转向旅游者，用和蔼的眼神和亲切的微笑表示关注和欢迎，注目礼的距离以五步为宜；在距离三步的时候就要面带微笑，并且热情地向咨询者问候"您好，欢迎光临，请问有什么可以帮到您？"合适的话可以将客人引导至洽谈区休息面谈，并送上茶水，深入畅聊。

(四)及时沟通，鉴貌辨色，主动了解旅游咨询者的需求

当旅游咨询者进门后，若没有走到旅游线路陈列架，而是直接走向旅游咨询柜台时，前台工作人员应当微笑示意，并用手势敬请旅游咨询者坐下，并问候"您好，请问有什么可以帮到您？"此时，旅游咨询者一般都会把自己的需求告诉接待员，向接待员咨询自己意愿的旅游产品；如果咨询者还没确定自己的旅游线路和选择时，接待人员应当主动了解咨询者的意愿或者想法，如图 4-18 和图 4-19 所示。

图 4-18 旅行社门市接待图 1

图 4-19 旅行社门市接待图 2

如果咨询者进门后，先是走到了旅游线路陈列架时，接待人员的做法则要有所不同。此时，门市接待人员要随时注意找机会同咨询者接触搭话。接触搭话就是主动接近顾客，

并和善地与顾客打招呼。打招呼的最佳时机是在顾客由发现商品到观察了解之间。若搭话过早会引起顾客的戒心，甚至由于不好意思而离开柜台。

(五)展示旅游线路，引导顾客关注APP，激发游客兴趣

当顾客明确表示自己对某种旅游产品感兴趣时，接待员应立即取出该产品的宣传资料，或者打开手机APP，寻找相关线路，递给旅游咨询者，以促进其产生联想，刺激其消费欲望。接待员与咨询者搭话以后，应尽快出示相关旅游资料，使咨询者有事可做，有东西可看，以引起其兴趣，如图4-20所示是广之旅和同程旅游的一份旅游宣传资料。

图4-20 广之旅(左)和同程旅游(右)的旅游宣传资料

知识拓展4-3

向旅游咨询者出示旅游产品的方法

出示旅游产品时，有以下五种方法可以选择运用。

(1) 示范法。示范法是指旅游产品的展示。例如，可以让旅游咨询者了解中意的旅游线路行程、该线路的特色、精美图片等，这是进一步激发旅游咨询者的兴趣，打消他们疑虑的好方法。

(2) 感知法。感知法是指尽可能让旅游咨询者想象、感受、体验旅游产品。例如，通过其他人的评论，像网上论坛对该线路的评论，让咨询者实际感知旅游产品的优点，以进一步打消他们的疑虑和犹豫，根据从众心理，绝大部分游客说好的、值得去的地方，一般来说，咨询者也会认为是好的、值得去的。

(3) 多种类出示法。当旅游者还没确定购买哪种旅游产品时,咨询者应根据咨询者的要求,向其推荐或者建议相关的旅游产品。门市接待员可以出示几种行程相似或者价格相近的旅游产品供其选择,但并不是出示的旅游产品越多越好。

(4) 逐级出示法。逐级出示法是指在咨询者可能接受的价格段位上,先出示价格低的旅游线路,再出示高档旅游线路的方法。这种方法不仅适合那些想购买物美价廉商品的顾客心理,也会使想购买高档商品的顾客产生优越感。当然,对有求名动机的顾客,若从较低价位开始出示,也会令其产生反感,最终失去销售机会,这种方法要慎用。

(5) 关注 APP 法。在咨询者还在犹豫或者只是单纯想了解一些旅游产品时,可以推荐游客关注旅行社 APP,有产品更新或者优惠信息会在 APP 上展示,顾客可以随时关注并微信联系销售人员,确保信息沟通顺畅,及时解答客人的疑问。

(六)旅游产品说明,解答旅游咨询者的相关疑问

出示旅游产品的同时应向顾客提供旅游产品的有用信息。门市接待人员应当相对客观地说明和介绍旅游产品的一些卖点或者特色、线路的行程、住宿酒店标准、所坐的交通工具等。具体可参考以下两方面。

1. 参谋推荐

根据顾客的情况,在顾客比较判断的阶段刺激顾客购物欲望,促成其购买。一般分为以下三个步骤。

(1) 列举旅游产品的一些特点。
(2) 确定能满足顾客需要的特点。
(3) 向顾客说明,购买此种商品所能获得的利益和享受。这就是将旅游产品的特征转化为顾客所向往、所理解、所需要的东西,即顾客利益和享受的过程。

2. 促进顾客信任

促进顾客信任是指抓住促使顾客对欲购旅游产品的信任,坚定顾客的购买决心的步骤。促进信任的机会有以下几种。

(1) 顾客对购买旅游产品的提问结束时。
(2) 当顾客默默无言独自思考时。
(3) 当顾客反复询问某个问题时。
(4) 当顾客的谈话涉及旅游产品的售后服务时。

门市接待员在把握这四个机会时不应在一旁默默等待,而应把握机会坚定顾客的购买决心,消除其疑问,建议其购买。应注意的是,接待员建议顾客购买绝不等同于催促顾客购买。门市接待员若不断催促顾客购买,可能会引起顾客的反感。但是一味等待也会失去

销售机会。因此接待员只能用平缓的语调建议顾客购买。

案例分析 4-2

旅行社门市的体验营销

先来比较两个旅行社门市接待案例。案例中，A表示接待人员；B表示顾客。

案例1

A：您好，欢迎光临，请问您要旅游吗？(B可能会想：来看看不行吗？)

B：啊？是的，有什么好的线路吗？

A：西藏旅游近期非常火爆，您不妨试试。(太主观了，根本不了解游客需求和旅游预算。)

B：西藏旅游太贵了，我可没有那么多钱。

A：那去北京吧，伟大的首都，价格便宜。(被动应付游客心理变化，不了解游客消费偏好。)

B：北京没什么好看的，我都去了好几次了。

A：北京市确实没什么好看的。那么香港、澳门游怎么样？价格适中又是新线路。(让游客牵着鼻子走，游客一变，自己马上就否定了自己的线路产品。到现在都没搞清楚B先生是一人出游，还是家庭集体出游。)

B：那里多热啊，人多又拥挤，孩子受不了。

A：还有小朋友呀，那您不妨去胶东半岛，还可以去青岛看海底世界，小朋友都喜欢。(绕了一圈又回到家门口。)

B：青岛这么近，完全可以自己去，如果要去，也没必要找你们旅行社呀。我还是到其他地方看看吧。

A：……(无言以对，失去了潜在顾客。)

案例2

A：您好，欢迎光临，请问我可以为您做点什么？(温文尔雅，又不硬性推销。)

B：我想趁暑假出去旅游，放松一下。

A：您是和您的家里人一起去享受快乐的假期吧？(委婉地了解出游人数。)

B：对，我们三口人一块去。

A：看起来先生一家经常外出旅游。都去过哪些地方呢？(了解游客的旅游经历。)

B：本省我们都已经去遍了，另外还去过北京、上海等许多国内的大城市。现在我对都市旅游已经不太感兴趣了。

A：现在是夏天，天气炎热。去亲近山水是个不错的选择，您说呢？就像我们这个门市布置得一样,清凉舒畅。(有针对性地试探游客的旅游偏好,并充分利用门市为夏季促销而特别进行的布置。)

B:有道理。

A:那您看,我们这里有几条适合夏季旅游的线路,距离较远的有四川九寨沟、湖南张家界等线路;距离较近的有河南云台山、浙江千岛湖等。价钱适中,行程也都比较轻松,适合家人一起出游。您可以具体了解一下这几条线路的具体情况,这里有线路介绍的小册子和精美的图片。(有针对性地提供不同选择,及时为游客提供直观的资料、图片,便于游客决策。)

B:那河南云台山怎么样?

A:非常漂亮,而且是消夏避暑的好选择。这里有我们的旅游团队在云台山旅游的录像资料,我给您播放一下。(在较简单直观的图片等资料的基础上,对有强烈意向的潜在游客播放时间更长、效果更直观的录像,推动其做出正确选择。)

B:真的非常漂亮。

A:您还可以用这台计算机上网,登录云台山的网址,仔细浏览一下该景点的详细情况。(通过游客上网进行自行浏览,促使其最终做出决策。)

B:没问题,就是云台山了。既清凉避暑,距离又近,还不至于让孩子感觉过分疲惫。(促销成功。)

(资料来源:http://wenku.baidu.com/view/9047be1fa300a6c30c229f36.html.)

思考:为什么案例1没有交易成功,而案例2却能够成功进行交易?

(七)促成交易,留住客人

为了促成旅游产品的交易,门市接待人员可以根据实际情况,选择直接建议、二选一、印证法、化短为长等方法,促成交易 (详见本任务情境三:分析旅行社门市销售技巧)。

(八)签订旅游合同

确定旅游产品后,仔细询问对方的联系方式、人数、时间、行程要求、接待标准,以及其他事宜,并做好记录及时与接待单位确认。如果旅游咨询者做出购买决定后,门市接待人员下一步的工作是与旅游咨询者签订旅游合同。签订旅游合同是为了保护旅游者与旅游经营者合法权益的重要手段。因此,旅游者在出游之前应当与旅游经营者(通常是旅行社)签订书面旅游合同。现在的旅游合同不仅限于书面合同,有些地区还推出了电子合同。

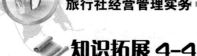

知识拓展 4-4

签订旅游合同的注意事项

在签订旅游合同时要注意以下事项。

1. 确定当事人行为的合法性

在正式签订合同之前,要查看对方的《许可证》《营业执照》,以确定对方行为的合法性。

2. 注意合同内的细节问题

按照《旅行社管理条例》的规定,旅行社与旅游者所签合同中应明确旅游行程、旅游价格和违约责任等基本内容。

(1) 旅游行程。包括乘坐的交通工具、游览的景点、住宿标准、餐饮标准、娱乐标准、购物次数等安排。所乘坐的交通工具特别是客运汽车一项,应就其产地、品牌、型号、有无空调、多少座等内容进行描述。

旅游景点中应明确行程所包括的景点,并明确开始与结束参观时间。

住宿标准中应注意对"标准间"一词的理解,"标准间"一词只在星级饭店里才有具体意义。当住宿旅馆、招待所时,应明确房间内的床位数、有无卫生间、有无电视机、有无电话等设施、设备。

购物一项,应明确购物次数、购物点名称及在每个购物点所逗留的时间。

(2) 旅游价格。应尽可能地细化、明确到各项交通费、各住宿点的食宿费用、景点门票费、导游费等费用。应注意下列项目属游客自理费用,不算做旅游费用:①旅程表中未列项目开支,如在固定旅程外所安排供游客自由参加或游客自行追加的游览项目或节目(含园中园门票),旅程中火车或轮船上的用餐费,各地机场管理建设费及航空人身保险费。②属于游客个人费用,如行李超重(件)托运费、饮料及酒类、洗衣、电话、电报、传真、私人交通费、行程外购物活动费、个人伤病医疗费、自行给予提供个人服务的小费。③未列入旅程中的交通费及相关费用等。

(3) 违约责任。应包含纠纷处理方式、投诉受理机构等。

3. 如果没有合理的原因,不要随意解除合同关系

根据《中华人民共和国合同法》的规定,具有合同关系的双方当事人,任何一方违约,都须承担由此给合同另一方当事人带来的损失。因此旅游者必须树立一个观念,即一旦合同签订,便不但拥有权利,也负有履行合同的相应义务。

(九) 收取费用并清点

签好旅游合同后,门市接待人员需要收取旅游咨询者的费用。收取费用时要清点团费

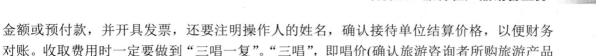

金额或预付款,并开具发票,还要注明操作人的姓名,确认接待单位结算价格,以便财务对账。收取费用时一定要做到"三唱一复"。"三唱",即唱价(确认旅游咨询者所购旅游产品的价格)、"唱收"(确认所收旅游咨询者的现款金额)、"唱付"(确认找给旅游咨询者的余额);"一复",即"复核",确认所售旅游产品与收取费用相符合。

除了收取现金,现在很多旅行社门市也可以提供刷卡付款,如果是刷卡付款,门市服务人员要注意按上正确的金额;如果是普通银行卡刷卡,还需要提醒客人在银行的回执单上签名,签完名后,一份回执单留给客人,另外的门市部自行保留。

(十)做好收尾工作

门市接待人员在为旅游者开好发票、结束销售时,应提醒咨询者旅游出发前的注意事项、什么时间与导游联系,并可以告知咨询者在旅游途中的注意事项,这都能让旅游咨询者体会到门市是真心为他们服务的。咨询者离开时,门市服务人员应主动向其表示感谢,从而使得旅游咨询者对门市甚至是旅行社的整个形象都留下美好回忆。

(十一)资料归档

完成每一个旅游咨询者的报名工作后,门市接待人员需要把该旅游咨询者的相关资料录入计算机归档(有些门市的这项工作也会在报名缴费时完成),以便后面的导游出团工作或者客户服务管理工作需要查询使用。

(十二)售后跟踪与回访

保持与游客的联络,帮助解决游客出发前遇到的各类问题,如有行程变更及时通知游客并做好后续工作。团费、发票及旅游合同及时归档于相关部门。机票款需及时交到门市人员处,及时交接。确保工作顺畅,工作交接有记录。散客回团必须回访,质量跟踪需留档,一个月交到客服部。

(十三)其他注意问题

接听业务咨询电话,一定要听清楚对方的名称、业务联系人、传真、电话、线路要求(人数、线路、景点、住宿标准、用车情况、旅游天数、特别要求)等内容,做好记录方便业务回访跟踪。为提高公司整体的业务量和避免新客户走错门,对于每位来电的客户都要做到随时跟踪,一对一服务,必要时我们提倡上门服务,以便方便游客。及时和市场部沟通,如有推出新线路或特价,第一时间通知,方便客户选择。

总之,门市服务代表整个旅行社的服务,门市服务可以实现产品价值,好的门市服务可以减轻压力、减少投诉,门市的服务和形象也是行业竞争的主要内容。因此,门市接待人员在实际工作中，要不断学习和提高，为旅游咨询者提供优质的服务，以为旅行社带来更大的效益。

情境二　认知旅行社门市销售类型

旅行社门市销售接待，一般分为门市咨询服务的接待和门市线路报名的接待。

(一)旅行社门市咨询服务的接待

旅行社门市咨询服务是旅行社人员向旅游者提供各种与旅游相关的信息和建议的服务。信息和建议的内容有旅游交通、饭店住宿、餐饮设施、旅游景点、各种旅游产品价格、旅行社产品种类等。旅行社门市咨询服务的接待往往可以引导旅游者购买本旅行社的产品，扩大产品销售和经营收入。

旅游咨询服务是旅行社散客部人员向客人提供各种与旅游有关的信息和建议的服务。旅游咨询服务分为电话咨询服务、信函咨询服务和现场咨询服务。

1. 电话咨询服务

电话咨询服务是指旅行社散客部人员通过电话回答客人关于旅行社散客旅游及其他旅游服务方面的问题，并向其推荐本旅行社有关旅游产品的建议。在进行电话咨询服务中，散客部人员应做到尊重客人和主动推荐。

2. 信函咨询服务

信函咨询服务是指旅行社散客部人员以书信形式答复客人提出的有关散客旅游和旅行社旅游产品的各种问题，并提供各种旅游建议的服务方式。信函咨询服务的书面答复应做到语言准确、简练规范、字迹清楚。

3. 现场咨询服务

现场咨询服务是指旅行社散客部所设立的门市柜台人员接待前来进行旅游咨询的客人，回答客人提出的有关散客旅游方面的问题，并向其介绍、建议和推荐本旅行社散客旅游产品的服务。在向客人面对面地提供旅游咨询服务时，门市柜台接待人员应做到热情接待、主动宣传、促其成交。

案例4-12

临汾桥东社区联合旅行社举行"旅游进社区"活动

2016年1月，为向社区居民宣传旅游基本常识，弘扬旅游文化，呼吁文明旅游，传播旅游咨询等相关内容，桥东社区应社区居民需求，经过筛选把关，联合旅行社举行了"旅游进社区"活动。

据了解，此次参与"旅游进社区"的旅行社均由桥东社区严格把关。旅行社不仅向社区居民详细介绍了春节出行的相关细节，而且分享了旅游项目、特色旅游产品和便捷服务。据社区相关负责人介绍："凡是进社区的旅行社，都是经过社区严格考察，居民可以放心选择。这样，不仅为居民提供了便捷服务，而且不少居民也通过旅行社的宣讲，了解了更多的旅游常识。"

此外，桥东社区还携手旅行社共同发起了"文明旅游宣传和倡议"活动，宣讲文明旅游知识，培育尊德守礼的社会风尚。旅游服务工作人员通过普及旅游法知识、解答旅游过程中和旅游合同订立时的注意事项，以及旅游维权常识等问题，让居民安全出游、快乐出游、文明出游。

(资料来源：http://www.sohu.com/a/56157869_161437)

(二)旅行社门市线路报名的接待

按照旅游线路和目的地的不同，可以把旅行社门市线路报名的接待分为以下三种。

1. 受理散客来本地旅游的委托

(1) 记录有关内容。要记录散客的姓名、国籍、人数、性别；散客抵达本地的日期、所乘航班、车(船)次；接站导游语种；要求提供的服务项目和付款方式等。若是要求预订在本地出境的交通票据，还须记录散客护照上的英文或拉丁文姓名，护照或身份证号码，出生年月，所乘机、车、船的舱位或铺别，以及外地委托社的名称、通话人姓名与通话时间。

(2) 填写任务通知书。任务通知书一式两份，一份留存备查，一份连同原件送经办人办理，若散客要求提供导游接待服务，应及时通知导游人员。

(3) 如果无法提供散客所委托的服务项目，旅行社应在24小时之内通知外地委托旅行社。

2. 代办散客赴外地的旅游委托

旅行社为散客代办赴外地的旅游委托需在其离开本地前三天受理，若代办当天或第二天赴外地的委托，需加收加急长途通信费。

代办赴外地旅游委托时，如果委托人在国外，旅行社散客部人员可告知到该国与其有业务关系的外国旅行社，通过该旅行社办理；如果委托人在我国境内，也可告知直接到旅行社在有关饭店设立的门市柜台办理。如果客人委托他人代办委托手续，受托人必须在办理委托时，出示委托人的委托信函及受托人本人的身份证件，然后依照上述程序进行。

3. 受理散客在本地旅游委托

受理散客在本地旅游委托的运作，与代办散客赴外地旅游委托相同。

旅行社经营管理实务

案例 4-13

门市工作人员正在和游客交谈，自己的手机铃声响怎么办

许多人在工作中都需要随身携带移动电话，特别是在和旅游咨询者或者报名者洽谈的时候。当门市人员正在和游客交谈时，不停接听电话会让顾客反感，顾客会认为自己不受尊重，从而影响门市甚至旅行社的形象。那么作为旅行社门市接待人员，电话响了该怎么处理？

建议：如果真碰到了急事，首先应该向顾客说一声"对不起，我先接个电话好吗？"若能够及时处理的，尽快果断挂掉电话，并把电话调成静音或者振动状态，避免铃声再次响起；然后热情、认真、耐心地继续和顾客交谈，为顾客提供服务；最后等交流结束，旅游者离开后，再用手机回复电话。但是最好的方式是在接见顾客之前就把手机调到振动或者静音状态，这样既是对顾客的一种尊重，也是保持自己专心工作的一种方法。

情境三　分析旅行社门市销售技巧

促成交易的含义是指旅行社门市销售人员通过征询、宣传、介绍和说服等方式，促使潜在客户作出明确的购买决定。促成交易的直接表现就是在旅行社门市付款购买旅游产品和服务。旅行社门市交易的一般技巧有以下几种。

（一）直接建议法

当顾客对旅游产品没有问题可提了，就可以直接建议顾客购买。例如，"春节黄金周后去海南，最合适了，这时候的海南天气比较暖和，黄金周后海南也不拥挤了；节后的价格也大大跳水了，比黄金周期间便宜了1000多块钱呢！你看，我现在帮你报名怎么样？"

（二）二选一法则

二选一法则是采用含蓄的口气促使顾客作出购买决定的方法。门市销售人员要做一个名副其实的"旅游专家"，帮助潜在旅游者做决定，这时就可采用"二选一"的法则，就是指门市人员以顾客购买为前提做假设，询问顾客要买哪种旅游产品，而不是让顾客在买与不买之间进行选择。在选择的范围上，一般不超过两种，否则顾客难以作出选择决定。例如，可让顾客在去东北看冰雕还是去海南晒太阳这两条线路进行选择。这种方法是最常使用的，也是一种较好的建议购买方法。

(三)化短为长法

当顾客面对商品的几个缺点犹豫不决时，接待人员应能够将旅游产品的长处列举出来，使顾客感到长处多于短处，这样就能赢得顾客对旅游产品的信任。

(四)有限数量或者期限

旅行社门市人员一定要明确产品数量的有限性、时间的有限性的意义。这是指让顾客感到错过机会就很难再买到的、一种坚定顾客购买决心的方法。顾客知道产品数量有限或者时间有限之后，会担心"错过"，并进而产生此时不买，更待何时的急切心理。例如，节假日期间促销、折扣、特价等。运用此法顾客会感到若不下决心购买，以后不是买不到，就是价格上涨。门市销售人员通过煽情的语言加大推销力度，就会进一步加强拉升顾客的购买急迫感，从而有助于交易的成功。

(五)印证法

当顾客对旅游产品的个别问题持有疑虑，迟迟不愿作出购买决定时，门市人员可介绍其他旅游者购买此种旅游产品后，对该种旅游产品的评价和满意程度，来印证门市服务人员所做的介绍，消除顾客不下购买决心的疑虑。但一定要让顾客感受到门市服务人员的真诚，而不应觉得这是强行推销。

(六)假设式结束法

假设式结束法是指旅行社门市的销售人员直接假定旅游咨询者已经购买了本公司的旅游产品，所做的只是帮助旅游咨询者对旅游产品的介绍。例如，针对一位想去海南避寒的旅游咨询者，门市销售人员说："这个季节去海南最适合了，我们这里只有几摄氏度，没有暖气，不穿厚衣没法过。但是海南的白天有十几摄氏度，不用带厚衣服，还可以带泳衣到海边游泳，晒着海边的太阳，舒服多了……"这样的谈话，轻松愉快，像是朋友之间在闲聊，相互间的距离也缩短了，增大了销售成功的机会。

(七)邀请式结束法

邀请式结束法是指旅行社销售人员不停地询问旅游咨询者关于旅行社旅游产品的意见，并且引导旅游咨询者不断地赞同门市销售人员的意见，从而加强旅游咨询者对旅游产品的认可。常用的最简单的表述：邀请式结束法=肯定+问句。以下都是属于邀请式结束法的语句。

- 这里的景色真的非常值得欣赏，您觉得呢？
- 这条线路真的很适合您，您觉得呢？
- 这条线路现在去真的很合适，您觉得呢？

(八)先顺后转法、"三明治"法

"三明治"法就是"认同 + 原因 + 赞美和鼓励"的方式。这是最常见的一种语言与技巧。当接待员聆听完顾客的关于价格的异议后，先肯定对方的异议，然后再用事实或事例婉言否认或纠正。其基本句型是"是的……但是……"。采用这种方法最大的优点是可以创造出和谐的谈话气氛，建立良好的人际关系。

案例分析 4-3

一位顾客光临某家旅行社门市店，准备报团参加北京 5 日游。当他得知该店的同等级 5 日游价格后，脱口而出："哎呀，你们的团费太贵了！"接待员听了之后，并没有马上反驳，而是面带笑容委婉地对顾客说："您说得对，一般顾客开始都有和您一样的看法，即使是我也不例外。但您会发现，这个线路的住宿酒店都是五星级的，行程安排很合理，参观的都是北京的著名景点，没有进购物店，还可以尝到北京的风味餐，如北京烤鸭、饺子宴、涮羊肉等，您要是报一般等级的团，就没有这样的服务和享受了，相比之下这个团的价格并不贵。相信您这么精明的消费者是不会选择错误的。"

思考： 以上案例中，接待员是如何与顾客进行交谈，说服顾客在本门市消费的？

(九)价格细分法

旅游产品可以按不同的使用时间计量单位报价。如果接待员把产品的价格按产品的使用时间或计量单位分至最小，可以隐藏价格的昂贵性，这实际上是把价格化整为零。这种方法的突出特点是细分之后并没有改变顾客的实际支出，但可以使顾客陷入"所买不贵"的错觉中。

案例分析 4-4

几位顾客到某个旅行社的门市店咨询云南旅游的团费，几位顾客询问价格后，这位接待员不假思索，脱口而出"6998 元"，话音未落，人已散去。一听 6998 元，而且接待员也没有附加任何的解释和说明，怎么走了呢？

这几位顾客又去了另外一个门市，另一个门市的接待员是这样说的："这个贵宾团，每天花费 1000 元，共 7 天，包括了来回的机票，现在是旅游旺季，如果是自己购机票来回都要差不多 4000 元了，还剩 3000 元，共六天，平均每天也就 500 元左右，每天包括了住五星级酒店，如果自己去住一个晚上也要好几百块，还有导游服务费，乘坐的旅游巴士费，餐费，景点门票费等。"听接待员这么一说，顾客觉得事实也如此。其实，前后这两位接待员说的价格是一样的，旅游团的规格也相同，但为什么会有截然不同的两种效果呢？原因是他们的报价方式有别。

思考：请问第二个门市的接待员为什么能够说服客人进行旅游报名？

(十)价格比较法

接待员面对顾客提出的价格异议，不要急于答复，而是以自己产品的优势与相同路线的产品相比较，突出该旅游线路在吃、住、行、游、购、娱等方面的优势。也就是通过比较来化解顾客的价格异议。

案例分析 4-5

在某家旅行社门市，一位顾客欲咨询去海南的旅游团，但看到这里的标价比别处贵一些后，有些犹豫不决。这时接待员向这位顾客介绍说："我们这条线路与其他旅行社的线路不一样。请您看看这些行程都是海南著名的景点，如蜈支洲岛、亚龙湾等，住的都是五星级海景酒店，优秀导游跟随，提供优秀的导游服务，而且还可以尝到海南的特色餐椰子宴、海鲜宴等。还有，我们全程没有进任何购物店，客人有更多游览的时间，参观到更多当地的景点，而且外出旅游就是要参观和了解到更多当地的景点和文化。这一比您就知道，我们这个旅行团线路跟其他的区别。您多花上一点钱所得到的享受是一般的两倍以上。"顾客听了接待员的介绍后，得知这个线路这么多的优点，也就不再犹豫了。

思考：根据以上案例，为什么顾客愿意在这个门市里报名参团？

(十一)对"我负担不起"或"价格比预期高"的处理

门市接待人员遇到顾客说"我负担不起"或者"价格比预期高"的问题时，首先判断是借口还是事实，他们是否真正有购买意愿。然后再决定是否需要引荐其他价格稍低的旅游线路给顾客，以免错失销售机会。如果顾客说的是借口时，门市接待人员应当分析旅游产品的构成，继续刺激顾客的购买欲望和潜能。如果顾客说的是事实，门市接待人员应当推荐其他价格合适的旅游产品，让顾客能够负担得起，从而达成销售。

这里最重要的是要做出正确的判断。一般来说，门市接待人员可以从旅游咨询者的着装、谈吐、职业类别等作出综合的判断。和客人聊天，让客人多说话，也是一种非常有效的手段。如果门市接待人员难以作出判断，则可以采用最直接的方式问"负担不起"究竟是借口还是事实也未尝不可。

(十二)把价格谈判放到最后

门市接待人员在销售产品的过程中，不可避免地要与旅游咨询者谈到价格问题，在这个问题上，门市接待人员要注意的是，避免直接进入价格谈判。延缓价格的讨论，从产品的价值和旅行社的品牌等多方面进行包装和讲述，从而大大刺激潜在顾客的购买欲望。

案例分析 4-6

门市人员在销售旅行社产品过程中，经常会碰到这样的情况，不少旅游咨询者进入门市，第一句话就是去某某地方要多少钱？对于这样的问题，门市接待人员一定要非常留心和注意，因为不同的回答往往产生不同的结果。以旅游咨询者问"青海—甘肃—宁夏 6 日游要多少钱"为例，回答至少有以下几种。

第一种：答：6998 元。

旅游咨询者：太贵了！

第二种：答：6998 元。

旅游咨询者：人家……旅行社才 5998 元呢！

第三种：答：现在打折下来 6998 元。

旅游咨询者：再打个折吧？

第四种：答：价格一定会让你们满意的，请先看看我们的各个行程和旅游线路？青海—甘肃—宁夏 6 日游我们旅行社有多种线路，没有比我们更丰富的了！

第五种：答：价格一定会让你们满意的，而且你们也知道现在旅游产品的价格与旅游线路和服务质量有关，你们说是吗？

第六种：答：价格一定会让你们满意的，而且现在的旅游者外出旅游比较重视提供的线路和服务质量，玩不玩得开心，价格只是一个方面。我看你们两位一定是很有经验的。

思考：以上案例的 6 个回答中，哪个或者哪些的回答比较好？为什么？

此外，不同的旅游咨询者性格和特点等均不相同，因此门市工作人员在提供服务的过程中，还要根据咨询者的各自特点来为他们提供服务，以尽快促成旅游产品的交易。例如，冲动型顾客、理智型顾客、疑虑型顾客、情绪型顾客、随意型顾客、专家型顾客、挑剔型顾客等，应根据这些顾客的不同特点，采取相应的销售对策，为他们提供更优质服务。

知识拓展 4-5

各种类型顾客的特点和销售对策

1．冲动型

顾客特点

(1) 购买决定易受外部因素影响。例如，广告、促销等，对广告宣传比较敏感。

(2) 喜欢购买新产品和流行产品。

(3) 购买能力强，年轻，旅游时间短，没有旅游经验。

销售对策

(1) 快速成交。
(2) 尽量说服一次性多购买,以防其随时改变主意。
(3) 如果对产品有质疑,做针对性回答。

2. 理智型

顾客特点

(1) 购买前注意收集有关产品的宣传资料,对厂家、价格等方面加以对比、鉴别。
(2) 购买过程长,购买时往往不动声色,一般咨询多次才会做出决定。
(3) 购买时喜欢独自思考,不喜欢促销者过多介入,一旦做出选择就不会轻易改变立场。
(4) 旅游时间较长,去过很多地方,对市面上的旅游产品很熟悉。

销售对策

(1) 用他身边的典型案例说服他。
(2) 侧重于理论知识,用道理说服他。
(3) 不要夸大旅游产品功效,实话实说。

3. 疑虑型

顾客特点

(1) 性格内向,行动谨慎,决策迟缓。
(2) 购买时缺乏自信,疑虑重重。
(3) 购买时犹豫不定,买还是不买,怕上当。

销售对策

(1) 大胆承诺。"没有效果可以过来找我"。
(2) "你放心,承诺不到可以退钱。"
(3) "你听我的肯定不吃亏,不听我的多花钱我就不管了。"
(4) 典型案例实例说服。

4. 情绪型

顾客特点

(1) 理性不足,购买行为受个人情绪和情感支配。
(2) 比较容易接受销售人员的建议。
(3) 购买中情绪波动较大(婆婆妈妈的、情绪很容易冲动)。
(4) 家庭条件一般,在以前的旅游中花过冤枉钱,以中年妇女为主。

销售对策

(1) 认真倾听,给予同情、安慰鼓励,让他对你产生依赖。

(2) 顺着顾客说，不要和顾客争辩。
(3) 先推销感情，再推销产品。
(4) 等顾客讲得差不多时，再帮顾客分析哪种旅游产品更适合他。
(5) 和他聊天，做他的朋友，做到心与心的交流。

5. 随意型

顾客特点

(1) 购买前目标不明确，购买中乐意听取销售建议，希望得到帮助。
(2) 对产品不了解，也不会过多挑剔。
(3) 很干脆地作出购买决定，经济条件较好。
(4) 有从众心理，意志不坚定，别人买，自己就买。

销售对策

(1) 准确推断，抓住时机，促进大单销售。
(2) 用亚健康的理论说服顾客产生购买。

6. 专家型

顾客特点

(1) 自我意识强，认为自己绝对正确，经常会考察门市人员的知识水平。
(2) 门市人员和他说的一样，他就会相信。
(3) 知识分子、经常旅游者，对各种旅游知识知道较多，爱表现自己的知识水平。
(4) 时刻关注旅游信息，经常会咨询专家，翻阅一些资料。

销售对策

(1) 让他表现。他的观点与你相左时，也不要与其当面争执，针锋相对，而应避其锋芒。
(2) 对产品知识、旅游知识的掌握要非常熟悉，不能让他问倒。
(3) 听的过程中，在表示"你说得对"的同时，虚心地多向他请教，满足他的表现欲。
(4) 实事求是地说出产品效果。
(5) 最后问他一句："你想去哪里？那我给你制定一个旅游方案？"

7. 挑剔型

顾客特点

(1) 顾客的主观意识较强，往往带有某种偏见。
(2) 爱自我表现、爱挑毛病。
(3) 有的纯属无理取闹。

销售策略

(1) 洗耳恭听，态度要好。以最快的速度判断消费者真实的意图，想不想购买？

(2) 想购买的话，担心哪些问题？

(3) 对于无理取闹型的，可能以前上过当，气正无处撒，你可以把他打发走，"你有什么疑问，可拨打咨询电话"。

(4) 想签协议的，大胆承诺，大量购买可以签协议。

(资料来源：http://bbs.zhzhxin.com/post/205.html)

知识拓展4-6见右侧二维码。

知识拓展4-6

情境一

顾客A：喂，旅行社吗？我听说明天你们有一个团要去新加坡，我只想买飞机票，跟在你们的团里面去机场、过海关，再跟着回来，就可以了，这样行不行啊？

工作人员：可以的，价格是1800元/人。

顾客A：哇，你们好黑啊，我查了飞机票才1650元而已，你们竟然多收我150元。

工作人员：？

情境二

顾客B：旅行社，我要开发票！！

工作人员：可以的，没有问题。您的数额是多少？

顾客B：我要开2500元，麻烦要列出来明细，飞机票多少钱，酒店多少钱，车费多少钱，门票多少钱。

工作人员：对不起先生，我们只开总额，不能开明细。

顾客B：为什么呢？我要投诉你们，因为我是消费者，我有权利知道我花的钱分别是多少。

工作人员：？

情境三

顾客C：这个三天的团，我不上广州塔你们给我退钱不？我不喜欢那个景点。

工作人员：不好意思，我们这个是团购的套票，不能退的呢！

顾客C：我要去投诉你们，我都不想要的景点你要强卖给我，还不给退钱。

工作人员：？

(资料来源：http://www.sohu.com/a/322224478_100018250 有改动)

思考题：请在"？"处想好并填写你应答的句子。

项 目 小 结

　　实施有效的产品销售是旅行社经营成败的关键。旅行社产品销售的核心是如何以适当的价格将旅行社的产品通过适当的渠道推向所选定的市场。在旅行社经营过程中，定价是非常重要的一个环节。首先必须了解旅行社产品价格的构成，明确旅行社产品价格会受到成本、利润、品牌特色等内部因素的影响，也会受到市场需求、同行竞争、季节、汇率等外部因素的影响。旅行社产品定价策略包括心理定价策略、折让定价策略、新产品定价策略，针对不同的产品实施不同的定价策略。而对旅行社产品进行合理定价可以依照成本导向定价法、需求导向定价法、竞争导向定价法。

　　旅行社产品的销售渠道可以分为直接销售渠道和间接销售渠道。旅行社销售渠道具有连续性、辐射性、配套性等特点。国内旅行社在销售活动中，都同时采用直接销售渠道和间接销售渠道。对于近距离的目标市场，旅行社多采用直接销售渠道。而对于庞杂、分散的目标市场，旅行社多采用间接销售渠道，借助各类型中间商的力量，扩大旅行社销售活动的辐射空间。间接销售渠道通常采用专营性销售渠道策略、广泛性销售渠道策略和选择性销售渠道策略。采用间接销售渠道其中一项重要的工作是正确选择旅游中间商。按照一定的标准和程序对中间商进行选择和管理，才能为旅行社带来更大的效益。

　　旅行社常用的促销方法有广告、销售促进、人员推销和公共关系。广告是旅行社促销中使用最频繁、最广泛的一种促销方式。销售促进的方式多种多样，主要有针对旅游者的、针对旅游中间商的、针对销售人员的三大种类。旅行社销售人员所针对的对象大多数是团体购买者或是批量购买者，主要方式有营业推销、会议推销和派员推销三种。旅游公共关系作为一种可信度较高的信息沟通方式，包括新闻报道、演讲策划、公益赞助和捐赠、事件赞助等。

　　门市是旅行社的第一线。旅行社做好门市销售接待工作对整个旅行社的经营具有重要意义。掌握旅行社门市销售业务流程和旅行社门市交易的一般技巧有助于旅行社门市销售业绩的提升。

思考与能力训练

一、单项选择题

1. 目前旅行社最基本、最常用的一种定价方法是（　　）。
　　A. 渗透定价法　　　　　　　　B. 成本导向定价法

C. 需求导向定价法　　　　　　D. 心理定价法
2. 旅行社通过中间商、经销、代理来帮助销售，向游客销售旅游产品和服务的流通途径就是(　　)。
   A. 人员推销渠道　　　　　　B. 直接销售渠道
   C. 间接销售渠道　　　　　　D. 多级销售渠道
3. 竞争导向定价法包括随行就市定价法和(　　)。
   A. 目标利润定价法　　　　　B. 率先定价法
   C. 成本加成定价法　　　　　D. 顾客利益定价法
4. 直接销售渠道就是所谓的(　　)。
   A. 一级渠道　　B. 二级渠道　　C. 三级渠道　　D. 零级渠道
5. 旅行社常用的促销方法有广告、销售促进、人员推销和(　　)。
   A. 公共关系　　B. 媒体宣传　　C. 上门推销　　D. 参展促销
6. 景区举办倾情大放送，在八大城市群免费派发旅游消费券，此举属于(　　)促销方式。
   A. 广告　　　　B. 销售促进　　C. 人员推销　　D. 公共关系

二、多项选择题

1. 包价旅游产品的价格包括(　　)。
   A. 综合服务费　　B. 房费　　C. 城市间交通费　　D. 专项附加费
2. 影响旅行社产品价格的内部因素有(　　)。
   A. 汇率　　　　B. 成本　　　　C. 利润　　　　D. 季节
3. 以下属于心理定价策略的有(　　)。
   A. 尾数定价法　　B. 撇脂定价法　　C. 声望定价法　　D. 渗透定价法
4. 折让定价策略包括(　　)。
   A. 现金折扣　　B. 数量折扣　　C. 季节折扣　　D. 地区折扣
5. 以下属于需求导向定价法的有(　　)。
   A. 边际贡献定价法　　　　　B. 理解价值定价法
   C. 逆向定价法　　　　　　　D. 需求差别定价法
6. 旅游经销商包括(　　)。
   A. 旅游代理商　　B. 旅游中间商　　C. 旅游批发商　　D. 旅游零售商
7. 旅行社广告的类型包括(　　)。
   A. 宣传型　　　B. 说服型　　　C. 提示型　　　D. 夸张型
8. 旅游人员推销是最古老的一种传统促销方式，其主要方式包括(　　)。
   A. 组合促销　　B. 营业推销　　C. 会议推销　　D. 派员推销

三、名词解释

1. 销售渠道
2. 撇脂定价策略
3. 成本导向定价法
4. 旅游中间商

四、简答题

1. 影响旅行社产品价格的因素有哪些?
2. 简述旅行社的价格策略。
3. 旅行社主要的销售渠道是什么?
4. 旅行社产品的定价方法主要有哪几种?
5. 如何选择并管理好旅游中间商?
6. 旅游门市对客服务流程包括哪些环节?
7. 旅行社门市交易的一般技巧有哪些?

五、论述题

1. 比较间接销售渠道通常采用的三种销售策略之间的优缺点。
2. 举例说明旅行社各促销策略的特点。

六、案例分析

1. 旅行社门市销售招聘

招聘启事一

岗位职责:广之旅门市部前台销售。机会难得,发展前景好,晋升机会大,梦想是要有的,挑战30万年薪,你还等什么?期待你的加入!岗位:前台销售。上班地点:①永和②南岗生活区二选一。

职位要求:

(1) 学历要求中专以上,应届毕业生或有1年以上销售工作经验优先;
(2) 懂计算机操作及熟练运用Office办公软件;
(3) 女性身高160cm以上,男性身高170cm以上;
(4) 形象气质佳,声音甜美,有较好的沟通能力,语言表达能力强,有团队精神。以上应聘人员必须为本地户口,要求年龄18~35岁;
(5) 语言要求粤语、普通话标准流利,具备较好的协调和沟通表达能力;
(6) 有较强的主动服务意识,性格开朗,抗压能力和自我激励能力强;
(7) 有强烈挑战欲望。

招聘启事二

工作地址：广州黄埔区南岗街道南岗生活区嘉壹中心首层；广之旅门市部即华苑酒店旁；工作地点：广州番禺区。

职位要求：

(1) 有销售和管理经验；

(2) 热爱旅游事业，职业道德观念端正，有团队精神；

(3) 年龄不限，男女不限，学历不限；

(4) 熟悉互联网广告业务，有电话销售经验，有客户资源者优先；

(5) 普通话、粤语流利；

(6) 语言有亲和力，具有良好的沟通能力和语言表达能力；

(7) 做事细心、耐心、有责任心；

(8) 吃苦耐劳，具有团队合作意识。

思考：

根据两则招聘启事，分析旅行社门市接待人员应具备哪些素质和知识？

2. 顾客沉默不是金

某旅行社面向散客市场推出的"北京包机双飞送天津"产品一经投放市场，就因为价格便宜，而且有"送天津"而引起了众多旅游者的青睐。在起程的前一天，门市还有六个头等舱的机位。这天上午，有顾客来电话咨询。

员工：您好！某某旅行社。

顾客：请问"北京包机双飞送天津"还有没有？

员工：有的，还有六个头等舱。但价格比普通舱要高200元，是1998元。

顾客：你们广告上不是说1798元吗？没有说头等舱要高200元啊？

员工：是的，我们广告上是没有做说明。

顾客：我们刚好有六个人，但1998元的价格不行。如果1798元可以的话，我们过来办手续。

员工：对不起哦，这不行。

顾客：(沉默片刻)没有别的办法吗？

员工：没有。

顾客：(再次沉默)

员工：再见。

思考： 运用你所学的知识分析本案例中旅行社员工给予顾客的回答妥当吗？如果你是这个员工，你应该怎么做？

七、实训题

1. 产品价格实训

搜集资料，设计"北京天津双飞 5 日"旅游线路并结合旅行社产品价格策略进行线路报价。

2. 销售渠道实训

选择广州一家旅行社进行实地调研访问，结合所学知识对其销售渠道进行分析。

3. 门市接待实训

(1) 学生进行校内实训，分角色模拟门市的接待情景，按照旅行社门市接待人员的岗位要求进行模拟训练。

(2) 学生也可亲自到当地旅行社的门市进行观察学习，观察门市工作人员的行为是如何符合接待人员要求的。

4. 旅行社产品销售实训

项目名称	旅行社产品销售
实训目的	培养学生资料搜集及运用所学知识分析实际问题的能力，通过项目让学生更好掌握旅游广告及旅游促销方面的知识
实训要求	(1) 从报纸杂志或网络上收集不同旅行社(至少四家)的旅游产品广告，分别对它们进行评价，并评选出最佳旅游广告和最差旅游广告 (2) 网络搜集广州广之旅或南湖国旅的为期 10 天以上的出境旅游线路，选择其中的一条作为目标，针对此线路写出促销方案策划书
实训成果	完成旅游广告对比 PPT 汇报及旅游促销方案策划书，在课堂上进行汇报交流

具体如下。

(1) 从报纸杂志或网络上收集不同旅行社(至少四家)的旅游产品广告，分别对它们进行评价，并评选出最佳旅游广告和最差旅游广告。

(2) 网络搜集多家旅行社为期 10 天以上的出境旅游线路，选择其中的一条作为目标，针对此线路写出促销方案策划书。

实训目标

培养学生资料搜集及运用所学知识分析实际问题的能力，通过项目让学生更好掌握旅游广告及旅游促销方面的知识。

实训指导

(1) 指导学生掌握资料搜集方法及掌握旅游促销方面的知识。

(2) 给学生提供必要的旅游报纸或杂志。

实训组织

(1) 把所在班级学生分成小组,每组4~6人,确定组长,实行组长负责制。

(2) 完成旅游广告对比PPT汇报及旅游促销方案策划书,在课堂上进行汇报交流。

实训考核

(1) 根据每组的旅游广告对比PPT汇报,由主讲教师进行评分和点评,占40%。

(2) 根据每组的旅游促销方案策划书汇报,由主讲教师进行评分和点评,占40%。

(3) 课堂讲解完后,每个小组互评,各给出一个成绩,取其平均分,占20%。

项目五

旅行社接待业务

【学习目标】

知识目标： 了解团体旅游接待服务的特点及服务程序；掌握地陪导游和全陪导游工作的流程；了解散客旅游接待服务的特点和散客旅游接待的服务程序；熟悉大型旅游团队接待服务和特种旅游团队接待服务的特点与操作；理解专职导游员和兼职导游员的管理。

能力目标： 培养较强的学习能力、总结分析能力和团队接待能力；撰写旅行社导游事故报告。

素质目标： 热爱导游工作，具有较强的责任心，与团队成员的合作精神和创新意识。

【关键词】

团体旅游接待　地陪　全陪　散客旅游接待　大型旅游团队接待　特种旅游团队接待　导游员管理

旅行社经营管理实务

案例导入

导游佣金分配表遭曝光：诱导购物最高抽成50%

4月7日，一张盖有浙江新世界国际旅游有限公司公章的导游《佣金分配表》在网络上被曝光，引导游客购物导游最高抽成可达50%。长久以来为人所诟病的旅游业"潜规则"再次引发关注。网民纷纷质疑：导游诱导游客购物提取巨额佣金的"潜规则"为何难以断根？

1. 曝光 导游佣金明码标价

该《佣金分配表》的曝光者声称，他是3月30日在杭州清河坊捡到这叠资料的，连同《佣金分配表》一起的，还有一张《杭州2日游+宋城导游计划单》。

记者在被曝光的表格上看到，几个旅游购物点商品的导游佣金提成都被明码标价：蚕丝被，佣金200元/床；上海刀具、貔貅、羊毛衫，佣金30%；茶叶，佣金40%；紫砂、珍珠、菊花，佣金50%……

2. 一件丝绸套装 导游可抽220元

一位业内人士告诉记者，导游抽取佣金早已是业内不成文的规定，几乎所有旅行社或多或少都存在这样的情况。

他举例说，以杭州—乌镇—上海两日游为例，旅游购物的"规定动作"少不了杭州的丝绸和乌镇的菊花茶。"如果一件丝绸套装的价格是600元，成本是100元，按照规定，旅行社可以从中抽取10%，即60元。剩下的440元盈利由商家和导游平分"。

3. 进展 浙旅游局开始调查

记者就此来到浙江新世界国际旅游有限公司进行核实，该公司副总经理王莉说："新世界国旅在企业管理、导游管理方面非常规范，不存在这样的分配表。目前公司负责人也没有看到《佣金分配表》原件。因此我们初步判断这张表格不是从我们这里流传出去的。"王莉同时也承认，《佣金分配表》的确反映了旅游业长久以来的乱象和痼疾。

目前，浙江省旅游局、杭州市旅委等主管部门高度关注此事件，并开始着手调查。

4. 现状 导游"自负盈亏"

在杭州，经营旅行社十多年的徐先生告诉记者，目前，国内旅行社的毛利率不到7%，净利率更只有0.6%。他说，国内一般中小型旅行社的导游带廉价团，没有薪水和补贴，收入全靠佣金，还得自己缴纳"五险一金"。更有甚者，旅行社会在导游带团前向导游收取"人头费"，以此规避风险，反而让导游"自负盈亏"。

（资料来源：http://www.gdta.gov.cn/article/view-5618.html.）

项目五　旅行社接待业务

任务一　旅行社团体接待

任务目标

旅游接待业务是旅行社的基本业务之一，是旅行社在对客接待服务方面进行综合管理的过程，其主要宗旨是保证向游客提供高质量的接待服务。

任务实施

请每个小组将任务实施的步骤和结果填写到表 5-1 任务单中。

表 5-1　任务单

小组成员：		指导教师：
任务名称：	模拟地点：	
工作岗位分工：		
工作场景： (1) ××导游刚刚入职 (2) 掌握旅行社团体接待步骤 (3) 模拟导游进行团队接待		
教学辅助设施	模拟导游真实工作环境，配备相关教具	
任务描述	通过对旅行社团体接待工作的展开，让学生认知导游岗位	
任务重点	主要考查学生对导游工作的认识	
任务能力分解目标	(1) 团体旅游接待任务特点 (2) 团体导游接待的服务程序 (3) 地陪接待流程 (4) 全陪工作流程	
任务实施步骤		

任务评价考核点

(1) 了解团体接待服务的接待程序。
(2) 知晓导游所应具备的基本素质。

(3) 能够进行简单的导游工作。
(4) 导游人员在工作中，灵活运用对客服务礼仪。

任务相关知识点

情境一　认识旅行社团体接待业务

一、团体旅游接待服务的特点

团体旅游接待是指旅行社根据事先同旅游中间商达成的销售合同规定的内容，对旅游团在整个旅游过程中的交通、住宿、餐饮、游览参观、娱乐和购物等活动提供具体组织和安排落实的过程。不同类型团体旅游接待业务有以下三个共同特点。

(一)计划性强

团体旅游一般均在旅游活动开始前由旅行社同旅游者或者旅游中间商签订旅游合同或旅游接待协议。这种合同是契约性文件，除了不可抗拒的原因外，旅行社不得擅自改变旅游团的旅游线路、旅游时间、服务等级等。否则，旅行社是违约，需要对旅游报名者进行赔偿。对于旅游线路途中所经停的各地接社来说，它们还必须根据组团旅行社下达的旅游团接待计划，制定旅游团在当地的活动日程。由此可见，旅游团体接待在进行之前，所有的行程及其他安排等都是已经计划好的，导游或者其他工作人员只需要按照计划行事就可以。

(二)技能要求高

团体旅游的人数多，需要在有限的旅游期间内相互适应，因此旅行社需要选派技能较高的导游员来做接待工作，技能包括讲解技能、人际交往技能。这些导游员可以是比较有经验的导游员，经过了时间的磨炼后，很多导游员的技能相对都比较高，能够把握好整个旅游团的步伐。

(三)协调工作多

团体旅游接待是旅游接待中一项综合性很强的旅行社业务，需要旅行社在接待过程中及接待工作开始前和结束后与多方进行大量的沟通和协调。只有经过了多方的协调与沟通后，团体旅游接待的工作才能够顺利进行。协调的各方工作大致有以下几个方面。

1. 旅行社与其他旅游企业

旅行社要与许多其他旅游服务企业共同协作才能完成团队旅游接待工作。例如，旅行社与酒店、旅游景区、相关交通部门等联系沟通好后，才能够保证旅游团接待的正常运作。

2. 各地旅行社工作人员

团体旅游接待，往往存在旅游团领队、全程陪同导游员和目的地(地方)陪同导游员。他们既要维护各自旅行社的利益，又要共同维护旅游者的利益，因此需要经常就接待中出现的问题进行磋商、相互协调等，确保接待工作的正常进行，同时也要保证游客对接待工作的满意，以免出现游客投诉等不好的现象。

知识拓展 5-1

全陪、地陪、领队

全程陪同导游员(National Guide)，简称全陪，是指根据合同约定，受组团社委派，作为其代表，为旅游者提供全旅程陪同服务，协调、联络、监督接待社和目的地陪同导游员工作的导游员。

目的地陪同导游员(Local Guide)，简称地陪，是指根据合同约定，受接待社委派，代表接待社实施旅游行程接待计划，为旅游者提供旅游目的地导游服务的导游员。

旅游团领队(The Delegation Leader)，简称领队，是指由组团社所在地的省级或经授权的地市级以上旅游行政管理部门颁发专门领队证的旅行社工作人员，他们一般受组团社委派，作为组团社代表，为出境旅游者提供全程陪同服务。

旅游团内的旅游者来自五湖四海，各有不同的生活经历和习惯。导游陪同在接待的过程中，务必要与游客及时进行沟通，有问题要及时进行协调，保持旅游团气氛的和谐友好，给客人的行程留下一份美好的回忆，同时也是在游客面前树立旅行社的形象。

案例 5-1

接待日本旅游团

一天下午，北京的导游员祝先生在机场接到了一个 30 人的日本旅游团。在饭店与随员商讨旅游计划时，随员要求每天尽可能多地安排项目，恨不能一天就把北京看完。经过商定，第一天下午游览天坛、天安门广场、北海公园；第二天游览长城、定陵、颐和园，然后购物，晚上吃风味宴后看节目；第三天上午参观故宫、雍和宫，下午去西安。由于活动多，时间紧，祝先生要求大家在游览过程中，一定要遵守时间，听从安排。客人们果然很守纪律，每天早上 7 点就从饭店出发，晚上 9 点多钟才返回饭店。活动过程中他们井然有序，客人从不单独离开团队。对待祝先生也非常有礼貌，提问时总是欠身示意，对祝先生给他们的帮助表示感谢时也总鞠躬致礼。由于比较了解日本人的特性，祝先生很快就得到了大家的信任，与客人们相处融洽。针对多数人的要求和爱好，他在接待中采取相应的策略：对喜欢参观中国寺庙的客人，在游览雍和宫等景点时，多讲解佛教和道教的文化内容；对喜爱中国旅游商品的客人，他就帮助他们选购书法和绘画作品、文房四宝和其他各种工艺品；对茶文化和酒文化感兴趣的客人，则投其所好，经常和他们共饮。两天的时间很快就过去了，在道别时，客人们纷纷对祝先生的服务鞠躬致谢，显露出依依不舍之情。游客们讲礼貌、守纪律、不辞辛苦的行为和友好的态度，也给祝先生留下了深刻的印象。

(资料来源：http://mndy.kmu.edu.cn/view/Exame_exercise/BaseKnowledge/Chapter1)

二、团体旅游接待的服务程序

团体旅游接待业务包括旅游团抵达前的准备、旅游团抵达后的实际接待和旅游团离开后的总结三个阶段。相关的工作人员一定要做好团队接待的各个服务程序，给团队留下良好的印象。无论是全陪、地陪，还是领队，团体旅游接待的服务大致有以下三个程序。

(一)旅游团抵达前的准备

在旅行团抵达目的地前，全陪、领队及地陪都要做好相关的准备工作，以充分的准备来接待相关的团队，为团队提供职业的接待工作，避免在接待过程中出现不必要的错误，以免对游客的情绪和旅行社的形象造成不良影响。

导游员接待团队前的准备工作包括：业务上的准备，如研究接待计划、核对接待计划、安排活动日程、落实接待事宜等；知识准备，如交通知识准备、话题准备、语言的准备、景点相关知识准备等；心理准备，如准备面临艰苦复杂的工作、准备接受抱怨和投诉等；物质准备，如工作证、业务用品、个人旅游用品等；形象的准备，要以良好的形象接待团队。当然全陪、领队及地陪在团队到达目的地前，各自要做的准备工作会有所不同，具体的内容会在以下部分谈到。

(二)旅游团抵达后的实际接待

旅游团抵达后的实际接待工作包括吃、住、行、游、购、娱等方面。在实际接待过程中，全陪、地陪和领队的各自职责是不尽相同的，无论是哪个角色，各自都要根据自己的工作职责和团队的接待要求，在具体的实际接待工作中，把接待工作做好，使得客人满意，旅途开心。例如，在吃的方面，能为客人提供符合接待计划要求的用餐；在住的方面，能够为客人提供符合住宿要求的酒店，在分房时能够给一个家庭的客人更加人性化地分房，为客人提供贴心的服务等;在游览方面,导游能够为客人提供比较满意的讲解等导游服务,并且能够根据客人的需求,提供个性化服务等。

旅游团队接待工作是一项独立性很强的工作,导游员远离旅行社在外接待团队,团队接待的质量如何,靠的是导游员的职业能力和工作责任心等。作为全陪、领队及地陪等导游员,务必要以高度的责任心去做好旅游团队的实际接待工作。

(三)旅游团离开后的总结

旅游团离开后,导游员并不是就完成了团队的接待工作。全陪、领队及地陪等还有相关的后续工作要完成。例如,写陪同日记、账单报销等;如果在接待过程中出现了问题或者事故,导游员需要对接待过程中的各种问题和事故、处理的方法及其结果、旅游者的反映等进行认真总结,必要时应写出书面总结报告;此外,如果团队对接待工作有投诉,导游员也要做好相关的总结工作,把以后的工作做得更好,避免以后出现同样的问题,影响接待质量。

案例 5-2

游客投诉信

以下是某位游客对某旅行社和导游的投诉信,在这个团体接待中,导游并没有做好旅游团抵达后的实际接待工作,给游客和旅行社带来了极其不好的影响。

游客投诉的问题:

(1) 地陪导游素质偏低,导游迟到两个小时。

(2) SPA 精油+药草蒸的桑拿,就只剩下 SPA 精油了。出来说好给 20 泰铢小费的,又临时增加到 50 泰铢。

(3) 导游对行程不熟悉、行程安排不紧凑,花在等车、等船的时间过长,浪费我们大量宝贵的时间,还故意把景点推后,腾空时间推销自费项目,导致行程安排上严重不合理,行程错乱甚至根本无法完成,导致西沙水上乐园、庆祖庙、神仙半岛、翡翠岛浮潜等景点没去到。

(4) 临时增加了橡胶枕头和日用品两个购物点。

(5) 明知普吉下午三点左右就潮退,根本无法正常离岛,还故意把去珊瑚岛的时间从上午改成下午,改成先完成购物点,下午两点才登岛,故意腾空更长时间让我们选择自费项目。导致滞留岛上至下午六点多才能离岛,当日行程无法完成,又风又雨又冷又饿,凄凉不堪。

(6) 导游、司机之间产生意见、打骂甚至提及"举枪指吓",带队导游要求我们取消行程,令我们觉得有人身威胁,一团人恐慌不安,在很不情愿的情况下为了人身安全,选择了签名取消多个景点和行程。

(7) 某旅行社毫无职业道德，欺诈旅游者，随意将旅客抛售给私人承办的地接社，罔顾旅客的安全，严重违背知名旅行社的经营理念。根本没有履行好旅行社的职责，甄别和选择固定的良好合作伙伴公司，也没有对地陪导游进行审查，哪个价低就往哪里抛，导致我们整个行程恐慌不安。

(资料来源：http://www.gdta.gov.cn/complain-lyts/2862.html.)

情境二　地陪和全陪的工作流程

一、地陪的工作流程

地陪是地接社的导游，是导游员(全陪、出境领队、地陪)的一种，也是对导游职业素养要求最高的。地陪负责地接社接待业务，工作服务大概分为以下几个环节。

(一)旅游团抵达前的准备

旅游团抵达前，导游要熟悉接待计划，落实接待事宜，做好相关的物质准备。《导游服务质量标准》要求："上团前，地陪应做好必要的物质准备，带好接待计划、导游证、胸卡、导游旗、接站牌、结算凭证等物品。"此外，做好语言和知识准备，做好形象准备，导游人员做好"形象准备"，是指仪容、仪表方面的准备，主要是指"修饰美"，包括服饰美、化妆美和发型美。

此外，还要做好心理准备，做好准备面临艰苦复杂的工作，准备承受抱怨和投诉。

(二)旅游团抵达后的接待

旅游团抵达后，地陪导游需要做好迎接服务的工作，确认旅游团所乘交通工具抵达的准确时间，与旅游车司机联络，致欢迎词，首次沿途导游，与全陪导游确认核对旅游行程是否一致等。

知识拓展 5-2

地陪导游的欢迎词

尊敬的各位贵宾、各位朋友：
　　大家好！
　　欢迎各位来到具有2000多年历史文化的广州，非常感谢大家选择广之旅作为大家的信任单位，在这里我谨代表广之旅对各位朋友的到来表示最热烈的欢迎。首先，作一下自我介绍,我是各位朋友此行的广之旅导游员××,大家可以叫我小×或×导。坐在前面的是我们具有多年驾驶经验的×师傅,他负责我们此次行程的驾驶任务。接下来的几天行程里全陪小×、×师傅和我将全程为大家提供广之旅的接待服务。小×在整个旅程当中也会秉承广之旅的"五心服务内容——热心的态度、贴心的服务、精心的安排、称心的导游、开心的旅程",为大家提供热情周到的导游服务,当然您有什么意见和建议都可以在第一时间告诉我,在合理而可能的条件下,广之旅会尽力满足大家的要求,在此也祝愿各位朋友此次的"畅游岭南大地,品味广府文化"的行程更加的顺利、圆满、难忘,希望通过我们的服务,能为大家带来一个真正轻松愉快的旅程,也希望通过我们的服务,引领大家进入这个旅游的世界。

希望大家都能高兴而来,满意而归。

(三)导游讲解及生活接待

导游讲解及生活服务阶段的工作包括协助办理入住手续,途中导游、景点讲解,安排好各处餐饮服务,送行服务等。

知识拓展 5-3

导游讲解的技巧和方法

1. 简单概述法

简单概述法就是用直截了当的语言,简明扼要地介绍参观游览点概况的讲解方法。这种方法适用于前往景点的途中或在景点入口处的示意图前讲解时使用。

2. 突出重点法

突出重点法就是导游员在导游讲解中要有所侧重,突出介绍某一点、某一件事或某一个建筑,避免在讲解中出现"撒芝麻"现象,面面俱到却没有重点。

3. 触景生情法

触景生情法就是见物生情,借题发挥的导游讲解方法。触景生情法的第一含义是在导游讲解时,导游人员不能就事论事地介绍景物,而是要借题发挥,利用所见景物制造意境,引人入胜,使旅游者产生联想,从而领略其中之妙趣。

4. 虚实结合法

虚实结合法中的"实"是指景观的实体、实物、史实、艺术价值等;而"虚"则指与景观有关的民间传说、神话故事、趣闻逸事等。"虚"与"实"必须有机结合,但以"实"为主,以"虚"为辅,"虚"为"实"服务,努力将无情的景物变成有情的导游讲解。

5. 问答法

问答法是指在导游讲解时,导游人员向旅游者提问题或启发他们提问题的导游方法。使用问答法的目的是为了活跃游览气氛,激发旅游者的想象思维,促使旅游者与旅游人员之间产生思想交流，使旅游者获得参与感与自我成就感，也就避免导游人员唱独角戏的灌输式讲解。

6. 制造悬念法

制造悬念法是指导游员在讲解时提出令人感兴趣的话题，却故意引而不发，激起游客急于知道答案的欲望，使其产生悬念的方法。按照曲艺界的说法就叫"吊胃口""卖关子"。这种手法的特点是"欲扬先抑""先藏后露"。能给游客留下深刻的印象。

7. 类比法

类比法是指导游员为了加强游客对眼前的景物的理解，增加他们的亲切感，运用游客比较熟悉的事物来作比较的方法。

8. 画龙点睛法

画龙点睛法是指用凝练的词句概括所游览景点的独特之处，给旅游者留下突出印象的导游手法，导游人员在讲解中以简练的语言点出景物精华之所在，帮助旅游者进一步领略其中奥妙，让他们获得更多、更高的精神享受。

(四)旅游团离开后的总结

旅游团离开后的总结工作包括处理遗留问题、结账及相关的总结工作。地陪导游的具体工作流程如表 5-2 所示。

表 5-2 地陪工作流程

阶　　段	地陪的工作流程
准备阶段	1. 熟悉接待计划 2. 落实接待事宜 3. 做好知识准备、心理准备和物质准备等
迎接服务阶段	1. 确认旅游团所乘交通工具抵达的准确时间 2. 与旅游车司机联络 3. 再次核实旅游团抵达的准确时间 4. 与行李员联络 5. 持接站标志迎候旅游团 6. 认找旅游团 7. 核实实到人数 8. 集中清点行李 9. 集合登车 10. 致欢迎词 11. 首次沿途导游

项目五　旅行社接待业务

续表

阶　段	地陪的工作流程
导游讲解及生活服务阶段	1. 协助办理入住手续 2. 带领团队用好第一餐 3. 宣布当日或者次日活动安排 4. 照顾行李进房，安排好叫早餐服务 5. 途中导游，景点讲解 6. 安排相应的社交活动 7. 安排一定的购物活动 8. 安排好各处餐饮服务 9. 送站前准备 10. 离店服务 11. 送行服务
结束阶段	1. 处理遗留问题 2. 结账 3. 做好旅游团在当地活动期间的总结工作，并填写"地方陪同日记"

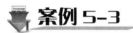
案例 5-3

湖南地接导游真诚，热心，贴心服务感动游客

2018年7月的一天，郴州假期旅行社的游客对地接导游小朱三天真诚、热心的导游服务非常满意，全体游客在离开之前给小朱导游留下了一封至真至诚的感谢信。

亲子游是本次旅游的主题。按照行程，第一天前往离广东省最近的高山草原"仰天湖大草原"参观游览，并组织游客放风筝、亲子游戏等项目。但因为正值暑假旅游旺季，前往草原的路被堵得水泄不通。虽然小朱一上车就提醒客人交通情况，提前让客人有个心理准备，但是在离景区两公里的路上，由于堵了半个小时纹丝不动，车上的小朋友还是吵闹不止。小朱当机立断，决定带着部分游客下车到附近的草原做一些亲子活动，另外一些客人则由全陪陪同，在车里安心等待。通车之后，大巴车到草原接了下车的客人再出发。小朱灵活的带团方式让团里的家长和小朋友都露出了满意的笑容。

在后面的两天，小朱也尽心尽力尽责地做好导游的本职工作，全程微笑服务，对高龄游客嘘寒问暖，对小朋友耐心、细心、有亲和力，获得了大家的一致好评。

小朱擅长沟通、组织协调能力强、爱岗敬业、真诚服务、遇事沉着冷静，在带团过程中排解各种杂乱难题，让游客感受到导游尽心尽责的服务，获得游客对导游的高度的赞扬与肯定，更为旅游行业带来正能量。

（资料来源：郴州假期旅行社有限公司）

二、全陪的工作流程

全陪的主要工作是协调、联络、监督接待社和目的地陪同导游员的工作，其服务流程包括以下步骤。

(一)服务准备

全陪在接团前的服务准备工作包括以下几个方面。

(1) 熟悉接待计划。

导游员拿到旅游团接待计划后，要认真仔细地阅读接待计划的内容。例如，广之旅的出团计划一般会在出团的前一天下午拿到，出团计划一般会装在信封里，称为"任务袋"，如图5-1所示。任务袋里的内容包括，两份计划表(俗称"大卡")，客人行程表，客人名单表，散客团的座位表(空白，单位包团无)，所需的签单纸，散客团迎宾用的举牌(单位包团无)，某些景点的确认传真，某些景点所需的购票证明，水条(单位包团才有)。导游拿到计划后，需要了解以下相关内容。

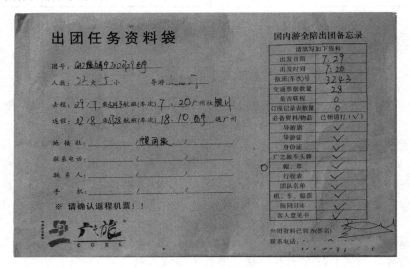

图5-1　出团任务资料袋

- 记住旅游团的名称(团号)、国别、人数和领队姓名。
- 了解旅游团成员的种族、职业、姓名、性别、年龄、宗教信仰、生活习惯。
- 了解团内较有影响的成员及需特殊照顾的对象和知名人士的情况。
- 掌握旅游团的行程计划，抵离旅游线路各站的时间、所乘交通工具的航班次、交通票据是否订妥或是否需要确认有无变更。

- 熟悉主要参观游览的项目。
- 了解全程各站安排的文娱活动、风味餐、额外游览项目及是否收费。
- 摘记有关地方单位的电话号码及传真。

(2) 做好物质和相关知识的准备。

(3) 详细了解有关情况。

(4) 与首站接待社联系。

此外,在广之旅,拿到接待计划后,还需要打电话通知客人,简称"通团"。通过"通团",提醒客人出团集中的时间、地点以及出团前的注意事项,例如,带身份证等。此项工作非常重要,是顺利出团的必要保证,也是该旅行社回访评价导游带团质量的指标之一。

案例 5-4

全陪不肯买门票

8月的一天,千岛湖××旅行社的导游员小张接待了G省中国旅行社所组成的一行20+1人的马来西亚团。在游千岛湖之前,小张照常规先去售票处购买了20张游客的游览票。上船后,千岛湖管理部门的工作人员上来检查(自"千岛湖事件"后,当地旅游管理部门对游船的管理十分严格,在全湖范围内实行卫星监控,并在湖上设置多个检查站,每条游船必须在经过严格检查后方可放行。导游员也不例外,必须出示《导游人员资格证书》)。然而全陪却无法出示《导游人员资格证书》。管理人员照章行事坚决要求全陪买游览票,但全陪予以拒绝,理由是从来没有碰到过要全陪买门票的。双方你来我往,公说公有理,婆说婆有理,时间也因此被耽搁了20多分钟。地陪小张看到要全陪买票已没有可能,最后自己掏钱去补了一张,游船终于被放行。

(资料来源:http://www.examw.com/dy/fuwu/zhidao/11531/)

(二)首站接团接待

全陪在首站接团服务的工作包括以下几个方面。

(1) 接团前,全陪应向接待社了解本站即将得到的热情友好的接待,让旅游者有宾至如归的感觉。

(2) 全陪应提前半小时到接站地点与地陪一起迎候旅游团。

(3) 全陪向领队自我介绍后,与领队核实实到人数、行李件数、住房、餐饮等方面情况。

(4) 协助领队向地陪交接行李。

(5) 致欢迎词(表示欢迎、自我介绍、同时将地陪介绍给全团、表示提供服务的真诚愿望、预祝旅行顺利、愉快)。

(三) 入住饭店接待

全陪在入住饭店服务的工作包括以下几个方面。
(1) 积极主动地协助领队办理住店手续。
(2) 请领队分配住房,但地陪要掌握住房分配名单,并与领队互通各自房号以方便联系。
(3) 热情引导旅游者进入房间。
(4) 如地陪不住饭店,全陪要负起全责,照顾好旅游团。
(5) 掌握饭店前台的电话号码与地陪紧急联系的方法。
(6) 为旅游者领取印有饭店地址和电话的卡片,并发给旅游者。

(四) 核对商定日程

全陪在核对商定日程的服务工作包括以下几个方面。
(1) 日程商定后请领队向全团宣布。
(2) 与领队核实出境机票,并协助确认。
(3) 如与境外组团社已经订妥国内段机票并由领队自带的,应尽快请接待社核实航班号确认机座。
(4) 核对旅游者签证的有效期是否与旅游团在华日期一致。

(五) 各站服务

全陪在各站的服务工作包括以下几个方面。
(1) 全陪应向地陪通报旅游团情况并协助地陪工作。
(2) 若活动安排有重复,应建议地陪作必要调整。
(3) 如发现住宿安排,饮食卫生及标准,导游服务等方面的问题,全陪应及时向地陪提出。
(4) 保护旅游者的安全,预防和处理各种事故。
(5) 为旅游者提供满意细心的导游服务,并且当好购物顾问。
(6) 做好联络工作:①做好领队与地陪,旅游者与地陪之间的联络、协调工作;②做好旅游线路上各站间,特别是上下站之间的联络工作。

(六) 离站服务

全陪在离站时的服务工作包括以下几个方面。
(1) 提前提醒地陪落实离站的交通票据及离站的准确时间。
(2) 离站时间有变化,全陪要立即通知下一站接待社或本站接待社,以防空接和漏接。
(3) 协助领队和地陪办理离站事宜:向领队讲清航空、铁路、水路有关托运或携带行李的规定，超重部分按章交纳行李超重费；向旅游者讲明我国有关行李托运的规定，帮助有困难的旅游者捆扎行李，请旅游者将行李上锁。协助领队和地陪，清点旅游团行李，与行李员办理交接手续。

(4) 妥善保管票据。

(七)途中和抵达服务

全陪在途中和抵达时的服务工作包括以下几个方面。

1. 途中服务

(1) 乘交通工具前，全陪事前请领队分配好登机卡或包间、卧铺铺位。
(2) 如途中有需要就餐，与餐车负责人联系。
(3) 在运行中，全陪应提醒旅游者注意人身财产安全。
(4) 安排好旅游者的饮食和休息。
(5) 保管好相关的票据，抵达下站时将其交给地陪。

2. 抵达服务

(1) 将抵达下站时，全陪应提醒客人整理好个人物品。
(2) 下机后，凭行李托运卡领取托运行李。
(3) 出站时全陪应举旗走在前面。
(4) 向地陪介绍领队和旅游团情况，并将计划的要求告知地陪。
(5) 清点人数，组织旅游者上车。

(八)末站接待

(1) 协助领导确认出境票。
(2) 提醒旅游者带好自己的物品和有关证件。
(3) 提醒旅游者提前结清各种费用。
(4) 征求旅游者的意见或建议，并请领队请旅游者填写征求意见表。
(5) 致欢送词。
(6) 介绍公司的其他旅游产品，做好各方面的推销工作。

(九)后续工作

旅游行程结束后，全陪的工作并没有结束，全陪还有以下的后续工作需要完成。

(1) 旅游团离境后，全陪应认真处理好团队遗留的问题。
(2) 及时交回意见表，如广之旅的全陪意见表，如图5-2所示。
(3) 报销差旅账费。

(4) 结清各种账务，填表交财务报销。

(5) 归还所借物品。

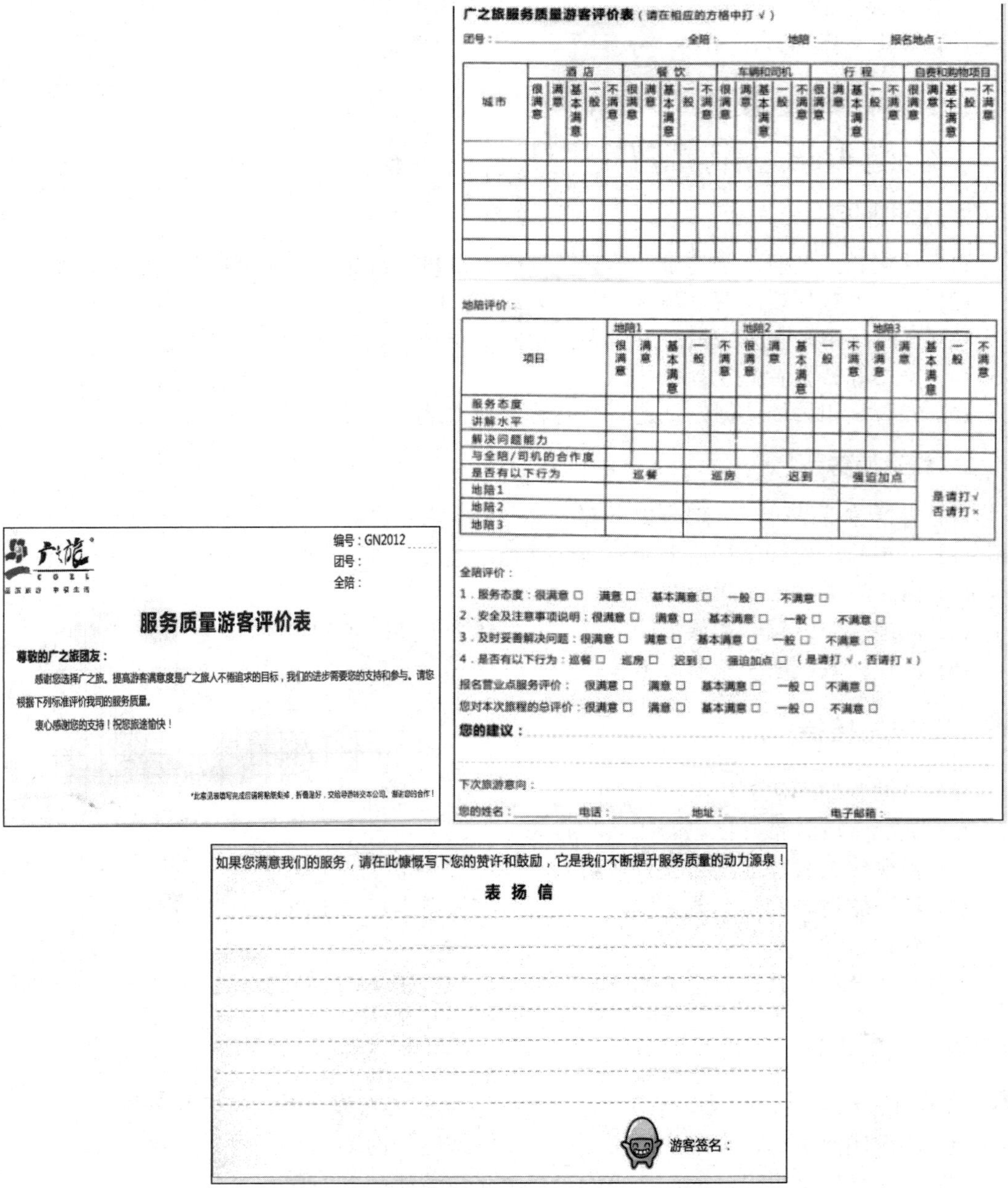

编号：GN2012

团号：

全陪：

服务质量游客评价表

尊敬的广之旅团友：

感谢您选择广之旅。提高游客满意度是广之旅人不懈追求的目标，我们的进步需要您的支持和参与。请您根据下列标准评价我司的服务质量。

衷心感谢您的支持！祝您旅途愉快！

广之旅服务质量游客评价表（请在相应的方格中打√）

团号：________ 全陪：________ 地陪：________ 报名地点：________

城市	酒店					餐饮					车辆和司机					行程					自费和购物项目				
	很满意	满意	基本满意	一般	不满意	很满意	满意	基本满意	一般	不满意	很满意	满意	基本满意	一般	不满意	很满意	满意	基本满意	一般	不满意	很满意	满意	基本满意	一般	不满意

地陪评价：

项目	地陪1 ________					地陪2 ________					地陪3 ________				
	很满意	满意	基本满意	一般	不满意	很满意	满意	基本满意	一般	不满意	很满意	满意	基本满意	一般	不满意
服务态度															
讲解水平															
解决问题能力															
与全陪/司机的合作度															

是否有以下行为	逛餐	逛房	迟到	强迫加点	
地陪1					是请打√ 否请打×
地陪2					
地陪3					

全陪评价：

1. 服务态度：很满意 □ 满意 □ 基本满意 □ 一般 □ 不满意 □
2. 安全及注意事项说明：很满意 □ 满意 □ 基本满意 □ 一般 □ 不满意 □
3. 及时妥善解决问题：很满意 □ 满意 □ 基本满意 □ 一般 □ 不满意 □
4. 是否有以下行为：逛餐 □ 逛房 □ 迟到 □ 强迫加点 □（是请打√，否请打×）

报名营业点服务评价：很满意 □ 满意 □ 基本满意 □ 一般 □ 不满意 □

您对本次旅程的总评价：很满意 □ 满意 □ 基本满意 □ 一般 □ 不满意 □

您的建议：

下次旅游意向：

您的姓名：________ 电话：________ 地址：________ 电子邮箱：________

如果您满意我们的服务，请在此慷慨写下您的赞许和鼓励，它是我们不断提升服务质量的动力源泉！

表 扬 信

游客签名：

图 5-2 广之旅全陪意见表

项目五　旅行社接待业务

任务二　旅行社散客接待

任务目标

××是个新导游，计调让他带一个散客团，请你帮他制定带团的程序、步骤，以及整理好需要携带的物品。

任务实施

请每个小组将任务实施的步骤和结果填写到表 5-3 任务单中。

表 5-3　任务单

小组成员：		指导教师：
任务名称：		模拟地点：
工作岗位分工：		
工作场景： (1) ××导游刚刚入职 (2) 掌握旅行社散客接待步骤 (3) 模拟导游进行散客接待		
教学辅助设施	模拟导游真实工作环境，配备相关教具	
任务描述	通过对旅行社散客接待工作的展开，让学生认知导游岗位	
任务重点	主要考查学生对导游工作的认识	
任务能力分解目标	(1) 散客旅游接待任务特点 (2) 散客导游接待的服务程序 (3) 地陪接待流程 (4) 全陪工作流程	
任务实施步骤		

任务评价考核点

(1) 了解散客接待服务的接待程序。
(2) 知晓导游带散客团队所应具备的基本素质。

(3) 能够简单接待散客团。
(4) 导游人员在工作中，灵活运用对散客服务礼仪。

任务相关知识点

散客旅游，又称自助或半自助旅游，在国外称为自主旅游(Independent Tour)。它是由游客自行安排旅游行程，零星现付各项旅游费用的旅游形式。散客旅游也并不意味着只是单个游客，它可以是单个游客，也可以是一个家庭或几个亲朋好友，还可以是临时组织起来的散客旅游团，人数通常少于旅游团队。

一、散客旅游接待服务的特点

随着旅游业的不断发展，散客旅游越来越受到游客的青睐，散客旅游越来越多。因此，对散客旅游接待服务的要求也就越来越高。

旅游者自身日渐成熟，随着经验的积累，远距离旅行的能力也越来越自信，他们不再将旅游视为畏途，而是作为日常生活的一个组成部分，用于调节身心、恢复疲惫和增长阅历。旅游散客对旅游服务的效率和质量的注重往往比团体旅游的游客更甚。根据散客旅游的特点，旅行社对散客旅游的接待服务具有以下特点。

(一)增加旅游产品的文化含量，提供个性化服务

散客旅游是一种自主的旅游形式，参加散客旅游的游客一般都是知识面广、对旅游期待较高的旅游者，更希望感受到自己未曾感受到的见闻。因此，为了满足散客的需求，旅行社在为他们设计旅游产品时，要特别增加旅游产品的文化含量，使得这些旅游产品具有较高的文化内涵和地方特色或者是民族特色产品，满足散客追求个性化、满足好奇心、拓宽视野的要求。

除了旅游产品要增加文化含量外，旅行社在给散客分派导游时，也务必要为他们提供知识面广、文化素养高的导游人员，以丰富他们的知识领域。

案例 5-5

低价旅行团里的秘密：散客拼团成潜规则

由于平时工作繁忙，对于不少游客而言，旅行社提供的两日、三日游是个不错的选择。可两三天内就能转上很多景点的短期游真的有旅行社宣传的那么好吗?五一前夕，记者参加了济南市一家旅行社的"三日游"。

项目五　旅行社接待业务

2017年4月24日记者通过网络联系上了一家山东旅游百事通旅行社,在电话咨询了工作人员之后,记者以650元的价格,满怀期待地参加了苏州杭州周庄乌镇的纯玩三日"枕水之旅"。4月25日早上六点,记者来到了导游指定的集合地点,然而过来接记者的并不是工作人员说的全程旅游大巴,而是一辆莱芜牌照的私人面包车。

司机一会儿说自己是旅行社的,一会儿又说自己是出租车公司的,而他告诉记者,这个旅游团都是来自省内各地的"散客团"拼起来的,这种现象在低价旅行团里很常见。

当天上午八点钟,记者被送到了莱芜市的红石广场门口,在等待半个多小时后,一辆写着山东追风客国际旅行社的大巴才赶了过来,记者和几名莱芜的游客一起登上了大巴。就这样,大巴车开始了走走停停的"旅途"——在行驶到蒙阴县、临沂市、兰陵县相继上了十几名散客,在行驶了12个小时后,当天晚上六点多,记者一行才赶到了周庄。纯玩三日"枕水之旅"的第一天就在大巴上度过了。

记者在报旅行团之前,特别电话咨询了旅行社的工作人员。工作人员表示,苏州杭州周庄乌镇的纯玩三日"枕水之旅"是没有任何购物店的。

事实果真如此吗?在第二天,旅行团按照行程来到了AA景区"锦绣天地城"。说是景区,不过这里看起来更像是一家购物店。在"锦绣天地城"导游介绍完一家丝绸国有企业的历史后,便将游客们带到了二楼的一间屋内。工作人员先是介绍了如何区分真假蚕丝,之后又介绍起产品。工作人员首先介绍了真丝衣服和丝巾的好处,接着又给大家推荐了蚕丝被和真丝被套。工作人员说,真丝里面含有18种氨基酸,其中丝氨酸、赖氨酸,有滋养皮肤美白皮肤的功效,因此天天睡真丝被套里面,就等于天天睡美容觉,做全身的美容。

按照工作人员的说法,蚕丝不仅能防紫外线,还能美容,有很好的保健作用,那么,蚕丝果真有这么好的功效吗?记者咨询了山东纺织科学研究院的工作人员。工作人员表示,蚕丝里的确含有氨基酸,它属于蛋白纤维。但是说蚕丝防紫外线和能美容只是一种概念,涉嫌概念炒作,真正的效果没有那么明显。

(资料来源: http://www.dzwww.com/shandong/sdnews/201705/t20170502_15864327.html.)

(二)建立计算机网络化预订系统

散客旅游者的购买方式多为零星购买、随意性较大。因此,旅行社的预订系统必须要迅速、高效、便利、准确地运行,这样才能够满足散客购买者的要求,为他们提供方便快捷的服务。为此,旅行社应采用以计算机技术为基础的网络化预订系统,这样不仅可以方便游客,还可以拓宽旅行社的业务,增加经济效益。

(三)建立广泛、高效、优质的旅游服务供应网络

散客旅游者多采用自助式的旅游方式,在旅游过程中,他们的计划经常会发生变动,对于旅游目的地的各类服务设施要求较高。为此,对旅行社提供的旅游服务项目在时间上

要求快，对旅游服务质量要求较高。旅行社为了满足散客这一特点，务必建立广泛、高效、优质的旅游服务供应网络，以满足游客的需求。

二、散客旅游接待程序

旅行社散客旅游接待服务的程序是指受组团社的委托，根据双方长期协议或者临时约定，由地方接待旅行社向外地组团社发来的散客团体提供的旅游接待服务。只要是组团社发送来的散客，一人也可以享受散客团的待遇。

散客旅游接待从业务洽谈开始到游客行程结束，有如下的接待服务程序。

1. 咨询洽谈

在旅游者决定购买旅行社旅游产品前，旅游者会通过各种方式向旅行社工作人员咨询相关信息，例如，通过电话咨询服务、信函咨询服务和人员咨询服务等。因此，在这个阶段，旅行社工作人员主要是与旅游咨询者进行咨询洽谈，旅行社接待员回答旅游者关于旅行社产品及其他旅游服务方面的问题，并向其提供购买本旅行社有关产品的建议。

2. 签订合同

签订合同是每一个在旅行社报名的旅游者在出行前都要和旅行社签订的协议，这是对旅游者的保障，也是对旅行社的一种保障。当旅游咨询者决定购买相关的旅游产品后，旅行社会向旅游咨询者出示相关的旅游合同，旅游合同里明确标示了旅游者和旅行社在该次旅游行程中各自的责任和义务，以及其他的事项等，旅游者在认真阅读并无异议后将和旅行社签订该份合同。

3. 采购旅游产品

旅行社针对游客提出的要求对相关的旅游产品进行采购。旅行社及时给散客旅游者采购或者预订符合散客旅游者要求的饭店、餐馆、景点、文娱场所、交通部门等，使得散客旅游者的行程能够按时顺利进行。

4. 选派导游

在散客旅游者的旅游行程开始之前，旅行社需要为散客旅游者分派导游，在游客整个行程中，导游为其提供满意的导游服务，包括吃、住、行、游、购、娱等方面的服务。散客旅游的接待工作难度较大，旅行社需要为其配备经验比较丰富、独立能力较强的导游人员。

5. 导游的接待工作

在接待过程中，导游人员应组织安排好各项活动，随时注意旅游者的反映和要求，在不违反旅游者承诺和不增加旅行社经济负担的前提下，对旅游活动内容做适当的调整。

导游的接待工作包括接站准备工作、接站服务、入住与交通服务、参观游览服务、送站服务等。

任务三　大型团队和特种团队接待

任务目标

大型团队和特种团队的接待是旅行社的重要任务，××是个新导游，计调让他带一个特种团队，请你帮他制定带团的程序、步骤；整理好需要携带的物品，以及提醒其带团的注意事项。

任务实施

请每个小组将任务实施的步骤和结果填写到表 5-4 任务单中。

表 5-4　任务单

小组成员：		指导教师：	
任务名称：		模拟地点：	
工作岗位分工：			
工作场景： (1) ××导游刚刚入职 (2) 掌握旅行社特种团体接待步骤 (3) 模拟导游进行特种团队接待			
教学辅助设施	模拟导游真实工作环境，配备相关教具		
任务描述	通过对旅行社特种团队、大型团队接待工作的展开，让学生认知导游岗位		
任务重点	主要考查学生对导游工作的认识		
任务能力分解目标	(1) 特种团队、大型团队旅游接待任务特点 (2) 特种团队、大型团队导游接待的服务程序 (3) 特种团队、大型团队接待流程		
任务实施步骤			

任务评价考核点

(1) 了解大型团队、特种团队接待服务的程序。
(2) 知晓大型团队、特种团队导游所应具备的基本素质。
(3) 能够初步接待大型团队、特种团队。
(4) 分清大型团队、特种团队与其他团队的区别

任务相关知识点

旅行社除了一般的团体旅游接待和散客旅游接待外，还有大型的旅游团队和特种旅游团队的接待。这两种旅游团队的接待与一般的团体旅游和散客接待不同，了解这两种团体旅游服务接待的特点和接待服务的操作，可以更好地为游客提供优质服务。

情境一　大型旅游团队接待服务

一、大型旅游团队接待服务的特点

为了能够提供满意的旅游服务，需要了解大型旅游团队接待服务的特点。

1. 接待难度高

大型旅游团队的利润一般较高，而且对旅行社提高知名度有极大帮助，但是其接待难度也比一般观光旅游团队要高。大型旅游团人数多、活动项目多、活动主题性强，甚至要求一些特殊的节目或待遇，如安排群众性的欢迎、欢送场面，组织联欢会或专场文艺演出，安排领导会见和举行大型宴会等，因此无论是对于行程开始前的旅行社，还是接待的导游而言，接待难度都是比较高的。

2. 任务重，影响力大

大型旅游团旅行时有时要安排专机或专列，活动时要安排大型车队，租用大型会场和厅堂，住大型饭店甚至必须分住几个饭店，因此旅行社必然面对的是此类团体旅游的接待影响面广、工作强度大、安全保卫工作任务重的情况，如果旅行社能够顺利成功地接待如此大的旅游团队，那么对于提高旅行社的社会地位和社会影响力是极其有帮助的。

3. 涉及面广

接待社要有足够的前期时间做好准备工作，因为大型团体旅游的接待涉及面广而且复

杂，往往不是旅行社一家所能承担的。还要依靠外事、公安、文化、教育、科技、经济、宗教、交通、保险等许多单位的支持协助，甚至有时要请有关专业单位负责旅游团的专业活动。大型团队正是因为接待难度高、任务重、影响力大，所以接待这一类型的团涉及面很广。

案例5-6

大型定制团出游系列报道

以南湖国旅一贯"专业专注、优质服务"的服务理念，会奖旅游中心大区四部副经理潘智鹏、资深商旅顾问潘智鹏在部门领导，以及各计调部门的支持下，今年再下一城，承接了名列世界500强企业之一的恒大集团的2017年员工奖励旅游，出游线路包括国内和出境，出游人数达1700人次。

项目投标从0到100%，有赖于各端口部门的支持，各计调部门积极提供产品线路、落实机位及酒店房间情况、提供细致的个性化服务，才能完成这个大型项目。本次大型项目更多是体现我们南湖人将个性化与自由度相结合的旅游管家服务理念。

为配合客户需求，给予客户公司参团员工充分的自由选择空间，我们与各计调部门充分协商，挑选出多条精品线路，让客户员工自由挑选出自己喜爱的旅游线路，后续安排了客服人员与每位参团员工沟通落实出游线路及注意事项，达成了我们与客户、客户员工三赢的局面。

为加强本次大型旅游项目的体验感，我们为集团出游员工提供了一系列的旅游装备：统一的服装T恤、行李牌、贴心洗刷用品等。对于行程中集中时间早于早上七点或晚于十一点集中出发时间的线路，我们贴心地赠送了早餐或夜宵。

从筹备安排到首团出发，整个过程虽然只是短短一个月时间，却少不了所有参与此次项目的伙伴的配合与付出。一切努力都只为让1700位参团员工各团出团顺利，享受本次旅程。

南湖国旅会奖旅游中心对大型项目的团队旅游接待服务游刃有余，但凡遇到的难题能够迎刃而解，完全得益于幕后计调部门与经验丰富的会奖中心商旅顾问们全心全意的付出。

（资料来源：http://www.sohu.com/a/166648586_757323）

二、大型旅游团队接待服务的要求

大型旅游团队的操作不是一件容易的事情，因人数多、规模大等，如果工作不当，会造成严重的后果，甚至影响接待社在社会上的声誉和地位。因此相关工作人员需要对大型旅游团队接待服务有较熟悉的了解，并且要了解大型旅游团队接待服务和要求。

(一)有序接待

大型旅游团队的人数多,各方面的安排相对比较复杂,因此要做好充分的准备,做到有序接待,多而不乱。

1. 化整为零,分而不散

如果团队人员住在不同的宾馆,那么可以分成若干个小团来完成旅游活动,甚至各小团的行程都可以不同。例如,两团间第一天和第二天的行程可以对调,这样可以避免在一些比较小的景点游客堆积太多,从而影响旅游质量。

如果把团队化整为零,就必须在团队到达前做好充分的准备。把人数合理分配,并把各小团安排的导游和司机通知给组团社。

2. 统一指挥,分工合作

大型团队由于人多、车多、导游多,虽然有时候各个小团各自为政,但是也有不少时候需要统一行动,这就需要在各团间有一位主调度的导游,甚至派一名专员协调各团队之间行程进度,并协调其他相关部门,如饭店、餐馆等的专门人员。

有人统一调度的同时,还需要各团队间的服务人员能分工合作。例如,在景点参观的时候,由于人数众多,有时候导游不一定能让自己所带团队的成员都听清讲解,这时候可以采取分段讲解法,各导游把景点分成几个部分,各自在部分景点上反复讲解;或者采取分批讲解法,根据总团队游客快慢的速度,把所有的游客分为快团、中团、慢团,进行分批讲解,最后统一集合。这样,能让更多的游客听到讲解,从而更好地参观景点。

3. 准备充分,落实稳当

大型团队在预订房、餐、车的时候就要考虑到人数比较多的问题。有的宾馆不一定能住下团队所有的游客,有的餐馆也不一定能同时容纳团队所有的游客就餐,为了防止"撞车"事件,就需要提前分散预订。

出团时,导游人员应做好相应的物质准备,必须持证上岗,携带计调单、导游旗、喇叭、意见反馈单等相关物品。除此之外,大型团队导游人员还应该准备旅游车编号、带有小团编号的导游旗、分发给游客的标志、用餐桌签等物品。

(二)严格控制

大型旅游团队的规模庞大,为了确保旅游行程的顺利进行,以防意外的出现,相关负责人要加强对团队的控制,始终使得旅游团队处于控制状态,具体做法有以下几种。

1. 加强与领队、全陪的合作

地陪与全陪、领队是以遵守协议为前提进行合作共事的工作集体,他们的关系是合作伙伴关系。处理好这种关系,是旅游团队旅行活动顺利进行的重要保证。

一般来说,全陪、领队都深知与地陪合作是带好旅游团的重要保证。为了搞好与全陪、领队的关系,地陪应从下列几方面努力,要尊重他们,支持他们的工作;互相沟通,避免正面冲突;不卑不亢,有理、有力、有节。

大型团队很容易发生游客走失、丢失财物等意外情况,为了减少或杜绝此类情况的发生,就需要地陪与全陪、领队合作。大家分清自己的责任,通力合作。一般来说,在团队行进过程中,地陪领头并讲解,全陪负责查看游客动向,以防走失。在团队入住的时候,由全陪、领队分发房卡等。

2. 做好安全保障工作

旅游安全是旅游业发展的基础,是旅游业的生命线。"人命关天",旅游安全是旅游活动中关系到全局的大事,安全胜于一切,安全压倒一切,安全决定旅游活动的成败。为此,在导游过程中,保障旅游者的人身和财产安全,是导游服务的头等要事。特别是大型团队,人多,人员构成复杂,导游人员对此更不能有任何麻痹思想,不能存有任何侥幸心理,一旦出现事故苗头和安全隐患不能有任何怠慢,因为任何麻痹、侥幸与怠慢都有可能酿成大祸,尤其是对旅游者的人身安全,导游人员必须做到万无一失。

3. 使旅游团的活动始终处于控制状态

(1) 要能分清自己所带团队的游客。在大型团队中很多游客彼此都是熟人,常常发生"串门"的事情,有些混乱团队整个行程下来还不清楚总体人数的,就是因为游客在旅游过程中甲车的游客跑到乙车,乙车的游客又跑到丙车……

(2) 导游人员必须作出详细的计划,在作计划的时候还要把游客可能拖延的时间考虑进去,尽量让游客按既定计划完成行程。

(3) 各车导游要及时相互联系,协调行动。

(4) 最重要的就是要不停地提醒游客遵守活动时间,激发他们的团队精神,相互帮助,相互提醒,不要出现走失等情况。否则,导游联系再紧密,游客不配合也是枉然。

案例 5-7

广东省迎来今年首个 4000 人大型旅游团队

2019 年 2 月 20 日至 24 日,武陵源核心景区接待了新年首个 4000 人大型旅游团队。该大型旅行团由张家界光明国际旅行社和中国国旅广州公司组织接待,团员均为中国平安人寿保险公司东莞中心支公司 2018 年第四季度组织发展工作优秀个人,共分 3 批抵达。

中国平安东莞支公司相关负责人表示,张家界是享誉世界的知名旅游胜地,自然风景、配套设施、管理服务都非常好,因此特地选择在张家界召开公司 2019 年发展启动大会。游览期间，公司员工先后参观了袁家界、十里画廊等景点，纷纷为景区妖娆多姿的冰雪景观和工作人员优质热情的服务点赞。

近年来，武陵源区开展多种形式的宣传营销活动，出台了一系列旅游团队奖励措施，每年回访客源地市场，深入了解一线客源地市场对武陵源旅游产品的需求，精准施策，努力实现景区与客源地市场的无缝对接。2018年，景区接待广东游客近50万人。

(资料来源：http://www.zjj.gov.cn/c32/20190304/i462350.html.)

三、大型旅游团队接待服务的操作

大型旅游团队接待服务的操作步骤如下。

1. 接站

旅游团(者)所乘班次的客人出站时，地陪要设法尽快找到所接旅游团(者)。地陪要举接站牌站在明显的位置上，让领队或全陪(或客人)前来联系，或者主动询问，问清该团领队(或客人)姓名、人数、国别、团名，大型旅游团还要问清团号，一切相符后才能确定是自己所要接待的旅游团。

2. 入住酒店

旅游团(者)抵达酒店后，地陪可在饭店大堂内指定位置让旅游者稍作等候，并尽快向饭店总服务台讲明团队名称或旅游者姓名(散客)、订房单位，注意各小团队房号可以预先分配好。帮助填写住房登记表，并向总服务台提供旅游团(者)名单，拿到住房卡(房间号)后，再请领队分配房间和分发房门钥匙(或磁卡)。最后地陪应掌握所接待旅游者的房间号，尽量让各小团队不要混淆。

3. 用餐

应提前请餐厅准备好部分菜肴，否则大批游客涌入，会导致上菜速度缓慢。到达餐厅时，导游应亲自带领旅游者进入餐厅，向餐厅领座服务员询问本团的餐桌号，然后引领旅游团(者)成员入座，并不时查看游客用餐情况。

4. 登车出发

地陪应提前10分钟到达集合地，并督促司机做好各项准备工作提前到达。客人上车时，地陪应恭候在车门一侧，热情地招呼客人。待旅游者上车后，地陪应礼貌地清点人数(切忌指点客人)。一切准备妥当后，地陪可示意司机开车，并进行途中导游、讲解。

5. 游览讲解

抵达景点时，下车前，地陪应向旅游者讲清该景点停留时间，以及参观游览结束后的集合时间和地点；提醒旅游者记住旅行车的型号、颜色、标志、车牌号；在进景点门前，地陪应向旅游者讲解游览线路，提醒游览注意事项；在景点导游过程中，地陪应保证在计划时间和费用内，使旅游者充分地游览、观赏，做到导和游相结合，适当集中和分散相结合，劳逸结合；为防止旅游者在游览中走失，除了做好上述提醒工作外，还须做到时刻不离旅游者，并注意观察周围环境，特别关照老弱病残的旅游者，应与领队、全陪一起密切配合，随时清点人数。

6. 送团

地陪应在旅游团离开的前一天与领队、全陪商定出托运行李的时间，并通知每一位旅游者；提醒、督促旅游者尽早与饭店结清所有自费项目账单，否则在最后送团时结账很可能会拖延相当长的时间。注意送团时应提前相应时间到达交通港。

7. 结束阶段

结清账目，处理遗留问题，填写《全陪日记》，归还所借物品。

情境二　特种旅游团队接待服务

一、特种旅游团队接待服务的特点

特种旅游团队是指该团成员具有同一体质特征或同一特殊旅游目的的旅游团。例如，专业人士团队、宗教型团队、探险旅游团队、老年人团队、青少年团队、残疾人团队等由特殊游客组成的旅游团队。特种旅游团队接待服务具有以下特点。

1. 针对性强

特种旅游团队种类很多，导游员应熟悉和掌握各类旅游团队的特点和服务要点，储备好相关的信息和知识，根据团队人员构成的特点提供有针对性的服务，不能够千篇一律，由于不同种类特殊旅游团成员的年龄、职业等不同，所以要针对各个旅游团队的特殊情况，提供有助于该团队成员特征的服务。

2. 行为和知识要求较高

特种旅游团队包括各种团队，每种团队都具有同一体质特征，因此在给他们提供服务的时候，要尤其注意与该团队成员的交谈，不要和他们谈到该团队比较敏感的话题，对他们造成冒犯。例如，宗教团队、残疾人团队等，行为要比较谨慎。此外，如政务型团队、超豪华型团队等，这些团队的人士文化素养较高，因此在接待他们时务必要充分做好相关知识的准备，以求能够给他们的旅途带来全新的体验和感受。

案例 5-8

天津市旅游代表团赴澳门推广天津旅游品牌

2017年7月7—9日,第五届澳门国际旅游(产业)博览会在澳门举行。天津市旅游局协同部分区县旅游管理部门、旅游企业组团参加本次博览会,并利用本次展会契机,举办澳门"天津周"天津旅游促销活动。

博览会期间,天津旅游代表团通过视频播放、图文展示、发放资料、现场咨询等方式向广大旅游企业游客展示了天津旅游的发展成果,重点宣传天津市世界文化遗产和生态宜居之旅、民俗文化之旅、美食之旅、近代中国看天津文化之旅等旅游品牌,全面展示了"天天乐道、津津有味"的旅游新形象。此次展会上还引入非遗文化展示环节,杨柳青年画、风筝魏、鼻烟壶彩绘、天津剪纸等天津非遗文化精彩亮相澳门,吸引了众多观众驻足观看。

7月7日下午,"天天乐道、津津有味"天津旅游说明会暨天津海外合作旅游推广站授牌仪式举行,市旅游局向澳门万国控股集团授予了"天津市旅游局指定澳门旅游推广合作伙伴"挂牌。说明会专门介绍了天津旅游线路和旅游产品,宣讲了旅行社组团入境奖励政策,与会旅行商与媒体对天津的旅游资源非常赞赏,旅行商们对入境奖励政策表现出浓厚的兴趣,表示未来将在多领域与天津开展旅游合作。

(资料来源:http://www.haikoutour.gov.cn/info/news_view.asp?ArticleID=13596)

二、特种旅游团队接待服务的操作

对特种旅游团队的接待,除按普通旅游团队服务程序操作外,还应根据每个团队不同的特点,采取更个性化的接待方式。

(一)专业人士考察团的接待服务

专业人士考察团是指具有某一方面专业的考察队伍,接待该种考察团时,要根据该考察团的特点进行操作。

1. 专业人士考察团的主要特征

专业人士考察团的主要特征:考察团成员具有较多的相关专业知识;旅游的目的明确;观察细致。

2. 专业人士考察团接待服务的操作

接待专业人士考察团,导游要克服畏难情绪。许多导游都怕带专业团,因为导游没有对某类知识研究十分透彻的经验。但是,专家并不是在各个领域中都是专家,作为地陪,

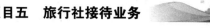

比专家更加了解本地,对于专家不熟悉的方面,我们也有相当的发言权。

做好知识准备,包括对该专业(领域)有一定的了解,搜集有关资料,掌握背景知识,针对考察的具体对象重点准备。

在讲解的时候,不要求能讲多深刻,但是所讲的内容必须正确。此外,针对专家所精通的内容,尽量避免讲解,还有就是不要讲些大家都知道,特别是专家都知道的东西,而应该讲此处景点不同于其他景点的特点。

游览时,要保证充足的游览时间。专家考察团一般都有自己的研究目的,并非一般游客走马观花,因此正常参观后,还应该留出一定的时间自由活动。

(二)宗教旅游团队的接待服务

宗教旅游是指一种以宗教朝觐为主要动机的旅游活动。自古以来世界上三大宗教(佛教、基督教和伊斯兰教)的信徒都有朝圣。其中麦加是所有宗教旅游中规模最大、朝觐人数最多的一处圣地。

1. 宗教旅游团队的特征

宗教旅游团队的特征主要有目的明确、时间严格、禁忌较多、待人宽容等。

2. 宗教旅游团队接待服务的注意事项

接待宗教旅游团队时,应注意提高政策意识、加强请示汇报、认真落实有关活动日程、尊重宗教习惯、组织好有关活动等。

(三)探险旅游团队的接待

探险旅游包括山岳探险旅游、沙漠探险旅游、峡谷(洞穴)探险旅游、漂流(潜水)探险旅游及高原探险旅游等。

1. 探险旅游团队的特征

探险旅游团最大的特点是喜欢多动多看,他们对旅游有一种特殊的偏爱,在旅途中也时常表现出激动、好奇和热闹。因此,导游员带领年轻人旅游团进行参观游览时,应根据年轻人的特点,在不违反旅游接待计划的基础上,尽量满足他们"合理而又可能的要求",使旅游活动能顺利健康地开展下去。此外,探险旅游团队还具有目的特殊、成员意志坚定、配套装备较多、专业性较强、风险性较高等特点。

2. 探险旅游团队接待服务的操作

(1) 带领探险旅游团的关键是在于导游员本身要充满朝气活力,要善于组织和了解他们的心理活动特点。他们到达旅游景区后,往往又表现出与众不同的渴望和向往心理,因此，他们想多一点自由活动的时间，想多去一些别人没去过的地方，已经成为探险旅游团最大的需求。

(2) 随着旅游活动的进一步开展，游客之间得到了进一步的交流和了解，此时，他们会变得熟悉和亲热起来，他们还特别喜欢开玩笑，提出各种各样、名目繁多的奇异问题。这时候是导游员最难带团的阶段。因此，导游员的基本做法是尊重游客、热情服务、讲有特点、做有规矩、等距交往、有紧有松、导游结合。

(3) 导游员要控制好整个团队的旅游节奏，包括做好思想工作和组织工作，一定要有较强壮的身体和相关的专业知识，做好充分的物质准备，果断地处理问题。

知识拓展5-4

探险旅游大揭秘：走不一样的路线，玩的就是惊心、刺激、新鲜

探险旅游有别于景点旅行路线的一点是其不确定性，惊险甚至在无知中的原始拓路行为，与普通的旅游是在已知的景点或路线上"走马观花"的方式相比，探险旅游有两个重点：一个是探索的"探"字，一个是危险的"险"字。

探险旅游(Adventure Travel)是旅游者到陌生、人迹罕至或险象环生的特殊环境中进行的充满神秘性、危险性和刺激性的旅行(或考察)活动。按其目的分，大致有以下几类，即高山探险旅游、沙漠探险旅游、海洋探险旅游、森林探险旅游、洞穴探险旅游、极地探险旅游、追踪野生动物探险旅游、特殊事件追踪探险、寻找原始部落探险旅游等。

在地理意义上，可以按旅游方位陆海空的项目大致分为以下三种。

1. 陆地

攀高峰，如珠峰；穿沙漠，如罗布泊；越丛林，如原始森林徒步；走古道，如茶马古道；涉峡谷，如雅鲁藏布；观原生，如滇藏无人区；坠深穴，如原始坑洞绳降等，从登山运动中独立出的溯溪就是陆地的探险旅游的可徒步选择，溯溪是由峡谷溪流的下游向上游，克服地形上的各处障碍，穷水之源而登山之巅的一项探险活动，川滇藏等西部雪山区，如稻城、亚丁、马岭河等；徒步溪谷就是很具代表性的大众溯溪项目。

2. 水上

这里以水为主题，如大河、海洋、深湖等；垂钓、野外生存、泅渡、悬渡、潜水、气垫船等借助舟船、绳索等工具，在水域如海底城市(公园)及海底世界如梦似幻的美景，并乐此不疲；当然先进的潜水设备供游客在海底漫步，尝试新鲜体验。例如，"黑水"漂流、租船航行、潜水、汽艇、帆船运动、筏运、皮艇漂流、划独木舟、冲浪、水橇、捕龟。

3. 空中

具体旅游项目有帆伞、悬挂式滑翔机、跳伞、观光飞行、直升机飞行、乘热气球、高空跳伞、蹦极跳等。

总而言之，探险旅游是一种具有一定危险性或挑战性的新型旅游活动，游客通过在原始地区或者户外探索或体验新颖活动来获得新鲜和刺激感。探险旅游可以分为硬探险旅游和软探险旅游，硬探险旅游强度大、难度大、危险性大，需要借助一定的器材或设备才能进行，一般是在户外进行。高山攀登、沙漠探险、洞穴探险等都属于硬探险旅游。软探险相对于硬探险来说，难度较小、危险性较小、设备要求也没那么严格，徒步穿越、山地自行车、"暴走"等都属于这种类型。

目前国内探险旅游的大致情况是私自组织，盲目参与，专业管理不够、旅行前准备不足，因而有较大风险性。

探险旅游参与者安全意识薄弱、探险素质不高。探险游客的盲目自信与侥幸心理一直都广泛存在，这是诱发事故的个人因素。部分游客群体普遍存在游前安全准备不足，对探险路线及周边风险缺乏系统认知，没有学习和掌握必备的生存知识和技能，医疗包等基本应急物资储备不全。在旅游过程中，忽视风险提示和工作人员的提醒，为盲目追求猎奇心理，甚至采取鲁莽的举动，以致事故面前无能为力，只能等待救援。与有计划、有组织、有保障、有能力的旅游探险活动相反，部分参与者将探险旅游作为肆意妄为的、无组织、无纪律的冒险游戏，他们提倡"不走寻常路""明知山有虎，偏向虎山行"，由此引发的探险旅游事故频频发生。

(资料来源：https://baijiahao.baidu.com/s?id=1590895518440931481&wfr=spider&fo)

(四)夕阳红旅游团的接待服务

夕阳红老年人旅游团一般是由单位、社区组织的，也有自发组织和自愿参加旅游团的。导游员在带领老年人旅游团进行参观游览时，应根据老年人的特点，做好讲解介绍工作。

1. 夕阳红旅游团的特征

老年人的特点是好思古怀旧，希望得到尊重。在旅游活动过程中，希望导游员与他们多沟通、多交流，他们最怕的是寂寞。夕阳红旅游团行程舒缓，对讲解要求较高。

2. 夕阳红旅游团接待服务的操作

考虑到老年游客自身的特点，旅游行程安排不宜过紧，活动量不宜过大，人数不宜过多。最好选用经验丰富、有一定医护经验的导游带队，并注意从细节上为老年旅游者提供贴心的服务。例如，安排的住宿要尽可能的舒适，餐饮要卫生，要避免安排游览的时间过长，游玩中要注意适当休息，以免疲劳过度。

旅行社应建立针对老年旅游团队的专项应急预案。通过行前说明会、发放安全提示小卡片、配备随队医生等方式采取必要的安全防范措施，保障老年游客的人身财产安全。加强对领队和导游的安全培训、急救培训，在旅游途中对可能危及老年游客人身财产安全的事宜，及时作出真实说明和明确警示，并采取必要措施。一旦发生紧急事件，立即上报旅游管理部门。导游接待夕阳红团队要为他们提供耐心细致的服务，在生活上关心他们，游览中要留心，服务上要耐心。

案例 5-9

出境游将是银发族出游重头戏

尽管老年游客更爱国内游，但随着出境游景点开始出现更多的中文服务，以及众多国家推出免签及签证便利举措，不少身体状况较好的老年游客，开始渐渐倾向出国游玩。2015年，老年游出境游同比增长217%，增速高于国内游(95%)，老年游客较为青睐的境外目的地国家有日本、韩国、泰国、法国、意大利、瑞士、德国、美国、俄罗斯、越南。从这一排行榜可以看出，老年游客主要选择飞行时长较短的周边国家作为目的地，但也不排斥出境长线游，看更广阔的世界。

南湖国旅一出手便下重本在"长者出境游"的线路上。南湖国旅策划推广中心副总监曾达丰告诉记者，"南湖国旅很早就在德国设立了分公司，经过多年的运营特别是近两年来的快速发展，欧洲区域已经掌握了非常完善及丰富的资源，所以我们首先在欧洲的产品上试水推出了'长者服务八大标准'"。

记者了解到，南湖国旅独创的"八大标准"，如特别配备无线导览耳机，清晰聆听；配备了豪华品牌(奔驰、沃尔沃、MAN等品牌)旅游车，让长者出行更舒适；旅途中安排了精通粤语、普通话、英语等多种语言的耐心细致、服务好的领队；抵达欧洲后，领队及时向长者家属发送平安信息，返程前发送航班信息；将细心工作提前到旅途之前，计调人员为长者团安排了楼层低或者有电梯酒店；领队每晚都必须巡视房间；每人赠送集体照一张等贴心服务。

距真正实施《旅行社老年旅游服务规范》还有不到半年时间，业界却早已行动起来，在"规范"的基础上根据自身实际条件，为长者游客们量身定制合适的产品和服务，这种落到实处的做法的确比"规范"本身更具力量，更能促进行业的健康发展。

(资料来源：https://www.iyiou.com/p/25940.html.)

(五)青少年旅游团队的接待服务

青少年旅游团一般是由学校组织的，也有自发组织和自愿参加旅游团的。导游员在带领少年旅游团进行参观游览时，应根据青少年的特点做好讲解介绍工作。

1. 青少年旅游团队的特征

青少年的特点是精力充沛，好奇心强，社会阅历和经验少，容易冲动。在旅游活动过程中，他们一般与导游员沟通较少，希望的是自己探索，或者与朋友一起欣赏。

2. 青少年旅游团队接待服务的操作

导游员在带领青少年旅游团进行参观游览时，其首要任务是安全问题。导和游的工作都要突出一个"安全"，讲解介绍时速度要适中，声音要响亮，服务态度要热情和周到，更要提醒他们注意安全，因为青少年的心智尚未成熟，对外界的判断力不强，有可能因为好奇心而导致一些意外的发生。

整个旅程安排要对青少年有吸引力，尤其是满足他们强烈的好奇心，参观游览完一个景点后要适当给他们一些自由活动的时间。导游在讲解技巧上要多运用形象、生动、比较时尚的语言，能够吸引他们的注意力，让他们与导游产生共鸣，缩短两者的距离。青少年旅游团队的接待要做到合理安排行程，行程要有吸引力；提供耐心细致的服务，游览中要留心，服务上要耐心。

案例 5-10

暑期临近：同程旅游亲子游与研学旅行升温明显

2019 年 6 月底，大中小学生们陆续迎来暑假，旅游市场的暑期出游也迎来高峰。据悉，每年暑期都有不少家长为孩子安排亲子游或者研学旅行，希望趁着假期多一些亲子陪伴，同时开阔视野。根据同程旅游平台数据显示，6 月开始，亲子游和研学旅行的咨询和预订量开始明显增多，普遍关注的出行日期是在七八月份。

2019 年暑期，同程旅游推出了一些不少适合小朋友的亲子游出境线路。例如，"云南腾冲康藤帐篷营地亲子 4 日跟团游""法国+瑞士亲子家庭乐享 10 天纯玩""马尔代夫瑞提海滩度假村 4 晚 5 日/5 晚 6 日自由行""同程自营•非凡英国 12~13 天深度纯玩""纯玩省心——非凡迪拜+阿布扎比 4 晚 5 日游跟团游"等，其中，截至目前热度较高的几条线路有"FUN 假台湾亲子 6 日跟团游""日本本州双古都+长野+中津川 6 日 5 晚跟团游"和"新加坡 4 晚 6 日半自助游"。

李女士暑期计划带 9 岁的女儿参加同程旅游的"FUN 假台湾亲子 6 日跟团游"，这个团暑期只有 7 月 11 日出发的一个团期，仅招募 8 组有 5~11 岁儿童的家庭，行程主题包括闯关活动、亲子手作、自然乐趣和文化巡礼等，每组家庭会收到一份任务书，然后进行 6 天亲子探索台湾文化之旅，"平时自己工作非常忙，小孩虽然只有 9 岁，但学习压力也不小，每天下班或者周末都是在作业或者课外辅导班中度过的，每年暑假都会尽量安排一场出游，在旅行中寓教于乐"。

此外，每年暑期"高校行"研学旅行线路也颇受家长孩子喜欢，如 2019 年同程旅游平台上线的"上海名校研学夏令营 4 日跟团游""北京清华中科院名校研学夏令营 5 日跟团游""香港游学""厦门鹭岛+醉美校园厦大+抓蟹记+走进厦大课堂双飞 5 日跟团游"等都是暑期预订咨询较多的线路，其中"北京清华中科院名校研学夏令营 5 日跟团游"为孩子们安排了清华大学、北京大学、北京语言大学、中国国家博物馆、中科院、北京航空航天大学等高校行程。

另有一些带孩子走进自然，感受风土人情的特色研学旅行线路，关注度也不少。比如，新疆+伊宁+百里画廊唐布拉+那拉提+特克斯+天马的故乡昭苏+夏塔+赛里木湖+喀赞其风情园 8 日跟团游、研学+西双版纳+野象谷+原始热带雨林+中科院植物园+雨林傣乡双飞 7 日私家团、研学成都+卧龙熊猫基地+都江堰双飞 5 日跟团游、云南腾冲康藤帐篷营地亲子 4 日跟团游、青海亲子西宁+金银滩+青海湖+茶卡盐湖+塔尔寺+七彩丹霞双飞 6 日跟团游等。

（资料来源：http://www.pinchain.com/article/194879）

(六)残疾人士旅游团队的接待服务

残疾人团队的成员都是在生理上有缺陷的人士，因此在接待他们的时候，要尤其为他们的行动提供便利，让他们能够在旅途中顺利游览各个景点，圆满完成快乐的旅程。

1. 残疾人士团队的特征

残疾人士由于生理上的不足，在心理上可能比较自卑，对自己没有信心，所以在接待他们的时候要有耐心，热情接待他们；但是在接待的时候又不能过分地去关心某一个人或者某一些人，因为有些残疾人士自尊心很强，他们会认为这是导游员认为他们不能自强或者没有出息，才会给予特殊的照顾，有伤他们的自尊心。

2. 残疾人士团队接待服务的操作

残疾人士团队接待应提前与所有该团要涉足的单位、景点打招呼，取得各个部门和单位的合作；此外，事先踩点，弄清楚是否有障碍通道，或者也可以通过与相关景区等部门电话联系，了解无障碍通道情况，如果没有，要准备好帮助抬车的足够人手；导游员要有较强的责任心，并且说话要谨慎，以防伤及游客自尊心。

知识拓展 5-5

未来残疾人旅游将提供手语导游

据了解，中康残疾人旅游俱乐部与中华残疾人旅游服务联盟将依托日照市残疾人公益文化中心，在日照市设立"中国残疾人旅游服务试点基地，手语导游培训基地"。

"现在一些景区和旅行社都没有专门接待残疾人的服务，顶多景区有个盲道，手语导游几乎还没有"。中华残疾人旅游服务联盟会长李远胜说，联盟由全国 100 家旅行社会员单位组成，明年 5 月份，将在日照召开"中国残疾人旅游服务高峰论坛会"。

据介绍,该联盟还计划 100 家旅行社每家派出一至两名导游到日照接受手语培训,日照市残疾人公益文化中心负责组织到日照市特殊学校进行学习授课。

(资料来源:http://www.chinadaily.com.cn/hqgj/jryw/)

(七)VIP 团队接待服务

VIP 团队是高标准团队,接待要有别于一般旅游团队,由于接待对象的重要性,旅行社在接待标准、接待规格、接待项目等方面要提供个性化服务,如表 5-5 所示。

表 5-5 某旅行社 VIP 接待流程(至尊版)

接待对象	省地市领导、政府代表、全国知名企业家和名流		
接待标准	全程五星级酒店,如地方没有五星级酒店,入住当地星级最高酒店		
接待规格	旅行社总经理、VIP 部门经理、工作人员、十佳导游员共同前往机场接机		
项 目	内 容	费用明细	需要打"√"
接机规格	鲜花(3 捧)、条幅、接站牌、礼仪小姐、欢庆锣鼓	鲜花 150 元/捧;欢庆锣鼓 1500 元/团;条幅 100 元;礼仪小姐 200 元/人;接站牌 50 元	
正规旅游用车服务(10 项)	1. 高档商务接待车,车况良好并且保证空座率 55%	司机服务费 500 元/天	
	2. 在接待任务的前一天对车进行全面彻底的打扫,铺好地毯,保持清洁的同时并保持车内气味清新	/	
	3. 司机着正装接待并保持着装卫生,司机驾龄十年以上,全程保持良好的服务态度,并且不主动和客人搭讪,服务时提供礼貌用语	/	
	4. 司机负责与工作人员、行李生上下贵宾行李,并和下榻宾馆行李生共同清点行李,每日入住酒店前有工作人员提前提供贵宾房号给司机	/	
	5. 在行程中到达参观景点或酒店时,接待车停靠在离目的地最近最方便贵宾上下行的地方	/	

续表

项　目	内　容	费用明细	需要打"√"
正规旅游用车服务（10项）	6. 车内提前备有时令水果两种/人(如苹果、桃子、梨子、橘子、小番茄)、农夫山泉矿泉水一瓶/人、山西精美特产小点一份/人(如红枣、维之王山楂、醋糕、枣糕、太谷饼等)、口香糖一卷/人、心心相印纸巾一包/人、湿纸巾一包/人，车内每天备有热水壶及环保纸杯，热水每天必更换，保证温度和卫生	水果20元/人/天；零食35元/人；纸巾1.5元/人；口香糖10元/人	
	7. 车内提前备好雨披、打火机、颈枕	雨披20元/人；打火机2元；颈枕20元/人	
	8. 车内小储物箱备有护手霜、湿纸巾、创可贴、凉茶、速溶咖啡、苦荞茶	储物箱295元；护手霜10元；湿纸巾20元；创可贴10元；凉茶30元；速溶咖啡65元/盒；苦荞茶160元/盒	
	9. 车头全程粘贴"贵宾团"车头纸	2元/张	
	10. 车内备有山西地方报纸和杂志	杂志60元/3种；报纸10元/份	
导游服务（12项）	1. 接待工作的导游员是在山西或太原获得同行业优秀称号的讲解员，工作经验在十年以上，能提供优质讲解和温馨服务	500元/天	
	2. 接机当天着正装，次日行程开始着旅行社工作服，化淡妆并保持着装干净给人清爽的美感，接待任务期间不佩戴任何首饰	/	
	3. 导游员全程手机保持振动并24小时畅通，对讲机5部(导游、全陪、领队、司机、工作人员)	对讲机耗损20元/部	
	4. 导游员和工作人员，每天晚上会更换客人第二天车上备用的矿泉水、零食、水果(清洁后)在当日早晨发放给客人	农夫山泉3元/瓶	
	5. 在行程1.5小时左右，会安排休息10分钟，在到达服务区上卫生间时，导游员会提前下车站在车旁，为宾客发放纸巾	15元/包	

续表

项 目	内 容	费用明细	需要打"√"
导游服务(12项)	6. 导游员车上讲解每站保持30分钟,每到停车场前10分钟,提醒客人做好下车准备(带好相机、添减衣服、景区注意事项、集合时间)	/	
	7. 行程至五台山,导游员安排落实寺庙大和尚为贵宾普佛法会或在寺庙参加僧人早课,结束后由僧人赠送五台山开光灵物一份	300～500元/人,法会5000元起	
	8. 导游员景区讲解需准确深入,配有专业扩音器或耳麦,全程陪同贵宾游览	/	
	9. 客人用餐时,导游员保证巡餐3次,为客人提供安排良好的餐饮质量	/	
	10. 客人入住后15分钟开始查房,及时处理问题并为客人安排所需,导游员查房的同时给客人分发"山西醋宝"隔天"凉茶"	5元/人/天	
	11. 每日提前30分钟抵达早餐厅,迎接宾客问安	/	
	12. 在送团时要赠送精美山西特产一份、山西精美煤雕工艺品一件或漆器工艺品一件、云冈石窟集体照1张/人	特产50～300元;集体照20元/人;工艺品250～600元/件	
餐厅服务(8项)	1. 在行程出发前把菜单提前传到旅行社,导游在每晚提前与领队沟通落实第二天菜品,如需更改及时落实到餐厅和工作人员	/	
	2. 在贵宾抵达餐厅前10分钟,餐厅总经理携员工、旅行社工作人员门口等候迎接	/	
	3. 餐厅要安排欢迎水牌	/	
	4. 贵宾用餐必须提供独立豪华包间	包间服务费200元	
	5. 客人到达前20分钟,必须安排好餐台,在餐台上要摆好"方圆贵宾席"台号	10元/件	
	6. 贵宾席保证每桌一位服务员全程跟餐服务	/	
	7. 中午用餐安排软饮,晚上用餐安排软饮和酒水(指定软饮和酒水)	软饮50元/2瓶/天/桌;酒水160元/天/桌	
	8. 餐前餐后提供茗茶(苦荞茶)服务	160元/盒	

续表

项　目	内　容	费用明细	需要打"√"
酒店服务 (8项)	1. 提前2小时拿到房号，并一式五份，提供给导游、司机、全陪、领队、工作人员并提前由领队分配安排房间	10元/团	
	2. 在抵达宾馆前10分钟时，宾馆总经理、副总经理、销售部经理携员工、旅行社工作人员门厅等候迎接	/	
	3. 在行程第一天抵达宾馆前10分钟，举行山西威风锣鼓欢迎仪式，直至客人入住宾馆后	/	
	4. 宾馆安排欢迎水牌	5元/字	
	5. 客人下车后，由司机、工作人员和行李生安排行李进入房间	行李服务100元/天	
	6. 房间内备有时令水果和鲜花	水果120元/天/间；鲜花150元	
	7. 房间内提前放置旅行社温馨提示卡，内容包括次日温度、次日起床时间、次日早餐位置及次日行程安排	温馨卡5元/张	
	8. 次日早晨由行李生、司机、工作人员在出发前半小时，安排行李上车服务	/	
工作人员服务 (10项)	1. 旅行社安排工作人员3名，并配有专车提供服务	工作车按行程定，工作人员300元/天	
	2. 工作人员在客人抵达景区前15分钟，为贵宾安排好购票工作等候接待	/	
	3. 工作人员在贵宾抵达餐厅前半小时，提前到达餐厅，落实检查餐厅服务工作，并安排餐厅经理人员迎候贵宾	/	
	4. 工作人员在贵宾抵达宾馆前半小时，提前到达宾馆，落实房间温馨卡的摆放、房间卫生及突发状况、房间水果和鲜花并检查欢迎水牌，提前10分钟和宾馆领导一同门厅等候迎接贵宾	/	
	5. 工作人员提前拿房卡，贵宾到达后交予导游员	/	

续表

项 目	内 容	费用明细	需要打"√"
工作人员服务（10项）	6. 贵宾抵达宾馆后，工作人员一同与司机、行李生安排落实行李送进房间服务	/	
	7. 次日早晨工作人员与司机、行李生提前半小时进入房间取行李上车	/	
	8. 工作人员配合导游员，每晚安排次日车上客人所需的山西特产小点、矿泉水、纸巾、口香糖，次日所需水果洗净后独立包装放置车上，次日由导游员发放	/	
	9. 工作人员负责餐厅、宾馆结账工作	/	
	10. 工作人员负责一切突发事件的及时处理	/	

任务四　导游员管理

任务目标

××旅行社刚刚成立，作为旅行社新入职的人事部门员工，请你制定出专职导游员、兼职导游员的管理制度方案。

任务实施

请每个小组将任务实施的步骤和结果填写到表 5-6 任务单中。

表 5-6　任务单

小组成员：		指导教师：	
任务名称：		模拟地点：	
工作岗位分工：			
工作场景： (1) ××旅行社刚刚成立 (2) 人事部门制定导游管理制度			
教学辅助设施	模拟旅行社真实工作环境，配备相关教具		

	续表
任务描述	通过对旅行社导游人员人事管理方案工作制定的展开，让学生认知导游员的管理工作
任务重点	主要考查学生对导游员管理工作的认识
任务能力分解目标	(1) 专职导游人员的管理方法 (2) 兼职导游人员的管理方法 (3) 兼职导游人员的注册登记
任务实施步骤	

任务评价考核点

(1) 掌握专职导游人员的管理方法。
(2) 熟悉兼职人员的管理方法。
(3) 了解兼职导游人员的注册登记方法。

任务相关知识点

导游服务是旅游服务重要的组成部分，而导游人员是导游服务的主体。按劳动就业方式划分，导游人员分为旅行社(含导游公司)专职导游和兼职导游。专职导游是指与旅行社签约的、专门为该旅行社从事导游带团工作的导游，以带团为职业的导游。兼职导游是指有固定职业、偶尔帮助旅行社从事导游带团活动的导游，所服务的旅行社不固定，可以有多家旅行社。

旅游服务产品是无形的，它的价值是通过导游的全过程服务来具体体现的，导游人员素质的高低与能力的强弱直接影响着导游服务的质量，影响着旅游者对其"游历质量"的满意程度，因此旅行社要加强对导游员，包括专职导游和兼职导游的有效管理。

一、专职导游员的管理

目前多数旅行社对专职导游服务质量的监控方式主要有对游客及与该导游合作的其他旅游企业的员工进行调查访问；发放并回收游客意见表。这些监督手段有一定的效果，但是只能保证导游履行基本职责，并不能激励导游从关注游客利益角度来提升游客满意度。专职导游服务质量的制度性监管在旅行社企业层面的缺失，造成了较为严重的后果。旅行社务必采取切实可行的措施，改善专职导游的管理机制。具体有以下一些措施。

1. 实行公对公佣金制度,优化专职导游的薪酬结构

使旅游购物佣金合法化和公开化,旅游购物商场提计的佣金,必须计入销售成本,旅行社收取的佣金,应将其列入营业收入。导游个人不允许收取佣金,旅行社必须与聘用的导游人员签订劳动合同,明确劳动报酬和返回佣金比例,并纳入企业核算体系内进行规范管理。

旅行社在切实执行公对公佣金制度的基础上,与专职导游通过合同约定其基本工资、带团津贴及回佣提成,以优化专职导游的薪酬结构。旅行社可以适当提高专职导游的基本工资和带团津贴,将专职导游的回佣提成控制在双方都可以接受的比例范围内,这样可以增加专职导游收入的相对稳定性,缓解专职导游的职业焦虑。

案例 5-11

厦门市签订导游员工资专项集体合同

2017年11月11日下午,厦门市导游员劳动报酬集体协商会议暨集体合同签约仪式在音乐岛酒店召开。厦门市旅游发展委员会、厦门市总工会、厦门市人力资源和社会保障局、厦门市旅游协会、厦门市导游协会等领导嘉宾,以及旅行社代表、导游代表、新闻媒体记者共计约100人参加了会议。

会议重点围绕《厦门市旅行社行业导游员工资专项集体合同(草案)》的内容进行协商。双方协商代表分别就合同草案中专职导游员的工资、奖金、社会保险,社会导游员的临时服务费用、各项福利补贴,合同的监督保障条款等细项进行协商,经过热烈的讨论,最终双方达成一致意见,明确了合同的关键条款,形成了《厦门市旅行社行业导游员工资专项集体合同》正式文本。双方在与会代表的见证下完成了签约。

《厦门市旅行社行业导游员工资专项集体合同》的签订,是福建省和厦门市旅游、工会、人社部门共同努力的成果,也是诸多优秀的旅游企业积极支持的成果,标志着导游劳动权益保障工作取得了阶段性的成果。合同的签订明确了厦门导游劳动报酬标准,进一步完善了厦门导游员执业保障体系,保障导游员参与工资分配和获取合理劳动报酬的权益,引领广大导游自觉将"游客为本,服务至诚"的旅游行业价值观作为职业导向,不断提升自身素质,为广大游客提供更加优质的服务,进一步实现劳动关系双方互利共赢,促进旅游市场持续稳定健康发展。

(资料来源:http://www.sohu.com/a/203738620_99964729)

2. 发挥旅行社联合体作用,共同制定并执行导游服务质量标准和规范

为应对日益激烈的市场竞争,各地都已经出现了各种各样的旅行社联合体。旅行社联合体制定了各类旅行社产品的现场服务规范,在联合体内推广。例如,针对团队、散客,

制定不同的标准化服务措施和程序；针对服务对象不同、接待要求和标准不同，制定具体的导游服务规范。

在此基础上，旅行社联合体应建立起完善的旅行社企业全新机制和专职导游诚信档案，对企业行为，以及专职导游的个人行为进行相对透明的市场监管。对联合体内的专职导游进行服务质量监控。

3. 逐步推行"全员所有制"，从根本上完善专职导游的激励和保障机制

在专职导游的绩效考评机制的构建上，旅行社可以实行导游薪酬等级制，导游的薪酬和导游被评定的等级相挂钩，实现优导优酬。

但是导游的职业行为是在脱离旅行社监控的真空状态下完成的，仅靠导游的自律，要求他们恪尽职守，尽可能完美地提供服务，近乎不可能。旅行社应该尽量谋求导游和旅行社之间利益的一致性，在保证企业利益的同时，要保证导游的长远利益。因此旅行社要建立与导游"风险共担，收益共享"的机制。

二、兼职导游员的管理

近年来，我国导游人员数量激增且兼职导游居多，而兼职导游与旅行社只有松散的临时雇佣关系，权利、责任、义务不明确，双方几乎完全只凭相互信任支撑，旅行社对导游缺乏应有的约束力。由于旅游业淡旺季差异明显，利润空间有限，旅行社为最大限度节省开支，只会配备少量的专职导游，旺季时旅行社的专职导游员供不应求，在旺季就聘用大批的兼职导游；一到旅游旺季，整个地区的导游员处于一种供不应求的状态，只要有人愿意带团，就让上团；有时甚至使用未取得导游资格证书和IC卡的人员上团，即所谓的"野导""黑导"；派团时，因个人关系、因人而异，导致导游人员提供的服务质量差。导游员是直接跟旅游者接触的，他们的导游服务质量关系到本地区旅行社乃至整个地区旅游业的声誉，因此旅行社必须加强对兼职导游人员的管理，加强对兼职导游员的管理有以下几种措施。

1. 订立合同，实行合同管理

旅行社与兼职导游签订合同，有助于增强导游员的责任感，更好地为旅游者服务。旅行社在同兼职导游员订立合同之前，要实行审核制度。旅行社应对其所在单位的证明、导游资格证书、思想品质、身体状况、有无民事行为的能力、有无犯罪记录等进行审核、登记，以确定是否与其签订劳动合同。

2. 实行质量保证金制度

为确保导游接待的质量，旅行社应在与兼职导游员订立合同的同时，要求导游员缴纳

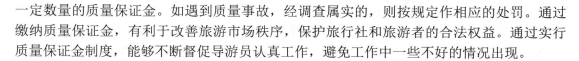

一定数量的质量保证金。如遇到质量事故，经调查属实的，则按规定作相应的处罚。通过缴纳质量保证金，有利于改善旅游市场秩序，保护旅行社和旅游者的合法权益。通过实行质量保证金制度，能够不断督促导游员认真工作，避免工作中一些不好的情况出现。

3. 建立导游员个人档案

旅行社的相关部门应该把所有兼职导游人员的资料录入电脑。例如，兼职导游人员的年龄、性别、联系电话、获取资格证的时间、每次带团的表现情况、曾经带团去过的线路等，当旺季需要兼职导游时，能够从兼职导游人员的数据库中，寻找合适的导游。

案例 5-12

"网约导游"升级旅行服务

国家旅游局启动线上导游自由执业试点，越来越多的游客通过网络预约"私人导游"。持有导游证的网约导游，通过众多线上导游平台和线下景区旅游集散中心洽谈业务，成为行业新模式。

2018 年 8 月，南京的张先生和家人一起来天津游玩。他曾多次随旅行团到天津旅游，这次他在网上提前预约了一位天津的"网约导游"窦明。记者联系到天津小伙儿窦明。窦明对记者说，他从 2005 年开始在天津一家旅行社做导游。2016 年，他先后加入了几个网上导游平台，注册成为一名"网约导游"。他通过自己热情周到、耐心细致的服务和生动活泼的讲解，赢得游客好评，至今未出现投诉情况，还拥有众多"粉丝"，网上接单量逐年提高。记者了解到，在"网约导游"平台上，各种服务项目都是明码标价，游客可以自由选择所需的服务。"网约导游"一天的工作时间大约是 9:00～18:00，每天的服务费在 400 元至 600 元不等。如果导游的工作时长超出预约，会另外加收费用。

窦明告诉记者，现在网上订单大都来自家庭游客，他们以自助游的方式出行，希望通过深度游，了解天津的历史和风土人情。这种私人定制的行程，对"网约导游"也提出了新的要求，做"网约导游"的工作量要比普通带团导游大，不能像平时带团那样只背导游词，而是要根据游客需要提前查找各种资料，给自己"充电"。在导游过程中要有问必答，还要讲得精彩，才能让顾客满意。

结束采访前窦明表示，"网约导游"是有严格监管的。在网络导游平台上，如果游客给了导游差评，该平台会扣除导游的服务费。如果旅游期间出现问题和纠纷，平台也会对游客实行"先行赔付"，情节严重的，涉事导游还会被吊销导游证。

（资料来源：https://baijiahao.baidu.com/s?id=1610291760632304387&wfr=spider）

4. 组织培训，确保兼职导游员素质

旅行社提供的产品很重要的一部分是服务，而服务要通过人来完成，人员综合素质、

服务水平的高低直接影响到旅行社的信誉。现在的社会信息瞬息万变，许多旅游的相关信息也在不断更新和前进，因此，旅行社应当定期组织兼职导游人员进行培训，让他们去了解最新的导游工作的信息，有助于提高其自身的素质和工作能力，从而能够更好地开展导游工作。旅行社必须改变传统的培训方式方法，采用新的培训模式，丰富培训内容，重视培训效果，增加培训的吸引力，使培训更灵活、更生动，导游人员更愿意参与。

案例 5-13

盘州市教育系统 2017 教师兼职导游培训开班仪式

2017 年 8 月 16 日上午 8 时 30 分，盘州市教育系统教师兼职导游培训开班仪式在盘州市职业技术学校致远楼学术报告厅拉开帷幕，仪式由盘州市职业技术学校技能培训与鉴定处主任罗丹主持，盘州市人民政府教育督导室副主任方德跃、盘州市生态旅游局局长范珂、盘州市职业技术学校校长叶征雄出席开班仪式。本次培训为期七天，共有来自盘州市教育系统优秀教师 100 余人参加。

仪式共有四个议程，首先，盘州市职业技术学校校长叶征雄同志致辞，叶校长表示参训学员均是教育系统优秀教师，承载着传播盘州旅游文化的责任，盘州市职业技术学校将尽其所能，为大家服务，使大家相会在盘州市职校，交流在盘州市职校，满意在盘州市职校。随后，盘州市人民政府教育督导室副主任方德跃讲话，方主任希望老师们明确关心宣传盘州是我们义不容辞的责任，并要求老师学好常识、挖掘盘州文化内涵，编好故事，为盘州市旅游的发展贡献自己的力量。随后，盘州市旅游局局长范珂结合自身经历，深入浅出，风趣幽默地讲述了旅游对于人生的意义，并深切地希望老师们能在新的平台展现自我、提升自我、完善自我。最后，教师代表文开春老师发言。

本次培训主要内容有破冰、全域旅游、导游词撰写技巧、盘州市本土歌曲鉴赏、沟通技巧、旅游安全与政策法规、盘州旅游元素讲解竞技性考核等，授课教师均为优秀的旅游从业者，学员对于此次活动十分积极，并憧憬成为一名兼职导游员，为家乡的旅游发展贡献出自己的力量。

(资料来源：http://m.sohu.com/a/165816364_716547)

5. 兼职导游定期例会

兼职导游的定期例会，可以加强各个导游之间的交流和学习，以及信息的沟通，这对兼职导游来说是一个很好的学习机会，能够从其他的同事中了解到不同线路的一些情况，出现的问题及如何解决等。此外，定期例会还可以让导游们进行批评和自我批评，不断总结经验教训，找出自己的不足，为以后的工作提供借鉴，从而创造良好的团队协作氛围，形成互帮互助、互相勉励的团队精神，更有利于员工保持良好的工作心情。

此外，旅行社可与学校建立长期的合作关系。对于开设了旅游或相关专业的学校，他们为学生提供比较系统的理论性教育，一方面学生对旅游相关概念有一个基本且系统的认识；另一方面，学生的素质也比较高，加上大多数的旅游系的学生已考取导游证，这是非常好的兼职导游人员的来源；再者，学生拥有比较稳定的个人支配时间，且大都集中在学校这个营地当中，相对社会上的兼职导游来说，具有相当大的固定性。这对于旅行社在旺季前难以作出人手预算这点来说，学生资源恰好是一个补充。凭着与学校的合作，旅行社将能提高管理和决策的能力，并通过学校设定一系列的调查，清晰、快捷地洞悉市场之需求。

项 目 小 结

旅游服务产品是无形的，它的价值是通过旅行社的客户服务来具体体现，而导游人员是旅游服务的主体，因此导游人员素质的高低与能力的强弱直接影响着导游服务的质量，影响着旅游者对其"游历质量"的满意程度。在导游服务过程中，导游需要接待各种团队和散客，因此导游要熟悉各种接待服务的特点与操作。本章主要介绍了团体旅游接待服务的特点和团体旅游接待的服务程序，地陪导游和全陪导游工作的流程，散客旅游接待服务的特点和散客旅游接待的服务程序，大型旅游团队接待服务和特种旅游团队接待服务的特点与操作，以及专职导游员和兼职导游员的管理。

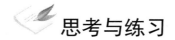

思考与练习

一、单项选择题

1. 团体旅游接待服务的特点是(　　)。
   A. 计划性强　　　B. 技能要求高　　　C. 协调工作多　　　D. 以上三者
2. 导游员接待×团队前的准备工作不包括(　　)。
   A. 业务上的准备　　　　　　　　　　B. 途中导游，景点讲解
   C. 知识准备　　　　　　　　　　　　D. 形象的准备
3. 散客旅游接待服务的特点是(　　)。
   A. 增加旅游产品的文化含量，提供个性化服务
   B. 建立计算机网络化预订系统
   C. 建立广泛、高效、优质的旅游服务供应网络
   D. 以上三者

4. 喜欢多动多看，他们对旅游有一种特殊的偏爱，在旅途中也时常表现出激动、好奇和热闹的旅游团队是(　　)。
  A. 探险旅游团队   B. 少年旅游团队
  C. 宗教旅游团队   D. 专业人士考察团

5. 旅行社要求导游员缴纳一定数量的(　　)，如遇到质量事故，经调查属实的，则按规定作相应的处罚。这样有利于改善旅游市场秩序，保护旅行社和旅游者的合法权益，不断督促导游员认真工作，避免工作中一些不好情况的出现。
  A. 押金   B. 质量保证金   C. 定金   D. 保险金

二、多项选择题

1. 团体旅游接待需要协调的各方工作有(　　)。
  A. 旅行社与其他旅游企业   B. 旅游者与旅游者
  C. 导游陪同与旅游者   D. 各地旅行社工作人员

2. 以下属于地陪工作的有(　　)。
  A. 持接站标志迎候旅游团
  B. 首次沿途导游
  C. 做好旅游线路上各站间，特别是上下站之间的联络工作
  D. 照顾行李进房，安排好叫早服务

3. 大型旅游团队的接待有(　　)要求。
  A. 化整为零，分而不散   B. 统一指挥，分工合作
  C. 使旅游团的活动始终处于控制状态   D. 个性化的接待方式

4. 宗教旅游团队的特征有(　　)。
  A. 目的明确   B. 时间严格   C. 禁忌较多   D. 待人宽容

5. 做好兼职导游的管理工作的措施有(　　)。
  A. 订立合同，实行合同管理   B. 实行质量保证金制度
  C. 建立导游员个人档案   D. 组织培训，确保兼职导游员素质

三、名词解释

1. 团体旅游接待
2. 地陪
3. 全陪
4. 散客旅游
5. 专职导游
6. 兼职导游

四、简答题

1. 团体旅游接待服务有哪些程序？
2. 地陪导游工作的主要流程有哪些？
3. 散客旅游接待服务有哪些程序？
4. 大型旅游团队接待服务有什么特点？
5. 特种旅游团队接待服务有什么特点？
6. 如何做好少年旅游团队的接待？
7. 对专职导游人员的管理可采取哪些措施？

五、论述题

1. 在媒体上，有些导游的不良行为被曝光，从而影响导游在游客心中的形象，但有些导游却可以为游客提供良好的服务，取得游客的大大赞赏。请论述21世纪的导游，应当如何做好相关工作，为游客提供满意的导游服务？

2. 鉴于旅游行业的特点，旅行社在旅游旺季极其缺乏导游，旅行社是否可以在旅游旺季为兼职导游提供基本收入，从而吸引更多合格的兼职导游为旅行社提供更好的导游服务？

六、案例分析

1. 小张担任一东南亚旅游团的地陪。旅游团到了饭店后，小张就和领队商谈日程安排。在商谈过程中，小张发现领队手中计划表上的游览景点与自己接待任务书上所确定的游览景点不一致，领队的计划表上多了两个景点，且坚持要按他手上的景点来安排行程。为了让领队和游客没有意见，小张答应了。在游览结束后，领队和游客较满意。但小张回旅行社报账时却被经理狠狠批评了一顿，并责令他赔偿这两个景点的门票费用。

思考： 领队手中计划表上的游览景点与自己接待任务书上所确定的游览景点不一致时，作为导游的小张该如何处理？

2. 全陪小熊和一个来自德国的旅游团坐长江豪华游船游览长江三峡，一路上相处十分愉快。游船上每餐的中国菜肴十分丰盛，且每道菜没有重复。但一日晚餐过后，一游客对小熊说："你们的中国菜很好吃，我每次都吃得很多，不过今天我的肚子有点想家了，你要是吃多了我们的面包和黄油，是不是也想中国的大米饭？"旁边的游客也笑了起来。虽说是一句半开玩笑的话，却让小熊深思。晚上，小熊与游船上取得联系，说明了游客的情况，提出第二天安排一顿西餐的要求。第二天，当游客发现吃西餐时，各个兴奋地鼓掌。

思考： 请根据以上案例的情况，利用所学的知识进行分析。

3. 不少子女想为父母安排一次旅游以表孝心，也有不少老年人准备结伴出游。但记者走访发现，"银发族"旅游需求旺盛，但一些旅行社却不愿意接待老年团。

"我想给父母报个团，却找不到适合老年人的。"昨日，市民王先生说，他咨询了多家旅行社，却没有找到合适的老年团。

一位读者投诉称,他在咨询一家旅行社时,对方得知他的父母均已超过60岁,就要求每位老人多交1000元的团费,解释是"老年游客对安全、住宿、医疗、保险的要求较高,而且消费能力不高,不提高团费难以回本"。

记者了解到,昨日,木兰天池、云雾山及咸宁温泉等武汉周边景区的老年游客,比平时增长五成以上,但多为自发组织而来,旅行社发团较少。

武汉市旅游局相关负责人表示,老年游客整体消费能力较高,属于"有钱有闲"一族,消费忠诚度也很高,旅行社应将老年团培养成淡季出游的主力军。

(资料来源:http://www.cnhan.com/content/2012-10/24/content_1727081.html.)

思考:"银发族"旅游需求旺盛,一些旅行社却不愿意接待老年团,这是因为接待老人团有着特殊的要求。在接待老人团时,有哪些特殊的操作要求?

七、实训题

某旅游团因为天气原因未能按预定计划到达目的地,原定的游览计划被迫取消,旅游者情绪非常低落。到达目的地后,全陪非常希望接团的地陪能在致欢迎词时设法改变一下客人沮丧的心境。如果你是该团的地陪,你将如何致欢迎词?

将学生分为游客和全陪导游,训练在游客购物过程中,全陪导游应该怎样做好导购服务。

1. 实训项目:地陪跟团实训。让小组同学在当地随团一天,感受地陪带团的过程和技巧。

2. 实训目标:学生通过实地跟团学习,能更直观地了解和掌握地陪工作的流程和技巧,提高学生实际工作能力。

3. 实训指导:
(1) 指导学生掌握地陪带团的流程及工作特点。
(2) 帮助小组同学联系实习基地。例如,旅行社或者导游服务公司等,安排学生跟团实习。

4. 实训组织:
(1) 把所在班级学生分成小组,每组4~5人,确定组长,实行组长负责制。
(2) 告知学生注意安全,签订安全责任协议书。
(3) 完成跟团实训心得报告书,在课堂上进行讲解交流。

5. 实训考核:
(1) 根据每组所写报告,由主讲教师进行评分和点评,占比50%。
(2) 课堂讲解完后,由各个小组各给出一个成绩,取其平均分,占比50%。

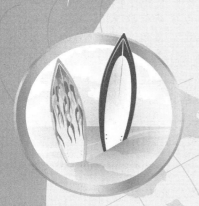

项目六

旅行社综合管理

【学习目标】

　　了解旅行社人力资源管理的基本过程；熟悉旅行社人员招聘和培训的流程；理解旅行社质量管理的内容、特点和评价标准，能够处理好旅游服务质量问题；了解旅游电子商务概况和在线旅游情况。

【关键词】

　　旅行社　人力资源　薪酬　培训　绩效　服务质量　旅游电子商务

旅行社经营管理实务

案例导入

姜某、王某、荣某、顾某、陈某原在上海 A 旅行社有限公司华东接待部工作，其中姜某任部门经理，其余四人为业务员，共同负责华东地陪旅游业务。上述五人在未经 A 旅行社同意、未办理任何交接手续的情况下擅自离职，并将各自使用的计算机中所有预定团客户资料及各类业务文件全部删除，带走了所有团队的书面档案资料和结算单。经调查，上述五人离职后即至 B 旅行社工作，并利用 A 旅行社的客户资料为 B 旅行社组团。而 A 旅行社的《企业管理条例》明确规定，员工在职期间和离职三年内对 A 旅行社的商业秘密必须保密不得泄露。五人离职后，以 B 旅行社的名义向同行单位发函，声称由于工作需要，A 旅行社华东接待部的全体人员调入 B 旅行社工作，给 A 旅行社的正常经营带来严重影响。A 旅游社律师函告 B 旅行社，五名个人系擅自跳槽，尚未与 A 旅行社解除劳动关系，B 旅行社不应与五名个人建立劳动关系。B 旅行社对此置若罔闻，仍继续使用五人泄露的 A 旅行社商业秘密，造成 A 旅行社四、五两月旅游旺季业务的全面损失。

(资料来源：简书．燕麦云，https://www.jianshu.com/p/b0f6ee38c072)

思考： 面对上述员工集体辞职问题，如果你是旅行社总经理，应该如何处理？

答题思路： 首先要从外部和内部两方面着手，找出员工集体离职的原因；其次，要依据相应的法律法规，对员工集体离职进行评判，看采取怎样的手段来保护旅行社利益。

任务一　旅行社人力资源管理

任务目标

××旅行社是新成立的一家旅行社，你作为旅行社人力资源经理，需要建立旅行社人力资源管理体系，开展旅行社人力资源规划、员工招聘、员工培训和薪酬体系等工作。

任务实施

请每个小组将任务实施的步骤和结果填写到表 6-1 任务单中。

项目六 旅行社综合管理

表 6-1 任务单

小组成员：	指导教师：
任务名称：	模拟地点：
工作岗位分工：	
工作场景： (1) ××旅行社是新成立的旅行社 (2) 需要建立旅行社人力资源管理体系	
教学辅助设施	模拟旅行社真实工作环境，配备相关教具
任务描述	通过对旅行社人力资源规划、员工招聘、员工培训和薪酬体系等工作的开展让学生了解旅行社人力资源管理的基本内容
任务重点	主要考查学生对旅行社人力资源管理的认知
任务能力分解目标	(1) 旅行社人力资源规划 (2) 旅行社员工招聘 (3) 旅行社员工培训 (4) 旅行社薪酬体系
任务实施步骤	
任务实施结果	

任务评价考核点

(1) 了解旅行社人力资源管理的基本内涵。
(2) 熟悉旅行社人力资源规划的重要内容。
(3) 能够进行旅行社员工招聘、员工培训的基本操作。
(4) 掌握旅行社薪酬策略和制定方法。

任务相关知识点

　　旅行社是劳动密集型和智力密集型企业，其业务是一项复杂的组织工作和人对人、面对面的服务工作。可以说，"人"是旅行社的核心，是整个企业的精髓和支柱，也是企业中唯一的能动要素，是最积极和基本的要素。目前，我国旅行社人力资源总体层次不高。旅行社员工，尤其是导游人员，多为中专或职专生，而本专科及硕士以上学历的高级导游人才却严重缺乏。旅行社作为智力密集型企业，不仅需要高质量的服务人员，更需要高知识型的管理决策人员。旅行社市场竞争力的强弱，归根结底取决于员工队伍的素质。因此，加强人力资源管理对旅行社的发展起着极为重要的作用。

人才的频繁流动在旅行社的经营管理中是普遍存在的现象,旅行社业务骨干"跳槽"甚至是业务骨干集体"跳槽"事件频频发生,对旅行社的稳定与发展造成了极为不利的影响。旅行社员工频繁流动,给人力资源管理增加了难度,同时也给旅行社造成了巨大的损失。一方面,流动频繁增加了人力资源管理的成本;另一方面,员工流动频繁降低了旅行社的整体工作效益,增加了旅行社的经营管理成本。因此,加强旅行社人力资源的开发与管理,对于保证旅行社的稳定和发展,具有非常重要的战略意义。

一、旅行社人力资源规划

(一)旅行社人力资源规划的概念

旅行社人力资源规划是指旅行社科学地预测和分析自己在环境变化中的人力资源供给和需求,确定人力资源发展目标,以及达成目标的措施和过程。人力资源规划有利于旅行社制定战略目标和发展规划,有利于改变旅行社内部人力资源配置不合理的状态,也能为旅行社的可持续发展提供人力资源方面的保障。同时人力资源规划对旅行社和员工都能提供职业转移方面的指导。

(二)旅行社人力资源计划

人力资源计划是旅行社预测劳动力需求、内部劳动力供给,比较和确定供求缺口,筹划行动填充缺口的一系列活动,是旅行社人力资源规划的具体产出,表现形式主要有中长期人力资源计划和年度人力资源计划。

1. 旅行社人力资源的未来需求和未来供给

旅行社人力资源的未来需求是企业按照发展规划,为完成一定目标(生产、服务、经营管理等)而需要雇用的员工数量和类型,实质上是旅行社将来期望获得的一定数量和一定质量的劳动力。

旅行社人力资源的未来供给是指企业在未来某一时点或时期本身的人力资源可供给量。旅行社对未来人力资源的可供给量是基于目前的人力资源队伍来决定的。依据人力资源管理的经验,推断计划期内可能流失的员工数量、类型,推断旅行社内部劳动力的变动情况,进而推断新增雇员的数量。

2. 审视外部环境和内部环境

旅行社对外部环境的审视包括对宏观经济状况、劳动力市场(外部)、劳工组织运动和法令法规的审视。旅行社对内部环境的审视就是对组织内部劳动力状况,以及与人力资源管理活动相关的内部环境的了解和评价。通过这些工作，管理者可以了解人力资源队伍的构成和多样性，了解员工的志向和兴趣的转移，对薪酬的满意度等，以便及时做出调整，改善行动计划。

3. 确定人力资源的供需差距

根据人力资源的供需估计和对内外环境的评估，旅行社可以判断、确定人力资源的供需差距。供需差距既包括数量上的短缺或过剩，也包括质量上的不足或人才高消费。

4. 制订行动计划

旅行社人力资源管理工作在这一阶段最主要的工作成果是拿出具体的消除人力资源供需差距的行动计划。

二、旅行社员工招聘

旅行社招聘是指在旅行社总体发展规划的指导下，制订相应的职位空缺计划，通过各种信息途径选择和确定工作候选人，以充足的数量和质量来满足组织的人力资源需求的过程，其实质就是让潜在的合格人员对本旅行社相关职位产生兴趣并前来应聘这些职位。

(一)招聘的途径

1. 旅行社内部招聘

内部招聘是指当旅行社有了空缺职位时，在内部选拔员工充实到该职位，内部职员既可自行申请适当位置，也可推荐其他候选人。员工的情绪可以由此改善，同时也可降低招募的成本费用。但是内部招聘如果处理不当，容易引起各种纠纷。因此招募时一定要有固定的、严格的标准，以免招募负责人徇私舞弊、送人情或受制于人。

2. 旅行社外部招聘

旅行社从外部招聘员工可以填补人力资源缺口，补充新鲜血液，特别是当旅行社处于发展期，需要大量地补充劳动力时，外部招聘是最主要的途径。外部招聘对旅行社的人力资源管理有特殊的意义，具体表现在三个方面：①补充初级岗位；②获取现有员工不具备的技术；③获得能够提供新思想的并具有不同背景的员工，以保持旅行社员工的积极性和创造力。旅行社外部招聘的具体途径：①校园招聘；②人才交流会；③竞争者与其他公司。

旅行社经营管理实务

案例分析 6-1

同程旅游招聘旅游产品经理

同程旅游是一个多元化旅游企业集团，也是中国领先的休闲旅游在线服务商和中国一流的一站式旅游预订平台，正式创立于2004年，总部设在中国苏州，目前在全国近200个城市及海外多个国家设有服务网点。2016年，同程旅游拆分为同程网络和同程国际旅行社(集团)两大业务板块，分别聚焦旅游标品和非标品业务，谋求更大发展。

招聘岗位：旅游产品经理
工作性质：全职
薪资范围：6001～8000
招聘人数：2
工作地点：江苏省苏州市
工作职责：

1. 对自营(包含贴牌)或联合发班的产品设计、上线、包装、推广。
2. 根据优势资源，如门票，设计产品线路。
3. 根据自营标准在后台上线路，文字描述清晰。
4. 对产品进行包装，线路呈现优化、图片美观。
5. 对产品进行推广，运营广告位推广、排序等。
6. 对接销售，为旅游顾问、大客户、门店同事提供报价咨询，提供产品线路培训。经常电话沟通，保持良好关系。必要时上门培训，加深了解。
7. 供应商签约，筛选供应商，争取优势资源、谈判签约。
8. 直签酒店景区，和酒店景区形成良好的合作关系，拿到优势团队协议价格。

任职资格：

1. 大专以上学历，旅游管理、电子商务及相关专业。
2. 至少1年及以上旅行社或者在线旅游行业工作经验。
3. 熟悉国内旅游目的地概况，了解周边跟团目的地及线路尤佳，有非常敏锐的市场观察力。
4. 对产品包装有独特的见解和想法，能够打造符合市场需求的优势产品。
5. 熟练使用计算机及各种办公软件，会PS者尤佳。
6. 具有创新意识、细心、耐心。
7. 具有较好的沟通能力及抗压能力。

周末双休，五险一金，带薪旅游，丰富多彩的竞赛激励，同程旅游大家庭期待你的加入！

思考：仔细阅读案例，请问员工招聘启事的主要内容框架是怎样的？请你另外拟几份旅行社其他工作岗位的招聘启事。

(二)旅行社聘用员工的程序

1. 制订用人计划

(1) 职务分析。职务分析是指旅行社人力资源开发部门依据旅行社的总体发展目标和经营管理活动的需要,对旅行社各个岗位的任务、责任、性质及任职人员应具备的条件进行认真的分析研究,并做出明确的规定。

(2) 岗位要求。旅行社人力资源开发部门应在职务分析的基础上,用书面形式详细规定每个岗位的工作内容、职责、要求及其特性,并且明确规定各个岗位的操作规程、标准和具体要求。

2. 开展招聘活动

(1) 部门申请。

各部门根据本部门业务活动或管理工作的实际需要,依据旅行社的用人计划,向人力资源开发部门提出书面用工申请。申请文件中必须详细而具体地说明所申请用工岗位的缺员现状、所需要招聘员工的知识结构和专业技能水平、所需招聘员工的人数。

(2) 申请审核。

由人力资源部门根据旅行社的用人计划及相关规定,逐项审核用工部门的书面申请。审核完毕,决定是否同意进行招聘。如果拟招聘的岗位是部门经理、副经理或业务骨干,还应上报总经理批准。

(3) 进行招聘。

人力资源开发部门根据经过审核或批准的用工申请,进行招聘。招聘活动分为内部招聘和外部招聘。

3. 挑选及录用员工

(1) 挑选员工。

旅行社在挑选员工时可采用履历表挑选和直接挑选两种方式。

(2) 签订合同。

旅行社在经过挑选并决定录用后,应以书面形式正式通知被聘者。在经过被聘者的认可和接受后,双方依法签订录用合同。

工学结合 6-1

在了解旅行社的招聘程序后,针对同程旅游产品经理的工作岗位,你会做哪一些知识储备、能力储备和面试准备?

三、旅行社员工培训

员工培训是指旅行社有计划地实施有助于员工学习与工作能力提升的活动。这些能力包括知识、技能和对工作绩效起关键作用的行为。旅行社的员工培训有四个含义：①全体员工都应是培训的对象；②培训的内容必须和员工的工作内容相关；③培训的目的是改善员工的工作业绩，并提升企业的整体绩效；④培训的主体是旅行社。传统意义上，员工培训侧重于近期目标，中心放在员工当前工作绩效的提高上，因而培训在员工看来往往带有一定的强制色彩。但是，无论是从员工个人角度还是旅行社整体发展来看，员工培训都是必要的人力资源管理工作。

(一)员工培训的意义

旅行社员工培训的意义体现在以下两个层面。

1. 员工个人层面

(1) 提高员工的职业能力。

对于个人而言，通过培训所获得的工作能力和创新知识为员工取得好的工作绩效提供了可能，也为员工提供了更多晋升和较高收入的机会。

(2) 满足员工实现自我价值的需要。

培训要不断教给员工新的知识和技能，使其能够适应或接受具有挑战的各项工作任务，实现自我成长和自我价值。这不仅使员工在物质上得到满足，而且使员工得到精神上的成就感。

(3) 消除职业枯竭感。

职业枯竭的调节、治理办法是多样的，但是员工培训可以完善个体自身，抓住职业枯竭调理的契机，完成自我超越。具体来看，员工培训可以帮助个体发现自己的不足，与时俱进地掌握新技能，更新观念，重新审视工作的内涵，创造性地运用自身的技能和知识，从而找到新的工作乐趣，突破职业心理极限，使个人的职业生涯产生质的飞跃。

2. 旅行社管理层面

(1) 有利于旅行社保持和发展竞争优势。

在知识经济时代，旅行社竞争优势的源泉在于员工的创新能力，旅行社应与时俱进，不断更新知识与能力，适应变化中的市场环境。员工培训可以帮助旅行社提升人力资源的整体素质，保持学习、吸收新的信息和技术的活力和氛围，是培养进而保持旅行社竞争优势的重要途径。

(2) 有利于改善旅行社的工作质量。

工作质量包括业务流程管理质量、产品质量和对客服务质量。员工培训能改进其工作

项目六　旅行社综合管理

绩效，降低因失误或能力不足而带来的成本。同时员工的岗位意识、敬业精神和对旅行社的归属感都会在培训过程中得到强化，对旅行社的质量管理大有裨益。

(3) 有利于旅行社团队建设。

旅行社的运转过程是一个团队工作系统，员工在其中分别扮演不同的角色。通过培训，员工可以强化自己的角色意识和彼此之间的合作意识，加强与其他成员共享信息的能力，同时人际交往能力、集体活动能力、沟通协调能力等都可以得到强化训练。这些培训有助于优化旅行社的工作系统，突出团队合作的优势。

(4) 有利于留住优秀人才。

员工培训，一方面培训提升了员工的个人成长空间，另一方面培训促进了员工对旅行社的认同。在实践中往往能留住优秀的人才，减少不必要的员工流动，促进员工队伍的稳定发展。

(二)旅行社员工培训的内容与形式

1. 培训的内容

(1) 知识的学习。

旅行社根据经营发展的战略要求和技术变革的预测，以及将来对人力资源的数量、质量、结构的需求，有计划、有组织地培训员工，使其熟悉旅行社的发展方向，掌握必要的专业知识。依据培训对象的不同，旅行社关于提升员工知识的培训要突出侧重点。

(2) 技能的提高。

知识的运用必须具备一定的技能。旅行社的员工培训要对不同层次的员工进行岗位要求的技能培训，即认知能力、阅读能力、写作能力等方面的培训。另外，旅行社员工还需要较强的人际交往能力、灵活应变能力、判断与决策能力等。在基础性技能的培训之外，旅行社还应通过专题培训来强化上述各项实际工作能力。

(3) 态度的转变。

态度是影响工作能力和工作绩效的重要因素。员工的态度与其培训和工作表现是直接相关的，因此员工培训要力求改善员工的工作态度，强化敬业精神，有效地影响和控制员工态度形成和转变的过程，保持其积极态度。

2. 员工培训的方式

员工培训的方式：①课堂讲授；②会议研讨；③案例研究；④情境培训；⑤示范法。

3. 旅行社员工培训的程序

旅行社员工培训可以分为三个阶段，即准备阶段、培训实施阶段和评价阶段。在准备阶段，旅行社的人力资源管理部门需要做好培训的需求分析和培训目标的确定。在培训实施阶段，旅行社的人力资源管理部门需要完成方案拟订和实施两项工作。在评价阶段，人力资源管理部门要确定评价标准,设计评价方案,对培训的成果进行综合的评价。

案例 6-1

携程旅行网员工培训

携程旅行网的培训主要分为两大类,即课堂式培训和在线培训。后者主要覆盖一些网络技术操作方面的学习。就课堂式培训而言,也分为两种:一种是利用公司内部资源开发实施的培训,即公司员工授课的培训,如新员工入职培训、产品知识培训、操作培训等;另一种是由外部的培训机构、咨询公司或其他教学机构提供培训课程并进行授课,携程旅行网的大部分通用培训和部分的专业培训都采用这种形式。后者根据培训的需要,还分为内训和外训,其中内训是指在公司内部某项需求较多的情况下,请外部的培训供应商来专为本公司员工进行培训;外训指在有个别需求的情况下,将员工派到外部培训公司与其他公司学员一起参加公开课程。公司成立以来,一直以内训的形式为主,因此也是培训管理工作关注的重点。

携程旅行网每年根据公司及员工发展需要,提供形式多样的培训课程,主要包括以下几类:通用培训,专业培训,学习分享。通用培训主要是指围绕公司核心能力模型,以及其他通用技能的提高和发展而进行的培训,如沟通技巧等个人发展类培训,人员管理类培训,领导力培训,商业道德,办公软件应用等。专业培训是指根据各个部门的岗位专业需要,围绕岗位专业核心技能的提高和发展而进行的培训。同时,为了帮助公司业务的顺利开展,并赋予员工更多学习和参与的机会,公司调动内部资源,不定期地组织各类学习分享活动,如公司业务政策、流程介绍,公司产品知识介绍,优秀做法分享等。

(资料来源:携程旅行网)

四、旅行社的薪酬设计

旅行社员工的薪酬由工资、奖金、福利三部分组成,薪酬设计就是要确定三者恰当的比例构成和发放形式。旅行社的薪酬设计必须要结合自身发展的实际情况和宏观的社会环境。

(一)薪酬设计的影响因素

影响薪酬设计的因素有外部因素和内部因素两大类。

外部因素包括:①劳动力市场的供需状况,对于稀缺人才应该给予更多的薪酬回报;②政府的政策调节,如各地政府对最低工资水平的确定等;③经济发展状况和劳动生产率,如工资的地区性差异主要是由各地的消费水平、劳动力结构、劳动生产率的差异引起的;

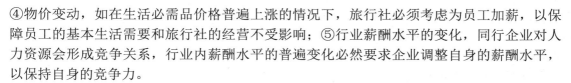

④物价变动，如在生活必需品价格普遍上涨的情况下，旅行社必须考虑为员工加薪，以保障员工的基本生活需要和旅行社的经营不受影响；⑤行业薪酬水平的变化，同行企业对人力资源会形成竞争关系，行业内薪酬水平的普遍变化必然要求企业调整自身的薪酬水平，以保持自身的竞争力。

内部因素包括：①旅行社的支付能力；②旅行社的发展阶段；③员工的劳动价值；④旅行社管理者的态度。

(二)旅行社特色岗位——导游薪酬解析

1. 导游薪酬的主要问题

导游薪酬不规范是游客与导游矛盾频发的症结，也是导游数次被推向舆论风口浪尖的根源所在。目前导游市场上有专职导游和兼职导游两大类。专职导游又分两类：一类是由旅行社直接聘用的正式员工；一类为导游公司签约导游，由导游公司向需要导游服务的旅行社派出劳务。兼职导游在旅游旺季的时候挂靠在旅行社提供导游服务。

这三类导游薪酬体系不一样。旅行社聘用的专职导游一般有明晰的工资体系，导游公司签约的导游基本保险之类由导游公司负责，导游从旅行社处获得收入后可能需要向导游公司上交一定的管理费。兼职导游的薪酬更为复杂，一般有两种情况：一种是零负团费模式，导游先要去"买团"，按照人数向旅行社交"人头费"，然后导游再通过购物和二次消费回扣把"人头费"和利润赚回来；一种是在旺季的时候旅行社急招导游，这类是按照导游带团的数量和质量给予报酬。

2. 导游薪酬设计的改善

导游的薪酬问题已经引起全行业的重视。国家旅游局在2006年全国首届导游大会上颁布了《关于进一步加强全国导游队伍建设的若干意见》，明确提出了导游薪酬制度改革的任务是建立公平透明的导游薪酬办法，推进旅行社和导游利益分配机制的改革，通过透明的导游薪酬办法来保护导游的合法权益，提高导游队伍的整体素质。

2015年国家旅游局、人力资源和社会保障部、中华全国总工会三部委联合出台《进一步加强导游劳动权益保障的指导意见》(以下简称《指导意见》)，首次从国家层面上肯定并支持推广导游薪酬制，以求规范争议较大的导游行业。三部委首次从国家层面上联合出台维护导游合法权益的《指导意见》，并从法律层面上对于导游薪酬制进行了规范。今后旅行社将依法向签订劳动合同的导游提供工资、带团补贴、奖金，以及社会保险等一系列薪资保障。同时，旅行社要为导游提供必要的职业安全卫生条件，并尽快建立健全以职业技能、专业素质、游客评价、从业贡献为主要测评内容的导游绩效奖励制度。

《指导意见》不仅为正式的导游提供法律保障，同时也对临时导游的权益给予全面保障。旅行社临时聘用导游的前提，必须是该导游已经与其他用人单位建立劳动关系或人事关系(劳动合同期限在 1 个月以上)，并获得用人单位的同意。在临时聘用时，旅行社要与导游签订劳务协议，明确双方的权利和义务，要按时足额向其支付导游服务费用。《指导意见》还特别对女性导游实行特殊劳动保护，并将着手解决反映强烈的"导游专座"、住宿待遇等问题。值得注意的是，《指导意见》中明确提出，旅行社要探索建立基于游客自愿支付的对导游优质服务的奖励机制。有业内人士指出，建立游客自愿支付的对导游优质服务的奖励机制，相当于国家首次明确游客向导游支付小费合法化。这将有利于引导导游提供更加优质的服务，同时对优秀导游也是极大的利好。

案例分析 6-2

国家推广导游薪酬激励制度 自由执业能否"良币驱逐劣币"

导游是旅游接待工作的主体，也是影响旅游服务质量的重要因素之一，此前曾经发生诸多导游与游客之间的纠纷事件在一定程度上影响了旅游体验。为了激励导游提供更优质的服务，2015 年国家旅游局开始大力推广导游薪酬激励制度，并正式批准途牛旅游网成为业内首个开展导游薪酬激励试点工作的企业。

业界认为，此类试点其实也折射出导游自由执业改革是否能有"良币驱逐劣币"的功效，毕竟导游的个体质素和服务质量直接挂钩，一旦全面实行自由执业，则导游为获得更多生意或许会努力提升服务。"如今，导游行业整体环境并不乐观，人才流失严重，服务质量有待提升。为了提高导游队伍的服务质量，进一步提升客户体验，目前，途牛联合多家 OTA 企业共同推动导游点评奖励制度"，途牛运营中心负责人杨惠藩介绍。途牛在业内率先自主研发的导游点评系统，以客户回访评论、出团量为考核依据对导游进行评分，评选出的优秀导游将获得"金牌导游"称号，并获得途牛提供的 1000 元点评奖励。截至 2015 年三季度，共有 213 名导游成为"金牌导游"，覆盖周边、国内长线及出境游等数百条线路。

2016 年，途牛继续推进"导游薪酬激励制度"至出境游领队中，并将导游点评制度进行升级优化：将根据客人满意度和领队所带团期等指标将领队分成普通、银牌、金牌三个等级，领队所获得的薪酬将逐级升高；对领队实施动态管理和出团奖励，给予金牌、银牌领队每团期额外薪酬奖励，对连续三个团期整体满意度低于 90%的领队予以淘汰。

目前，途牛已经形成了一套完整的导游管理制度。依据用户点评来考核导游，完善的薪酬激励制度在很大程度上激发了导游的工作积极性，以达到"良币驱逐劣币"的效果。在薪酬激励的基础上，途牛探索导游服务管理长效机制，启动业内首个"导游管理系统"，将导游信息库与金牌导游评选、黑名单等融为一体进行系统化管理，全面提升导游管理水平。

(资料来源：创头条，http://www.ctoutiao.com/48084.html。)

思考：根据案例提供的情况，导游自由执业被认为有"良币驱逐劣币"的功能，你认为是否真的可以奏效？为什么？

任务二　旅行社质量管理

任务目标

××旅行社是一家国际旅行社，每年接待大量的旅游团队，在旅游团队和接待过程中出现了一些服务质量问题。作为旅行社管理人员，你需要完善旅行社质量管理体系，开展旅行社质量管理的各项工作。

任务实施

请每个小组将任务实施的步骤和结果填写到表 6-2 任务单中。

表 6-2　任务单

小组成员：	指导教师：
任务名称：	模拟地点：
工作岗位分工：	
工作场景： (1) ××旅行社是一家国际旅行社，出现了一些服务质量问题 (2) 需完善旅行社质量管理的各项工作	
教学辅助设施	模拟旅行社真实工作环境，配备相关教具
任务描述	通过对旅行社质量管理的概念、质量管理的评价标准、质量管理的实施的认知，让学生熟悉旅行社质量管理的各项工作
任务重点	主要考查学生对旅行社质量管理的认知
任务能力分解目标	(1) 旅行社的特点、内容和意义 (2) 旅行社质量管理的评价标准 (3) 旅行社质量管理的实施 (4) 旅行社质量管理的方法
任务实施步骤	
任务实施结果	

任务评价考核点

(1) 了解旅行社质量管理的特点、内容和意义。
(2) 熟悉旅行社质量管理的评价标准。
(3) 能够实施旅行社质量管理的基本工作。
(4) 掌握旅行社质量管理的方法。

任务相关知识点

旅行社质量管理是指旅行社为了保证和提高产品质量，综合运用一整套质量管理的体系、思想和方法进行的系统管理的活动。具体而言，是旅行社各个部门和全体员工同心协力，把服务技术、经营管理、数理统计等方法和职业思想教育结合起来，建立从市场调查、产品设计、制定标准、计划执行及过程控制、检验、销售、服务及信息反馈等产品生产销售全过程的质量保障体系。

一、旅行社质量管理的特点

(一)全面性

全面性实际上是指旅行社质量管理为一种"三全"管理，即全面的质量管理、全过程的质量管理和全员参加的质量管理。

1. 全面的质量管理

旅行社质量管理所要求的是广义的产品质量，质量管理不仅涉及旅行社各个部门的工作质量，还包括饭店、餐馆、交通、景点、娱乐、保险等协作单位的工作质量，旅行社必须按广义的产品质量含义实施全方位的直接或间接管理，才能保证旅行社的产品质量。全面的质量管理实际上是一种横向管理。

2. 全过程的质量管理

旅行社应对旅行社产品形成、使用和反馈的全过程实施系统管理。旅行社产品的形成、使用和反馈过程分别对应于旅游者的游前、游中和游后阶段。在不同的阶段，质量管理的重点是不一样的。

(1) 游前阶段。

质量管理的重点是旅游产品设计、宣传、销售和门市接待，对收集信息、经营决策、

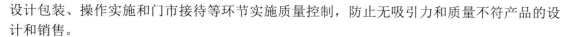

项目六　旅行社综合管理

设计包装、操作实施和门市接待等环节实施质量控制，防止无吸引力和质量不符产品的设计和销售。

(2) 游中阶段。

质量管理的重点是导游服务质量和协作单位的工作质量，旅行社必须对导游人员的服务态度、服务水平、语言、仪表和职业道德等方面实施标准化、程序化和规范化管理，使旅游者通过导游人员的服务而对旅行社产生信任和好感。一方面，旅行社应根据不同的旅游者，因人而异、扬长避短地选择最合适的导游带团；另一方面，旅行社还应及时收集旅游者对导游人员服务质量的信息反馈，随时监督和调整导游人员。为保证饭店、餐馆、交通、景点、娱乐、保险等协作单位的工作质量，旅行社必须选择质量、信誉度高的单位作为合作伙伴，在长期合作过程中，协作单位有责任和义务按约定提供让旅游者满意的服务。

(3) 游后阶段。

质量管理的重点是做好旅行社产品质量的检查和评定。如果全面的质量管理是一种横向管理，那么全过程的质量管理则是一种纵向管理。

3. 全员参加的质量管理

旅行社产品质量最终如何，关键在于全体员工提高服务质量的积极性。实践证明，旅行社仅由少数人参与质量监督和管理，不能从根本上解决服务质量问题，只有当旅行社全体员工都从所在岗位出发，参与质量管理，旅行社的服务质量才有保证。旅行社产品质量形成的全过程涉及旅行社的每个部门、每个岗位的工作，因此，全体员工都来参加质量管理是保证产品质量所必需的条件。

案例分析 6-3

在线旅游质量投诉事件——主题夏令营游学团的质量投诉

行程：美国本土 Galileo 营地 STEM 主题夏令营 14 天(亲子)。

时间：2017 年 7 月 9—22 日。

跟团费用：34550 元/人，优惠后为 33500 元/人(部分家庭未有优惠)。

投诉意见：对于本次游学旅行的几个重要问题点的投诉。

一、未与客户签订游学或旅行的相关合同文件

只是发送了一封邮件其中有行程单和旅游协议，但协议中没有盖公章也未与客户签字。在出发前未说明美国落地承接方(AEEA)的情况，造成客户理解为该服务全程由携程提供，存在欺瞒客户。

二、AEEA 是一个留学服务公司而不是旅游公司

AEEA 不具备旅行社应有的相关资质，并且也没用持导游证的工作人员，但 AEEA 作为落地承接方，本应该具有美国当地政府颁发的合法合规的相关资质证明(包含该公司应具

有的旅游接待资质证明、导游资格证等相关受美国政府承认的资质）。

三、未按订单约定提供服务，擅自改变行程、减少行程、缩短旅游时间等

(1) 第一天抵达美国后就擅自改变行程，没有按照公布在网络的行程，并且没有提前通知和任何协商。

(2) 硅谷创新博物馆你们行程公布的时间是约3小时，实际安排不到45分钟的时间。

(3) 参观谷歌总部和苹果，都是带我们去商店购物，而没有任何景点介绍和餐馆。

(4) 未经商量，取消游览蒙塔尔沃艺术中心景点。

四、安全隐患问题与卫生问题

(1) 整个旅游行程的大巴都没有做卫生清理，也没有安全带。

(2) 从旧金山到洛杉矶的行程开车超过10个小时，只安排一个司机。

五、携程对于此次游学团的宣传存在严重的欺诈与消费误导

携程在公布此次游学团的宣传时，自始至终未在宣传资料和合同协议或协议中说明该出国游学团是外包给了第三方AEEA来为我们服务(或者是由什么机构来承接，该机构是否具备相关资质)，存在对消费者的欺瞒。在携程公布的行程中，多处存在不真实的描述和文字渲染以诱导消费者进行订购。例如，行程安排、游览时间、夏令营课程安排、住家情况介绍，甚至连路途遥远驱车时间过长都进行了欺瞒。

(1) 公布的行程中写着：夏令营课程公布的内容6~8年级(12~14岁学生)有12门兴趣课程可选，如三维建模和打印等，但实际上是骑士、水利之类的内容。

(2) 寄宿家庭方面。有些孩子被安排到华裔家庭，整个一周孩子都在用中文，根本谈不上在寄宿家庭用英语与老外交流，体验纯正的美国生活。

(3) 行程方面。行程中非常明确地注明由旧金山乘坐大巴至洛杉矶车程为5小时，而实际上却是从早晨9点出发一直到晚上9点多才抵达洛杉矶的酒店(12个小时)，在出发的前一天晚上，已经有家长在群里提出质疑，该家长与当地住家详细了解了驱车前往的路程与时间后在微信群里提出驱车前往时间的质疑，但携程领队与AEEA负责人却依旧欺瞒大家5~6小时便可抵达。

(资料来源：人民网315旅游投诉平台)

思考：假设你作为旅游公司的质量监督部经理，如何处理这一事件？

(二)科学性

旅行社质量管理应用现代科技成果与方法，通过对收集到的原始数据进行科学处理与统计分析，可有效地解决旅行社经营与管理过程中存在的质量问题。质量管理中可使用的科学方法包括市场调查、数理统计、系统工程、运筹学等，这些科学方法的运用，为质量管理的科学性提供了保障。

(三)预防性

科学的质量管理可以把产品在设计、生产过程中可能出现的质量问题消灭于萌芽状态,最大限度地避免质量问题的产生。在旅行社进行产品设计时,要保证产品的安全性、时间性、舒适性、经济性、娱乐性、知识性等各方面的质量要求;在提供服务时,要对各种影响服务质量的因素进行有效控制,发现质量问题,及时分析原因,采取有效措施解决出现的问题。因此,旅行社质量管理是一种以预防为主的管理,具有预防性。

二、旅行社质量管理的内容

旅行社质量管理指标体系是由三方面的内容构成的,即产品设计质量、旅游接待服务质量和环境质量。这三个指标综合反映了旅行社的整体实力。

(一)产品设计质量

旅行社的产品设计是保证其整体产品质量的基础。产品设计质量是指保证旅行社的服务产品在使用价值上满足旅游者的旅游需求。

(二)旅游接待服务质量

旅游接待服务质量是指旅行社的门市接待人员和导游人员提供的服务状况。旅游接待服务质量要保证购买旅行社产品的旅游者在旅游过程中,获得物质和精神方面的双重满足。

案例分析6-4

越南芽庄恶意诱导旅游者消费

本人于2019年4月11日通过某平台报名了越南芽庄五日四晚的行程(4月30日—5月4日),报名后,×××旅行社的工作人员和我取得联系,4月30日到指定的四家购物店进行购物,进店后强制安排听课,限制人身自由,利用旅游者身处陌生环境、对旅行社信任和依赖的弱势地位,诱导、欺骗旅游者购物或参加另行付费旅游项目,再从为旅游者提供商品和另行付费旅游项目经营者方面获取不正当利益。个人认为此旅行社的行为与《旅游法》第三十五条严重不符,侵犯了我们的旅游权益。

(资料来源:人民网旅游315投诉平台)

思考:假设你是旅行社质量监督部经理,会如何处理这一事件?

(三)环境质量

1. 硬件环境质量

硬件环境质量指旅行社在接待旅游者的过程中所利用的各种设施设备及其他辅助硬件项目的水平。硬件环境包括旅行社自身和相关旅游服务供应部门的硬件环境。硬件环境质量,反映了旅行社为旅游者提供的各种设施设备和旅游者满意度的关系。

2. 软件环境质量

软件环境质量是指旅行社内部各部门之间的协调和旅行社与相关旅游服务供应部门之间的合作水平,目的在于保证旅游活动的顺利进行。

案例分析 6-5

云南不合理低价游团问题

云南旅游有长期"零负团费"运作的市场传统。早在 2004 年年底,云南就出现"北京—昆明大理丽江 6 日双飞"1700 元的团费。所谓"零负团费",是指旅行社接待价格低于或等于成本价的团队接待模式。低价团盈利主要来自购物返点,如游客不进行购物,则会进行威胁和报复。2016 年 11 月 30 日,国家旅游局网站通报,联合云南相关部门锁定了一批旅行社经营"不合理低价游"等违法违规事实,要求云南对 65 家涉嫌违法违规旅行社加快完成调查程序,依法从严从快进行处罚。2017 年,云南旅游的各种负面新闻也被屡屡曝出。"女子在丽江遭暴打毁容,6 名嫌疑人被批捕""因催促上菜生口角,丽江游客报警后遭店员暴打尾随""云南省副省长参团旅游,被购物商店"一对一"强迫消费"等新闻在网络上被疯转。

案例分析一

2016 年 12 月 12 日王先生在昆明康辉永前旅行社参加了每人 680 元 4 日 3 晚西双版纳游。旅游第三天,导游把王先生带到一个偏僻的购物店,说这个里面全是真正的翡翠,外面可能买到假的,但在这里绝对是真的,而且比外面卖得便宜。一进去里面鱼龙混杂,本来不打算买这些东西的。结果在导购的诱惑下,买了翡翠两块,价值 2840 元;买了 580 元的普洱茶。回来检测,翡翠为赝品,茶叶价格也高于市场价。于是找到旅行社进行投诉,旅行社推给导游,导游又推三阻四说必须 15 个工作日以后,自己去西双版纳退货。

案例分析二

2017 年春节前,云南省副省长陈舜以普通游客的身份参团旅游,所见所闻让他深受刺激。在一家旅游购物商店,游客享受到"一对一"服务。说白了,所谓"一对一"就是人盯人,游客购物达不到一定金额,甭想走出店门。

案例分析之三

据网友反映，2016 年 11 月 26 日—12 月 1 日，他和公司同事一起参加了云南义云天旅行社的"克拉之星"三飞舒适之旅。旅游途中导游一直给说云南如何贫穷，云南翡翠如何神秘，说来云南旅游就是扶贫的，团费低不够成本，不购物就是占云南人民的便宜，等等。

一路地忽悠，一路地洗脑，11 月 29 日早上，把他们拉到打洛口岸的中缅翡翠城，要求全车人都进去买，说玉出云南，云南的玉又都是出自中缅边境这里，所以这里的玉是价格最低的，绝对值得买，第一次来云南什么都不懂，在导游的忽悠下，他买了一块翡翠佛 3990 元，一块翡翠貔貅 4280 元，一个翡翠手镯 3280 元，三件合计 11550 元。因为他对翡翠这些都不懂当时还问了下导游这些翡翠能不能退的，导游说没问题。

旅游结束后回武汉找机构对翡翠进行鉴别每块才值几百块。于是向商家要求退货，商家各种推诿，百般拖延不予解决。

(资料来源：人民网旅游 315 投诉平台)

思考：这些案例的服务质量问题，主要是产品设计质量、接待服务质量，还是环境质量？

三、旅行社质量管理的意义

(一)提高旅游者的满意度

旅游者希望得到优质服务的心理需求是一致的，有的旅游者甚至把享受高水平的服务作为自己的旅游动机。由此可见，服务本身就是一种旅游资源。旅游接待服务必须最大限度地满足旅游者的需求，力求从服务态度、内容、方式、技能等多方面招徕和吸引更多的消费者。

(二)树立行业的优秀形象

旅行社的服务质量反映出其经营管理水平。导游和领队的服务质量，既是企业形象的缩影，又体现了一个国家或地区旅游业的服务水平和社会面貌。由此可见，服务质量的优劣，不仅直接关系到旅行社的企业形象，而且在很大程度上影响到行业的声誉和形象。

(三)创造企业的良好效益

服务质量是旅行社市场竞争的主要手段之一。谁的服务质量高，谁就更能吸引旅游中间商和旅游者。旅行社的优质服务不仅是吸引"回头客"的重要手段之一，还会产生良好的口碑效应，成为不花费成本但却最有说服力的"活广告"。因此，优质服务是旅行社产生良好效益的源泉。

四、旅行社质量管理的评价标准

(一)影响质量评价的因素

1. 有形因素

有形因素是指旅行社和相关部门的硬件设施设备、服务设施的外观、宣传品的摆放和员工的仪表仪容等。旅行社产品的本质是一种无形的服务,而实现服务所借助的有形因素直接影响到旅游者对旅行社产品质量的感知。因此,旅行社产品中所包含的有形成分必然成为旅游者评价产品质量的重要因素。

2. 可靠性因素

可靠性因素是指旅行社履行服务承诺的能力,主要包括两个方面,一是适时,二是准确无误。旅行社的服务产品涉及多个相关领域或部门,有很大的不确定性,因此旅游者在评价旅行社的产品质量时,相当看重可靠性因素。旅行社在提供服务过程中任何不兑现承诺或不履行约定的行为,都会导致旅游者的不满。

3. 快速反应性因素

快速反应性因素是指旅行社在约定或标准时间内为旅游者提供快捷有效服务的能力。旅行社是否能够及时满足旅游者的各种合理要求,表明了旅行社是否具备以服务为导向的经营观念,即是否将旅游者的利益放在首位,以及是否具有精干高效的业务操作系统和管理保障体系,是否能在合法合理的前提下对游客有求必应并履行义务。

4. 保证性因素

保证性因素是指旅行社工作人员的观念、态度、素质和胜任工作的能力,具体包括对旅游者的礼遇和尊敬、与旅游者有效地沟通、采购合乎标准的项目、对旅游者关心的态度和服务人员完成接待任务的能力。保证性因素主要影响到旅游者对旅行社的信心、安全感及其对旅行社服务质量的判断。

(二)旅行社内部质量评价标准

旅行社的内部质量评价标准主要包括下列内容:旅游线路安排合理,旅游项目丰富多彩、劳逸程度适当,能够满足旅游者在旅游过程中游览和生活的需要;保证制定的旅游线路和日程安排能顺利实施,不耽误或不随意更改行程;保质保量地提供接待计划预定的各项服务,如保证饭店档次、餐饮质量、车辆规格、导游水平和风味餐等;保证旅游者在旅游过程中的人身及财产安全,保证其合法活动不受干预和个人生活不被骚扰;相关旅游服务企业、服务人员的态度、素质、技能保证等。

(三)旅游者质量评价标准

1. 预期质量与感知质量的比较

旅游者通过预期质量与感知质量的比较,会做出对旅行社产品质量的评价。预期质量是指旅游者在接受旅行社提供的实际服务之前,对旅行社产品质量所产生的心理预期。感知质量是指旅游者在旅游过程中实际体验到的旅行社服务质量。当旅游者的感知质量大于或等于其预期质量时,旅游者就会认为旅行社产品的质量优秀,对旅行社的服务感到满意;当旅游者对旅行社产品的感知质量低于预期质量时,旅游者就会认为旅行社产品的质量低劣,对旅行社产生不满情绪。

案例分析 6-6

九寨沟地震后旅游相关票务退订处理

2017年8月8日在四川阿坝州九寨沟县发生7级地震,造成25人死亡,500多人受伤。九寨沟景区立即关闭,中央电视台第一时间滚动播出公告:受"九寨沟县漳扎镇7.0级地震"影响,为保证游客生命财产安全,从即日起,阿坝州九寨沟景区和广元明月峡景区已暂停接待游客。各旅行社和广大游客应当及时调整行程计划,近期不要前往以上景区旅游,待景区排除安全隐患,发布重新开放的公告后再行前往。对已经预订和购买景区门票或观光车票的游客,可通过景区指定渠道办理退票手续。

此外,地震发生后尚有许多消费者在各大旅行社预订了前往景区的旅游产品,但还未出行,对此,部分旅行社和航空公司也陆续出台了应急退订方案。

截至8月10日,九寨沟景点已为游客办理退票2.3万余张。此外,川航、国航、重庆航空、祥鹏航空、西藏航空、西部航空针对8月8日之后7~15天内的航班给出免费退票或改签一次的特殊政策。

去哪儿网

8月9日—11日,3天内即将前往九寨沟的用户,可取消行程全额退款。从九寨沟黄龙机场进出港的旅客需调整行程,如航司无特殊退改政策,去哪儿网将先行免费为旅客办理全额退款。同时,如航司有特殊退改规定,去哪儿网也将严格按照航司的最新政策,为旅客办理退改。消费者预订位于九寨沟县、松潘、汶川、茂县、若尔盖县地区,8月31日前入住的酒店,均可无理由取消。

携程旅行网

8月9日—11日，3天内跟团游和自由行旅客，可取消行程全额退款。对于旅客预订的九寨沟县、松潘、汶川、茂县四地酒店且在8月31日前入住的订单，均可免费取消。8月9日—11日从九寨沟黄龙机场进出港的旅客，需取消行程，如航空公司无特殊退改政策，携程将先行免费为旅客办理全额退款。同时，如航空公司有特殊退改规定，携程也将严格按照航空公司的最新政策，为旅客办理退改。

驴妈妈网

驴妈妈网对已预订地震景区的各类订单实施全额退款，建议在8月18日前完成。此外，8月9日—11日预订九寨沟县境内的酒店产品的游客，可全额无损退款。对于已预订的含九寨沟行程的跟团游、机票+其他产品的未出游订单，游玩时间在8月9日—11日，也可全额无损退款。

途牛旅游网

8月9日—11日，含九寨沟行程的未出游跟团游、自助游订单，用户均可以申请无损全额退款，有损失金额，保险无法理赔部分，途牛将以旅游券形式承担。

途家网

正在与即将前往该区域的客人取得联系，建议取消订单，并无条件退还客人预付或担保金额。

中青旅遨游网

从8月9日起，5天内含九寨沟行程的未出游参团、自由行、机票、酒店等订单，消费者均可以申请无损全额退款。若游客改报其他产品或路线，中青旅遨游也将提供相应优惠或补贴。

艺龙网

8月9日—11日进出九寨沟的旅客，可取消行程并全额退款。此外，已预订购买即日起截至8月31日前入住四川阿坝州九寨沟县、松潘、汶川、茂县四地酒店的客人，涉及订单一律支持免费取消。酒店预付担保损失、机票退票费及不可退票的票款损失均由艺龙全额承担。

飞猪网

从8月9日起，凡涉及九寨沟地区7天内的酒店和度假产品订单支持全额免费退订，此外，用户通过飞猪平台预订的涉及事发地的机票产品，将根据各航司最新政策，为需要调整出行计划的旅客办理退票或改签。

(资料来源：http://www.bjnews.com.cn/travel/2017/08/09/453481.html.)

思考：假设你是旅行社质量监督部经理，会如何处理这一事件？

2. 过程质量与结果质量的比较

旅游者评判旅行社产品的另一个标准是过程质量与结果质量的差距。旅游者在评价旅行社产品的质量时，不仅要考虑购买该产品过程中旅行社所提供的服务是否令其感到满意，而且要考虑在消费该产品后是否能够达到其预期的结果。尽管过程质量和结果质量对于旅行社的服务质量均十分重要，但是多数旅游者更加注重结果质量。因此，只有当他们认为结果质量高于过程质量，或者不低于过程质量时，才会对旅行社产品的质量下一个满意的结论。

案例分析6-7

诱导游客高消费，退货换货不配合

游客10月11日参加了深圳某旅行社的新西兰双飞12日游，在10月21日导游带领游客前往一间商店购买了鱼油、蜂胶产品，买鱼油和蜂胶共花了1万多元(2880新西兰币)。游客在新西兰的其他地方无意间发现导游介绍购买的同款鱼油只卖100元人民币/瓶，而游客之前购买的平均算价为1200元人民币/瓶。游客觉得自己被骗了并要求退货，导游却告诉游客回国后可以向旅行社要求退货。游客就带了一半鱼油、蜂胶产品回国，留了一半货物在新西兰地陪处。游客多次与旅行社协商，旅行社负责人却告知游客，新西兰不允许蜂胶产品入境，带回国的蜂胶不能退货，只能退留在新西兰的鱼油和蜂胶。游客随后投诉导游没有事先告知游客新西兰不允许蜂胶产品入境，误导游客，并要求将购买的鱼油和蜂胶退货。如无法退货，游客要求旅行社付费由权威机构证明该产品能正常食用。

思考：假设你是旅行社质量监督部经理，会如何处理这一事件？

五、旅行社质量管理的实施

(一)产品质量管理

1. 产品设计质量管理

旅行社的产品设计质量，一般是指旅游线路和旅游行程设计安排的质量。产品设计的质量管理应注意以下四方面。

(1) 旅游线路安排要合理。

旅行社在产品设计方面，应注意避免旅游线路中出现不必要的重复或往返，以防止旅游者因过多的线路重复或往返产生厌烦情绪、不信任态度。

(2) 产品内容要符合旅游者需要。

旅行社所设计的旅游线路和行程中的各个项目必须真正符合旅游者的需要，能够使旅游者通过游览和享受得到生理上、心理上的满足。

(3) 游览项目要避免雷同。

游览项目雷同是旅行社产品设计的大忌，必须设法避免。旅行社应认真核对旅游线路中的各地接待安排。一旦发现雷同，应及时加以调整。

(4) 交通工具要有切实保障。

根据我国多数地区的交通条件，旅游者的城市间交通工具不应安排为过路列车或航次较少的民航航班，以避免在旅游旺季时因火车票或飞机票供应紧张而不能保证旅游者按计划抵离。

知识拓展6-1

2017旅游产品创新大赛入围名单

一个产品从设想到成型到最终呈现在用户面前，从来都不是简易快速的，我们常侃，产品人是黑夜里踽踽独行的剑客，顾左右无他，唯有仗剑走天涯。"故事是活物"，写作者以自己的语言为读者构筑一个故事里的世界，同样地，"产品也是活物"，产品人仗着解决方案的"剑"，为用户披荆斩棘，旨在满足用户的需求。

这其中，需求始终是被放在第一位的。但请别忘记，创新也同样重要。野蛮的模仿与借鉴，往往会像海盗一样，给萌芽中的创新带去灾难性的破坏。

一个好的创意，会让你有"惊鸿一瞥"的感觉。可多少次的"惊鸿一瞥"才能激发你的"灵光一闪"？大家总说旅游业的新东西很少，为了保护这样难能可贵的创新性，产品创新大赛之所以每年都作为环球旅讯峰会的特色环节，是因为我们希望，旅游业创新的好产品，可以被鼓励，可以被更多人看到。而暗夜里茕茕孑立的产品人，也能借此感受到同行伙伴的"灵光一闪"，收获更多新思维。

2017旅游产品创新大赛自开赛以来，征集到很多优秀产品，竞争激烈，经过专业评审，最终决定了如下六个入围决赛的产品。

Arrivedo

越来越多的游客倾向于"Travel like a local"的旅行方式，酒店自然是旅行体验中重要一环。用当地人的经验来找酒店，是Arrivedo建立酒店推荐在线平台的切入点。Arrivedo(arrivedo.com)的产品——提供酒店当地活动和服务推荐的在线平台，可帮助酒店编辑和管理其周边游导览，立志"为世界上的每一间酒店定制邻居指南"，从而吸引到寻求当地体验的游客。

项目六　旅行社综合管理

我行集团

"无自驾不自由",可欧洲游并不适合自驾。路路行的 HOHO-EU 工具直击这一痛点,通过技术把"交互式地图"及"一键订购"联动结合到行程小助手里,用技术手段将传统旅行产品混搭成全新体验,为用户打造一个"不费脑不费钱又靠谱"的欧洲自由行。

OTA

在线旅行信差旨在透过数据分析协助酒店选择合作的 OTA,进而达到节省成本及获利最大化的目的。三百家 OTA 转介与 42 家管道管理系统免费推荐信的方案,可为旅宿业者提供一个最佳的中介渠道,未来旅宿端可依据 OTA 给力的市场来挑选所使用的渠道管理系统,让业者能快速与世界串联,实现多元的营收,优化品牌曝光率。

北京分音塔科技

准儿翻译机,是人工智能领域的同声传译产品,利用人工智能技术解决旅游场景的语言沟通障碍。依靠人工智能技术支撑,采用云端算法和大数据,实时翻译;能够独立使用,根据沟通场景设计,实现便利、自由的沟通;根据各个场景、每个使用者的习惯,做个性化优化,越用越准。

小签科技

基于 AR 巨大的市场需求,以及旅游体验新升级的诉求,其 AR 科技产品专注于打造完整 AR 导览,依托独创的 AR-LBS 算法,构建 AR 虚拟地图、AR 坐标系和 AR-LBS 精准定位。目前主要结合文化旅游行业打造相应的 AR 导览服务,借以拉伸文化旅游增值服务链条。

Zumata

利用人工智能和机器学习为旅游公司提供一套优化酒店预订销售和旅游行业实际应用的工具。Zumata 在自然语言理解、语调分析和图像识别领域的研究,帮助旅游企业打造了能够自动化任务执行的同时提升客户体验的 AI 系统。其 API 为 55 万多家酒店提供图像和 29 种语言的描述。

(资料来源:环球旅讯,https://www.traveldaily.cn/article/116885)

2. 产品销售质量管理

旅行社的产品销售质量管理是为了避免在日后的接待过程中,旅游者因对旅行社产品价格产生疑义而造成投诉。旅行社在产品销售质量管理方面,应着重分析产品的采购价格是否准确,销售价格是否合理,有无价实不符的情况。如果发现旅行社产品价格与实际服务、内容之间存在较大的偏离,应设法予以适当的修正或补救。

3. 产品促销质量管理

旅行社的产品促销质量管理是指对旅行社的广告等宣传促销内容的管理。旅行社必须实事求是地促销，讲求诚信，如实地向旅游者介绍产品情况。旅行社如发现本旅行社的促销中存在任何与事实不符的宣传内容，应坚决予以剔除和更正，以免影响旅行社的声誉。

(二)采购质量管理

1. 服务设施的采购质量管理

采购质量管理的主要内容之一是检查旅游服务供应单位的服务设施情况。良好的服务设施是为旅游者提供优质服务的首要条件。任何旅游服务都不可能脱离基本的设施条件而存在。因此，旅行社应以国家或行业标准为依据，与主要的旅游服务供应单位签订采购合同或协议，并经常进行"踩点""踩线"，通过实地考察了解设施设备的真实情况。

2. 服务质量的采购质量管理

旅游服务供应单位提供的服务是否符合国家或行业标准，能否达到旅行社的要求和满足旅游者的期望是旅行社采购质量管理的又一重要内容。旅行社应通过导游员、旅游者的反馈意见和实地考察，检查各家旅游服务供应单位的服务质量。对于服务质量好的单位，旅行社应该加强与他们的合作；对于服务质量存在一定问题的单位，应指出其服务上的差距并提出改进要求；对于服务质量较差，经指出后仍不改进或改进程度较小，无法达到有关标准和不能满足旅游者要求的单位，旅行社应终止同它们的合作关系，保证自己的产品质量。

(三)接待质量管理

1. 服务人员态度的管理

旅行社接待质量管理首先应从端正接待人员，尤其是导游和领队的服务态度入手。良好的服务态度能够对旅游者产生一种强烈的吸引力，而低劣的服务态度则会对旅游者产生一种排斥力。旅行社应通过现场抽查、向旅游者调查和发放意见反馈表等方式了解和考察接待人员的服务态度。对于服务态度热情、受到旅游者喜爱的接待人员，应予以适当的表扬和奖励，鼓励他们继续努力，为旅游者提供热情周到的服务；对于服务态度较差的接待人员，应向他们提出严肃批评，要求他们立即改正；对于少数服务态度恶劣、屡教不改的接待人员，必须坚决将其撤离接待岗位。

2. 导游讲解水平的管理

导游讲解是旅游接待业务的核心，其水平高低直接影响着旅游者对旅行社服务质量的评价。旅行社通常采取现场抽查和培训考核的方式检查导游员的导游讲解水平。旅行社通过对导游人员的导游讲解水平的监督、管理，可以发现其中可能存在的不足并加强培训，从而确保旅游者在本社得到有质量、有品位和有一定文化内涵的导游讲解与旅游接待服务。

3. 接待业务能力的管理

旅游接待人员的业务能力主要包括独立实施旅游接待的能力和处理各种突发事件的能力。旅行社应通过日常检查和定期考核，对接待人员的业务能力作出适当的评价，以便量才使用、量力而行。业务能力强的人员通常承担比较重要、复杂的接待任务，而比较容易的接待任务则交给那些业务能力相对较弱的人员完成。同时，旅行社还要不断有针对性地进行业务培训，使业务能力较强者得到进一步提高，使业务能力较弱者经过一段时间的培训和锻炼后，逐步胜任岗位职责。

(四) 环境质量管理

1. 标准制定

旅行社对能直接控制的环节，即旅行社内部相关部门的工作质量，应根据国家标准或行业标准，结合本企业的实际情况，制定岗位职责、操作规程与质量标准，并通过奖罚制度使之得以贯彻执行。

2. 管理合同

对于不能直接控制的环节，即旅游服务供应单位所提供的旅游服务产品，旅行社应采取签订合同的办法来约束对方供应优质服务及其他优质产品。在合同中，应明确规定有关产品的规格价格、质量标准、交付时间及违约责任，特别是达不到标准时的惩罚办法。

3. 风险规避

旅行社对企业常常无法控制而又可能发生的质量问题，如景区(点)交通运力紧张、客房供应不足、传染病突发、气候变化恶劣等情况，应预防在先，计划周详，尽量避开。

六、旅行社质量管理的方法

旅行社进行质量管理的主要措施和方法有以下几种。

(一) 建立专门的质量管理机构，负责旅行社质量管理工作

为保证旅游产品质量，必须建立相应的组织机构，确保质量管理目标的实现。为使质检工作客观公正，质检人员不能从各个部门中抽调来临时担任，而应配置专人组成专门的质量管理机构，负责旅行社质量管理工作。

知识拓展6-2

西双版纳州旅行社服务质量承诺书

　　为认真贯彻落实全州第七次旅游产业发展大会精神，根据《西双版纳州旅游行业"打非治违"和打击强迫及变相强迫消费专项行动方案》和《西双版纳州关于进一步加强旅游市场综合整治工作实施意见》的总体要求，提高全州旅游服务质量和水平，维护旅游消费者合法权益，提升西双版纳旅游整体形象。结合西双版纳州旅游市场中群众反映较为突出的调用无旅游客运资质的车辆接待旅游团队的现象。

　　我社郑重承诺：在经营期间，不调用未取得旅游客运资质的车辆从事旅游活动，如若违反承诺，愿意依据《云南省西双版纳傣族自治州旅游条例》(以下简称《条例》)第二十条第二项和第三十三条第二项之规定，接受全州各级旅游部门的行政处罚：第一次调用无旅游客运资质的车辆责令整改，并依据《条例》下限处罚(处5000元罚款)；第二次调用无旅游客运资质的车辆依据《条例》上限处罚(处10000元罚款)；第三次调用无旅游客运资质的车辆属拒不改正，依据《条例》取消经营资格。

　　特此承诺

　　旅行社名称(签章)：＿＿＿＿＿＿＿＿＿＿＿＿＿＿＿＿＿

　　法定代表人(签章)：＿＿＿＿＿＿＿＿＿＿＿＿＿＿＿＿＿

年　月　日

(二)建立质量信息循环反馈系统

　　为使旅行社运营过程中出现的质量问题能得到及时解决与处理，旅行社应建立质量信息循环反馈系统。

　　首先由业务部向门市部工作人员及导游人员指派业务，根据指派的业务，门市部工作人员和导游人员向旅游者提供服务；其次质量管理部门根据游客的反映对旅行社服务质量进行评估，之后由质量管理部门将评估结果分别反馈给相关员工和业务部，并将质检情况上报和存档；最后由旅行社总经理向业务部发出质量指令，一次质量信息循环完成。因此，通过质量信息循环反馈系统，可及时发现质量问题、解决质量问题。

(三)依靠旅游者进行质量监督和评议

　　旅行社可采用发放"评议意见表"，召开游客座谈会，设置"评议意见箱"，公布旅游服务质量投诉电话、投诉邮箱或微信等办法，依靠旅游者进行质量监督和评议，让旅游者参与监督旅行社服务质量的执行情况。

(四)建立质量档案

旅行社应建立质量档案,记录旅行社各个部门及员工特别是导游人员和门市部工作人员的工作质量,并对协作单位的工作质量建档。尽管建立质量档案工作量很大,但有重要的意义,因为质量档案是旅行社采取质量措施的重要依据,特别是对旅行社选择协作单位有重要的参考价值。

(五)编制质量周报

由旅行社质检部门每周根据旅行社各个部门的业务运作情况,编制质量周报。重点报告一周来旅行社接待的各种类型旅游团队的接待服务情况,注重反映游客的意见和建议。对其中正确而可行的意见和建议,旅行社应积极采纳,并以此作为提高旅行社服务质量的重要途径;同时考虑对提出好的意见和建议的游客给予适当的奖励,以示旅行社千方百计提高服务质量和以顾客为上帝的诚意和决心。

(六)定期撰写质量报告

旅行社质检部门应根据各种途径收集的质量情况定期撰写质量报告,用接团总数、质优团数所占比例、质差团数所占比例等数量指标,对旅行社质量情况进行量化分析,使旅行社上至总经理下到普通员工,都对旅行社整体服务质量有一个准确的了解和把握。对管理层而言,可以将质量报告作为采取质量措施及奖惩部门和员工的重要依据;而对各部门和普通员工来说,质量报告为以后工作指明努力方向,扬长避短。

(七)正确处理旅游者投诉

旅行社应对游客的投诉及时地作出处理,绝不能不闻不问,置之不理,即使游客的投诉不正确,也应该作出客观的解释。

(八)建立规章制度

旅行社应建立相关的规章制度,以必要的制度来保证服务质量的实现,特别是服务态度,其质量很难用数量指标来衡量,更应该以规章制度来明确其职守。对于任何员工,既要提高每个从业人员的自觉性,同时也必须有必要的规章制度,以适当的强制性与自觉性相结合,才能保证各个环节的服务活动和谐一致,真正做到全员参与质量管理。

知识拓展 6-3

广之旅:提高服务质量 实现质量强企

广州广之旅国际旅行社股份有限公司(以下简称广之旅)成立于 1980 年 12 月 5 日,是华南旅游航母岭南集团旗下成员企业,是国内获得全国旅游业质量管理最高荣誉"中国用户满意鼎"的综合性强社。

在岭南集团的战略引领下,广之旅坚持"品质旅游"产品与服务理念,严格遵守标准化服务流程,不断创新旅游产品和提升服务水平,为消费者提供满意的旅游体验,同时进一步着眼精细管理、重视过程、聚焦绩效,推动企业从传统服务业向现代服务业的转型升级,广之旅于2012年宣贯《卓越绩效评价准则》国家标准并正式导入了卓越绩效模式,先后于2013年、2016年获颁白云区政府质量奖、广东省政府质量奖,其中,广之旅更是2015年度广州市率先获得省政府质量奖的企业。

一、加强质量管理体系建设,走上规范管理之路

目前,广之旅致力打造华南地区最具规模的实体销售网络,业务遍及全球100多个国家和地区。

1. 全国首批引入ISO9001国际标准,推进质量管理体系建设

旅行社的旅游线路产品属于服务产品,具有无形性、不可储存性和生产与消费的同时性的特点,为有效掌控企业服务产品的品质,广之旅于1997年正式建立了覆盖各主要业务部门的ISO9001质量管理体系,明确了公司的质量方针目标,制定了24份质量体系文件,并于2000年成为全国首批通过ISO9001质量管理体系认证的股份制旅行社,为公司质量管理体制提供有力工具。这标志着广之旅全面进入了标准化、规范化管理的新阶段。同时,建立了以公司领导为首的质量管理与标准化领导小组,以质量管理部牵头、公司内部以各部门的质量经理与质量管理专员为主体,外部以聘请社会质量监督员为辅助的质量监管机制。通过标准化指标的推动与落实,切实转化成公司企业运营管理中具有可操作性的实施细则,使广之旅从此走上加强自律、规范管理之路。

2. 建立严格的资源供应商准入与评核机制

在旅游服务产品的吃、住、行、游、购、娱六大资源要素中,最关键的一环就是采购控制,为此,广之旅建立了系统、高效、严格的供应商准入机制和年度评核机制,制定了《供应商使用管理办法》制度文件和《服务供方的评价与选用》企业标准,对包括地接社、导游、旅游酒店、餐饮、旅游景区、旅游交通,以及其他资源等旅行团运作需获取的旅游供方资源,广之旅定时按照供应商的资质实力、服务水平、履约能力,以及对工作配合度等指标,对供应商进行考评和淘汰。通过有据可依、奖惩分明的供应商准入机制和评核机制,广之旅保证了旅游接待服务质量的稳定;同时,促进了上游服务供应商的服务与产品的进步与创新。

二、全面推进标准化体系建设,实现企业的可持续健康发展

2011年至今,广之旅先后获得AAAA级"标准化良好行为企业"、全国首批"全国旅游标准化示范单位"的旅行社和"2012年度全国旅游服务质量标杆单位"等殊荣。

1. 推进公司企业标准体系建设，追求企业规范化管理

在公司内部(含分子公司)全面推进标准化管理和精细化管理。作为"标准化良好行为"的 AAAA 企业，广之旅在 ISO9001 质量管理体系的基础上，依据 GB/T 24421.2—2009《服务业组织标准化工作指南第 2 部分：标准体系》国家标准的要求，构建了由服务通用基础标准体系、服务保障标准体系和服务提供标准体系组成的"广之旅企业标准体系"。目前，该体系涉及的适用国家标准、行业标准、地方标准共 86 份，企业标准 112 份，适用的法律法规 72 份，覆盖了旅行社完成旅游服务所必需的全部过程。为确保企业标准体系的有效运行，广之旅建立了标准体系运行的有效监督检查机制，每月进行不少于 4 次(包括公司内设部门、门市部和下属分子机构企业等)督导检查，对不符合之处及时提出了整改意见并落实整改。与此同时，广之旅每年均进行了企业标准体系运行自我评估。评估结果表明，广之旅的企业标准体系及其实施运行情况符合标准化良好行为企业的要求，成效显著。

2. 积极参与国家标准、行业标准与地方标准制定，推动行业健康发展

广之旅积极参与了国家标准、行业标准及地方标准的制修订工作，成绩斐然。广之旅主笔起草了《旅行社出境旅游服务规范》(GB/T 31386—2015)1 项国家标准，作为全国标准化技术委员会委员单位积极参与了《导游服务规范》(GB/T 15971—2010)和《旅行社服务通则》(GB/T 31385—2015)两份国标的相关起草工作，主笔起草了《旅行社安全规范》(LB/T 028—2013)、《旅行社出境旅游服务质量》(LB/T 005—2011)和《旅行社老年旅游服务规范》(LB/T 052—2016)3 项行业标准，以及主笔起草了《旅游安全管理旅行社》(DB44/T 710—2010)、《旅行社修学旅游产品与服务规范》(DB44/T 1419—2014)、《旅行社门市部服务规范》(DB44/T 1416—2014)3 项地方标准；目前，正在起草的还有《出境游领队服务规范》1 项行业标准，以及《旅行社长者旅游产品与服务规范》和《单项委托代订服务规范》2 项地方标准，有力推动了行业的健康发展。

三、通过供给侧改革，推动旅游服务业转型升级

2012—2014 年，广之旅连续 3 年入选中国服务业 500 强。在国家旅游局最新公布的全国百强旅行社排名中，广之旅位列全国第五，广东第一。

1. 全面导入卓越管理模式，实现质量管理全覆盖

为贯彻岭南集团管理理念，进一步提升广之旅的整体运营绩效，广之旅于 2012 年年初正式导入卓越绩效管理模式，成立了以总裁为组长的公司卓越绩效管理模式推进领导小组，公司领导班子按照所分管的板块有序推进，对公司经营管理流程改良与优化，尤其在企业文化理念弘扬、战略逐级分解、转型升级系统的构建、标准化引领服务规范、品牌推广、客户与市场的精准营销、新产品研发，以及人力资源绩效管理等方面获得了较大的提升。同时，根据公司运营的实际情况，逐一援引《卓越绩效评价准则》国家标准涉及的领导、战略、顾客与市场、资源、过程管理、测量分析与改进的六大方面的要求，全面推动公司的创新成果有效实施。

在管理创新上，以标准化推动完善的旅游品质保障体系，成功整合 AAAA 标准化管理体系与 ISO9001 质量管理体系，使企业标准、企业制度等 427 份体系文件覆盖旅游服务全过程，进一步加强对导游、领队队伍的管理和培养，有效促进了旅游产品和服务质量的提升。

在运营创新上，充分利用自身的品牌和行业影响力，在华南地区率先实施一系列创新变革，包括建立了智慧旅游服务平台"易起行 ECWALK"，开拓微商城、APP 及天猫等 OTA 销售渠道，开启"旅游+互联网"新模式；组建高端定制团队，打造"臻逸"高端旅游定制俱乐部；建立集成化的研发平台，在行业率先成立产品研发中心，深度挖掘游客需求，推出个性化的旅游产品，实行了全国多口岸出发、提前采购预销售等新模式。

在技术创新上，广之旅与国际知名咨询公司联手，围绕着十大应用功能架构主题推动"广之旅转型升级信息化建设项目"。通过涵盖采购共享、整合营销、社交网络管理、会员管理、产品管理、渠道管理的全面信息化转型，实现全开放生态化，全流程信息化，全产品个性化。广之旅严格按照卓越绩效模式的管理理念，结合旅游管理系统全面转型升级步伐，在巩固已有成绩的基础上锐意改进与创新，成功推进卓越绩效管理模式与质量管理体系的全面实施。

2. 持续品质建设，打造广之旅金质品牌

20 世纪 90 年代初期，全国旅行社大都缺乏品牌意识，广之旅率先在全国旅行社内提出并实施品牌战略。"广之旅"品牌诞生，鲜明的品牌形象在短时间内即广泛传播，深入人心，公司当年利润较上年上升 41%。与此同时，"广之旅"的成功推出，旋风一样地催生了整个行业的品牌意识，同行纷纷仿效"广之旅"，建立自己的旅行社品牌。品牌建设的核心是质量。广之旅人深知：没有出色的品质服务，品牌就会成为无根之树，难以长青。因此在 20 多年的发展历程中，广之旅首创"质量保证金"，首创面向旅游消费者开展"十万元买意见"活动，并先后实行了"文明服务承诺制""明明白白消费""百日无投诉""五心服务"等措施，评选及重奖"金牌导游""鼎级金牌导游"，重金招聘"国宾导游"等一系列主题活动。广之旅被国家质检总局、国家旅游局授予"全国旅游服务质量标杆单位"。

在成功打造"广之旅"品牌后，公司根据行业特点和市场细分，实施多品牌战略，打造系列子品牌。陆续推出自游通、侣程、智趣营、广之旅驾期、臻逸、易起行等子品牌和相关产品，充分满足游客个性化的出游需求，在中国旅游市场上形成广之旅多元品牌矩阵，提升综合竞争力。

四、打造中国卓越世界知名的综合旅游服务商

广之旅一直坚持"一切为了客人满意"的服务宗旨，通过卓越绩效模式的导入，将质量管理的系统化、标准化、程序化和规范化的体系理念推广到企业经营管理的各个领域。

自导入卓越绩效模式以来取得了有目共睹的佳绩：2015 年广之旅在面对宏观经济下行、OTA 对传统旅行社冲击、不可抗力事件频发等不利环境下，实现了广之旅经营业绩的稳步增

长,盈利水平的显著提升;客人满意度由 2012 年的 91.68%提升到 2015 年的 96.12%,且连续 3 年在广东十大服务行业居民评价调查报告中,位居旅游业服务评价前列。

(资料来源:https://www.kanzhun.com/news/232343.html.)

任务三　旅游电子商务

任务目标

××旅行社是一家老牌国际旅行社,在当地享有一定知名度。随着信息技术和移动互联网的发展,旅游消费者消费行为和旅游市场环境发生了巨大变化,旅行社开展电子商务工作迫在眉睫。你作为旅行社管理人员,需要开展旅行社电子商务的相关工作。

任务实施

请每个小组将任务实施的步骤和结果填写到表 6-3 任务单中。

表 6-3　任务单

小组成员:		指导教师:	
任务名称:		模拟地点:	
工作岗位分工:			
工作场景: (1) ××旅行社是一家国际旅行社,需要出现了一些服务质量问题 (2) 完善旅行社电子商务的各项工作			
教学辅助设施	模拟旅行社真实工作环境,配备相关教具		
任务描述	通过对旅行社电子商务的概念和特征、应用层次和各种电子商务模式的认知,让学生掌握旅行社电子商务发展现状		
任务重点	主要考查学生对旅行社电子商务模式及发展现状的认知		
任务能力分解目标	(1) 旅行社电子商务的特征 (2) 旅行社电子商务的应用层次 (3) 旅行社电子商务模式 (4) 旅行社电子商务发展现状		
任务实施步骤			
任务实施结果			

任务评价考核点

(1) 了解旅行社电子商务的特征。
(2) 熟悉旅行社电子商务的应用层次。
(3) 能够实施旅行社电子商务的基本工作。
(4) 掌握旅行社电子商务的各种模式及发展现状。

任务相关知识点

世界旅游组织在其出版物《E-Business for Tourism》中对旅游电子商务的定义是"通过先进的信息技术手段改进旅游机构内部和对外的联通性，改进旅游企业内部业务流程，增进知识共享"。旅游电子商务因只涉及信息流、资金流，不涉及物流，如此天然特性使其更适宜和容易实现电子商务模式。

一、旅游电子商务概述

旅行社电子商务是指一整套的、基于互联网技术的、有着规范的业务流程的在线旅游中介服务，是专业从事旅行中介服务的企业组织建立并实施一整套基于规范业务流程的，以先进的计算机技术、互联网技术及通信技术为基础的在线旅行服务模式体系。

这种服务模式的最大特点是在线、即时地为旅游者服务，在时间上体现出快捷和便利，因此被称为在线旅游服务模式(Online Travel Agency，OTA)。旅行社应用电子商务技术，调整企业同消费者、企业同企业、企业内部关系，从而扩大销售，拓展市场，并实现内部电子化管理的全部商业经营过程。

知识拓展 6-4

旅游企业如何找到数字变革的正确打开方式

旅游业与很多其他行业一样，正处于数字变革的中期阶段。随着互联网时代的开启、廉价航空公司的崛起和在线比价网站的出现，旅游业正发生颠覆，如今的旅游企业已不再是 20 年前的模样。

新品牌已将数字变革应用到业务前线，有些成立时间更长、更成熟的旅游企业已经任命了一些高级职位，如首席数字官来领导其业务的数字变革。

以一个传统航空公司的中央预订系统为例。作为一个获取产品价格和处理预订的主要渠道，一旦出错就可能导致航空公司不能处理预订，更严重的甚至可能会导致飞机飞不了。

然而，假设明天有一家新开的航空公司，购买基于 SaaS 解决方案，并将大部分的流程在云端处理，由此可把成本降到最低的同时，还可以提升可靠性和效率。

市场上已有如此多令人兴奋的、先进的解决方案，且随着技术持续进化，能够使用的解决方案会越来越多，旅游企业需要考虑如何才能利用这些技术渠道帮助业务的发展，以及如何才能满足现在和未来客户的需求。

一、数字变革需审时度势

旅游公司不能盲目地对技术进行投资。举个例子，假设企业都跟风投资 VR 头戴设备，而假如此时他们的业务架构还不足以提供足够的支持，他们则有可能承受着顾客购买流程体验下降的风险，从而可能对销售量造成负面影响。

面对市场上提供的各种各样的选择，很多旅游企业认为很难选择最符合其发展策略的技术。

成功的数字变革需要企业在制订发展计划之前，首先需要明确变革的目标，评估什么技术可以被用于实现这些目标。在引入任何技术之前，企业应考虑该技术能否提升用户体验，以及用户能享受到什么特别的益处。

倘若不考虑清楚上述这些问题就贸然行动，有可能给企业带来成本高昂的错误，但也有可能由于太谨慎而犯错，如缺乏创新可能导致企业不能保持领先的竞争地位，事实证明这有可能造成毁灭性的后果。

因此，挑战就在于根据长期需求而明确的技术潮流和服务要与创新的步调一致。一个关于采用什么技术或服务及其工作量的"最佳执行方案"能帮助企业做出最正确的决策、选出最符合企业自身的技术(如软件即服务 SaaS 相比基础设施服务 IaaS 或全公共云端相比混合策略)。

二、提升顾客体验

企业引入任何新技术的最终目的应为提升已有顾客和潜在顾客的体验，而不是图个噱头或为了拥有不错的技术。

然而，要使得用户体验在所有设备和平台上实现统一且保持高质量，也是个不小的挑战。企业应保持每个平台的反应时间相同，确保内部系统可以向用户请求做出快速回应，避免预订系统依然显示半秒前已售罄的产品的库存。

当合适的技术已落地，企业接下来可以做的是，以前所未有的速度对顾客日趋增长的需求做出回应。这将使得企业可以通过顾客选择的渠道，在顾客需要的时候向他们提供所需的服务。

当企业在更多的设备获得的流量越来越多，企业面向顾客的应用需要打造一个多平台的环境，此外还需考虑提供支持这些应用的网络。毕竟，随着数据容量指数式地持续扩大，这些网络不得不反应敏捷且规模化。

三、会跑之前先学会走

现在正处于数字变革的中期阶段，消费者需求和购买习惯已发生不可逆的变化。为了保持竞争力，旅游品牌需要理智地对新技术进行投资，以此在现阶段和未来紧跟这些变化，实现数字变革。然而，在做数字变革投资前，企业需充分考虑如何才能满足企业的目标，而不是因为每个人都在做而盲目地追随最新技术、盲目地买买买。

技术正在快速进化，企业需要密切关注，但必须要在会跑之前先学会走。

(资料来源：http://www.sohu.com/a/191230398_790915)

二、旅游电子商务的特征

旅游电子商务具有以下五个基本特征。

(1) 旅行社电子商务(ETA)的主体或"载体"是旅行社或旅行中介服务机构(Travel Agent)。

(2) 旅行社电子商务(ETA)的核心是一系列规范的业务流程(Business Procedure or Work Flow)。

(3) 旅行社电子商务(ETA)的基础是互联网技术(Internet)和万维网(World Wide Web)技术的应用。

(4) 旅行社电子商务(ETA)的创新竞争力在于在线旅游服务模式(OTA)；这种服务模式的最大特点是在线、即时地为旅游者服务，在时空上体现出快捷和便利。

(5) 旅行社电子商务体系是一个人—机结合的系统。其中涉及企业运作的各个层面(产品设计、市场营销、企业管理 MIS、客户管理 CRM、资源管理 ERP、供应链管理 SCM)，绝对不只是一个纯粹的"机器人"计算机系统。所谓的"鼠标+水泥"或"传统业务+现代手段"只是一种通俗的说法。

三、旅游电子商务的应用层次

从应用层次来看，旅行社电子商务可分为两个层次。

(一)面向市场，以交易活动为中心

旅游企业外部电子商务，包括促成旅游交易实现的各种商业行为，如网上发布旅游信息(包含网络旅游新闻媒体)、网上广告宣传、旅游市场调研和实现旅游交易的电子贸易活动——网上旅游洽谈、售前咨询、网上旅游交易、网上支付、售后服务等。

(二)利用旅行社业务流程重组和内部网络平台建设而形成经营管理活动

实现旅游企业内部电子商务,包括旅游企业建设内部网络和数据库,利用计算机管理系统实现旅游企业内部管理信息化。可以预见的是,发展到成熟阶段的旅游电子商务,将是旅游企业(机构)外部电子商务和内部电子商务的无缝连接,这将极大地提高旅游业的运作效率。在这一方面,区别于传统意义的、连接内部数据库系统和业务流程的新型呼叫中心和 B2C 网站,是极好的运作示范典型。

四、旅游电子商务模式

从类别上看,旅行社电子商务既有 B2B(Business-to-Business,网站对交通、住宿、景点等旅游同行企业),也有 B2C(Business-to-Consumer,对游客),以及 C2C(Consumer-to-Consumer,游客自行组团)等模式。具体来说,目前旅行社涉及电子商务的模式大概有以下三种。

(1) 和携程、美团这类在线的 OTA 或者一些团购平台签约合作,成为他们的产品提供商。这种模式的好处是投入成本低,关联业务,能够快速部署。但缺点是没有品牌展示机会、利润较低、竞争大、资金周转压力大,而且这其实是一种伪电子商务,因为落实电子商务的主体,并不是旅行社本身,而是这些合作平台。

(2) 选择成熟旅游平台开网店。例如,飞猪旅行、途牛等,这种模式的好处是开发周期短,能够快速实现,而且投入低、流量高、快速享受平台红利,较容易赢得消费者的信任,转化情况比较理想。缺点是品牌独立性不强,用户需与全平台共享,而且有各种平台的进入门槛和规则限制,这种模式其实也只能算是电子商务的简单入门,也不能算是真正的电子商务。

知识拓展 6-5 见右侧二维码。

(3) 旅行社自建网站+APP+微信小程序推广。这种模式的好处是可以自创品牌或者延续品牌,并且可以展开自有用户积累。缺点是需大量资金注入和人力投入、开发周期长,并且可能还要忍受前期流量低、转化低的情况。但即便如此,这个模式目前看来还是比较成熟的旅行社电子商务形式。

知识拓展 6-5

知识拓展 6-6

2018 年在线旅游:市场向左 OTA 向右

艾瑞咨询发布《2018 年中国在线旅游行业研究报告》,数据指出 2018 年在线旅游市场交易规模突破 1.48 万亿元,相较于 2017 年的 1.17 万亿元,同比增长 26.3%,再创历史新高。

从 1999 年的孕育初生，到 2003 年携程的成功上市，再到如今 OTA 市场四派鼎立的分布格局，多年来在线旅游行业通过不断整合线下流量，结束了传统旅游只依靠传单、呼叫、坐店的形式，形成了以产品细分、平台内容、资源整合为盈利模式的完整行业网络。但随着互联网人口红利的逐步消失，在线旅游行业增速也相应放缓，进入了一个相对稳定增长的局面。

回顾 2018 年中国在线旅游产业，在整体市场规模逐渐壮大的背景下，红与黑并存：从小程序中跑出来的同程艺龙喜迎港股敲钟，而上市多年的前辈携程却在 Q3 季度遭遇财报亏损；随后曝出的马蜂窝游记造假，花总手撕五星酒旅卫生等负面事件，亦给在线旅游市场增添了几道阴霾。此外，以 Booking 为代表的国外在线旅游平台也在一旁觊觎国内市场，跃跃欲试准备深入布局……

在此，互联网视阈将通过公开数据，结合上中下游发展情况，对 2018 年中国在线旅游产业的发展进行一次回顾与梳理。

上游：出行市场已经成熟，住宿度假发展潜力较大

目前我国在线旅游产业链条主要分为三个部分，其中上游主要为航空、铁路、酒店等供应商。从供给法则来看，上游资源的供应规模情况能够反映出在线旅游市场需求，如图 6-1 所示。

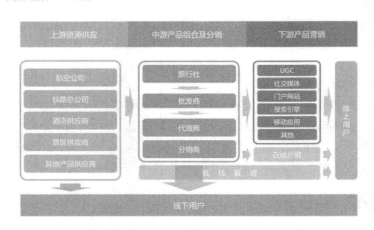

图 6-1　2018 年中国在线旅游产业链条

根据艾瑞咨询数据显示，2013—2017 年，中国旅游市场人数及支出规模保持稳定增长，旅游人数由 33.6 亿人次增长至 51.4 亿人次，同期支出规模由 3.1 万亿元增至 5.3 万亿元。在 2018 年，分别达到 56.4 亿人次与 6 万亿元。

在中国整体旅游行业逐步壮大的背景下，供给需求两端的互联网化程度也得到了迅速提升，从而推动了旅游行业的在线化率。

2013年，中国在线旅游市场在线化率仅为10.6%；到2017年，在线化率已增长至31.5%，增幅高达20.9个百分点；2018年，在线旅游市场渗透率再次提升至36.9%，创下历史新高，且未来也有逐步提升的趋势。

从在线旅游各细分市场来看，主要包括在线机票/火车票预订、在线住宿预订、在线度假预订、其他旅游产品和服务等。目前，机票(83.1%)、火车票(75.9%)市场的在线化程度已达到较高水平，而住宿(35.7%)和度假(暂未披露)市场仍有较大的发展空间。

其中机票是中国在线旅游市场中发展最为成熟的板块。近年来随着消费者旅游观念的改变升级，高效快捷的机票成为选择上的宠儿。再加上在线度假及其他品类业务的上升，以及中国民航"提直降代"政策(即各大民航陆续降低直至取消"后返"和代理费)，优化了用户体验，帮助各大航司利润增加，以及市场份额的提高。

数据显示，2018年，中国在线机票市场交易规模达到5969.1亿元，同比增长24.1%；预计2019年交易规模达6952.0亿元，同比增速至16.5%，后期将进入一个持续稳定的增长局面。

相较于在线机票市场已经进入成熟发展的后期阶段，在线火车票市场增长则更为强劲。这一情况主要归功于国内高铁的快速普及带来的交易量，截至2018年11月，我国高铁营业里程已达2.9万公里，是全球高铁里程最长、运输密度最高的国家。艾瑞数据显示，2018年中国在线火车票市场交易规模达4091.5亿元，同比增长24.0%；2019年，在线火车票市场交易规模增至4850.7亿元，同比增长18.6%，增速高于在线机票市场。

在线住宿与度假市场虽然没有达到机票火车票的高在线化率，但却是拥有更多挖掘空间的"潜力股"。数据显示，2018年中国在线住宿市场交易规模达2230.0亿元，同比增长22.6%；在线度假市场自营类交易规模达1258.5亿元，同步增长28.6%，两者后期增速高于机票、火车票在线市场。而随着生活水平的提高，以及民宿、度假酒店等酒旅业态在线销售渠道的拓展，都将带动公众的消费意愿。

可以预测，未来几年内在线住宿、度假市场迈向服务升级、产品多元、深耕品质的时代，交易规模迎来快速增长。

中游：四派鼎力，OTA业内竞争激烈

2018年以来，虽然国内在线旅游市场上游大盘稳步发展，但中游OTA企业的市场环境并不乐观。先是以携程为代表捆绑销售、退改签费用高等问题受到舆论质疑，再是各大民航提直降代政策的推进、酒店集团收紧OTA报价，给国内OTA企业造成了不小的压力。而在此背景下，OTA业内竞争更为激烈起来。

从目前来看，整个国内OTA市场主要玩家已形成四派竞争格局：同程艺龙、携程去哪儿、阿里飞猪、美团旅行。作为OTA行业里最后一家上市的公司，同程艺龙走上了一条完全不同的路——依靠微信生态,迅速成长为"小程序第一股"。

2018年6月21日,同程艺龙向港交所提交了上市招股文件,而这距离两家公司合并仅仅过去3个月时间。根据招股书数据,2017年同程艺龙联合收入52.3亿元、净利润6.86亿元。

同程艺龙头冠"小程序第一股"C位出道,很大程度上得益于腾讯为其提供的流量入口。这点可以从同程艺龙的扭亏日期看出:2017年以来,微信九宫格流量红利抓紧爆发,同程艺龙以"火车票机票"和"酒店"入驻微信九宫格、小程序,来自腾讯平台的活跃用户从2017年的7960万增长到了2018年上半年的1.23亿和三季度的1.68亿。

2019年1月5日,在专业小程序统计平台阿拉丁举办的从业者年会上,宣布同程艺龙荣获2018年度最佳小程序大奖。在9月份首次实现"登顶"后,同程艺龙在10、11、12月份牢牢占据月度榜单第一的位置,实现了微信小程序的"四联冠"。

同程艺龙是TOP5榜单中唯一的旅游类小程序

背靠腾讯获利自然值得艳羡,但业内也质疑,认为同程艺龙内容板块较弱,对"腾讯系"依赖过强,再加上营收主要来自于交通住宿,相比较其他OTA企业,缺少业务护城河。

从业务分类来看,两者合并前交通业务占同程自身总营收的91.2%,而酒店业务占艺龙自身业务的93.8%,显示两者有很好的业务互补性。合并后两大业务分别占到了整体业务48%和47%,仍然是最主要的营收来源。长期以来,同程艺龙主打廉价酒旅,其85%的用户来自非一线城市,微信端入口的提供降低了它的获客成本,从发展角度来看,短期内同程艺龙仍会"抱紧"腾讯大腿。

几家欢喜几家愁,11月26日同程艺龙喜迎上市敲钟,携程却在发布Q3财报后遭遇久违的财报亏损。

根据携程Q3财报显示,当季度的营业收入为94亿元,同比上升15%。但营业收入不断上升的同时,携程的净利润却在下降:Q3季度归属公司股东的净亏损为11.4亿元,而上年同期的公司股东净利润则达到12亿元。这也是自2016年2季度以来,携程财报首次出现亏损。亏损财报一经披露,资本市场迅速做出反应。当天美股交易中携程股价暴跌19%,其后数日连续下滑,股价和市值较2018年6月高点已经腰斩。

归纳其亏损的主要原因,就是机票交通业务。近年来,随着国内航空"提直降代"政策的逐步推进,让OTA曾经高利润的机票交通业务日益规范,灰色利润空间极大减小。

对于携程而言,机票业务作为核心业务占据了半壁江山,影响最为严重。根据2017年财报,携程当年总营收为268亿元,其中交通业务收入为122亿元人民币,同比增长38%,几乎是总营收的一半。而携程2018年Q3财报显示,该季度交通业务收入为36亿元,占总营收的38%,且同比增长6%,相较于酒店预订营业收入的21%和旅游度假业务营业收入的28%,下滑明显。

对于以携程为代表的 OTA 公司来说,即使机票交通业务利润空间被极大压缩,但仍然有无法舍弃的理由。这是因为"机票是旅游度假产品不可或缺的组成部分,如果不做会降低旅客服务体验,降低客户黏性和忠诚度"。

对于机票交通业务的流失现状,携程将转型方向放在了产品营销与研发业务上。从 2018 年 Q3 财报可以看到,携程的营销费用和研发费用分别高达 27 亿元和 25 亿元,同比增长均为 14%。相比之下,管理费用为 6.88 亿元,仅增长 2%。除去内部调整,携程这一转变也映射出其对于外界新竞争对手的顾虑。

随着中国在线旅游市场规模的逐渐壮大,阿里、美团也陆续加入 OTA 战局。2016 年 10 月,阿里重新发力旅游,将阿里旅行进行品牌升级,同时改名为飞猪,依靠阿里的数据和流量优势,短时间内与小猪短租、万豪酒店等企业达成合作;2017 年 4 月,美团打出新品牌"美团旅行",在机票、酒店、非标住宿等方面进行布局。2017 年 10 月,美团获得国际 OTA 巨头 Bookin 的 4.5 亿美元投资。

面对自带流量入场的强大新人,原本被携程一口咬下的市场开始逐渐被吞噬。以酒店业务为例,美团凭借其自身的团购基因,在中低端机酒店市场占有率较高,恰好填充携程的空白领域。根据 Trustdata 发布的《2018 年 Q1 中国在线酒店预订行业发展分析报告》显示,2018 年 3 月份美团酒店以 2270 万的单月间夜量首次超越携程、去哪儿、同程艺龙的总和,第一季度订单量高达 5770 万。

结合中游领域的现况,表面来看是 OTA 们的激烈竞争,意图尽快提高在线市场占有率,实质上却是 BAT 巨头们资本的疯狂涌入。但在这一急于扩张的过程中,整个行业对于下游质量方面的把关就容易被忽视。

下游:负面舆论笼罩,GMV 救不了公信力

10 月 20 日,一篇名为《估值 175 亿的旅游独角兽,是一座僵尸和水军构成的鬼城?》的文章在网络上刷屏,文章指出,马蜂窝平台"存在大量点评数据造假、抄袭同行的内容",并且"从携程、艺龙、美团、Agoda、Yelp 上抄袭搬运了数千条点评,合计抄袭 572 万条餐饮点评,1221 万条酒店点评"。

此消息一出,对于整个以在线旅游市场产品营销为主的下游领域都产生了不小的震荡。马蜂窝上线于 2006 年,被称为是"全球旅游消费指南",以真实点评、攻略整理为特色优势,覆盖全球 200 多个国家和地区、1 亿位旅行者、92 万家国际酒店。近年来开展电商直销业务,在 APP 上线了酒店、旅行商城频道,直接提供机票购买、旅游线路、酒店预订等消费路径。而对于熟悉马蜂窝调性的用户来说,阅读真实评价成为促使消费的判断标准。如果此次抄袭事件为真,马蜂窝此举很有可能是为了吸引消费者下单。

但对于此次抄袭事件的负面舆论,马蜂窝回应称"是有组织的攻击行为",在随后几天陆续对"造假点评"进行删帖,并没有拿出自证清白的有力说明。

抄袭事件曝出的 4 天后,有消息称马蜂窝即将完成腾讯领投的高达 20 亿美元的 D+轮融资。而对于抄袭事件是否会影响估值及融资进程的质疑，马蜂窝有关负责人在公开场合表示，该事件不会影响公司正常运营，上市进程正常推进，马蜂窝两到三年内将完成赴美IPO。

至此，这场造假疑云不了了之，资本市场的强势支持证明了马蜂窝GMV的分量。但在公众眼中，马蜂窝此次负面舆论，无疑使得公信力大打折扣。

好景不长，10月马蜂窝造假事件对于消费者仍有余慑时，11月花总手撕五星酒店卫生的视频又被送上了各大社交平台头条。

视频中，五星酒店的服务员用浴巾和方巾擦洗手台，用同一块抹布既擦马桶又擦杯子……四季、喜来登、香格里拉等酒店品牌均未幸免。公众错愕：原来哪怕是高级酒店品牌，也不能为基本的"干净"二字背书。

而随着花总事件的不断发酵，引发了消费者对于中游OTA们的投诉甚嚣尘上。2018年12月初，北京市文化和旅游局自正式挂牌成立后首次对旅游行业10家OTA巨头进行行政约谈，携程去哪儿、同程艺龙、美团旅行、阿里飞猪等主流OTA平台皆在被约谈之列。此次约谈主要针对OTA平台在线预订承诺不兑现、退款不及时、电子合同签订不规范等方面投诉。

据旅游投诉3·15平台10月投诉数据显示，共收到有效投诉129条，其中涉及在线旅游企业的投诉108条，占总投诉量的83.7%。在线旅游企业投诉中，涉及去哪儿网的投诉最多，占在线旅游企业投诉总量的53.7%；携程旅行网和飞猪并列第二，占投诉总量的12%；途牛旅游网和马蜂窝排第三，占投诉总量的5.6%。

关于此番彻查，主要是由于在整个在线旅游市场庞大背景之下，各家OTA野蛮生长时期相互打压、低价竞争造成的恶果。至此，整个2018年下半年在线旅游市场似乎都被笼罩在负面舆论的阴影下。

思考：中国在线旅游市场路在何方

综合以上对于中国在线旅游市场的分析，可以看出整体上游大盘仍然处于稳步扩张的阶段，不管是出行，还是住宿度假，都说明公众对于在线旅游的观念已经逐渐成熟。但由于国家"提直降代"规范政策的出台推进，对于中游分销商OTA造成了较大的行业动荡，除去以携程、同程艺龙、飞猪、美团为代表的第一梯队，其他大批中小型票代在这场行业变革中迎来了被收购或倒闭的结局。

但市场终究需要良币驱动才能保证长久发展，在这场变革的阵痛之下，积极转型应对的OTA公司将会在未来拥有更多的话语权。但凡事皆有利弊，OTA在这场变革中破茧成蝶固然是好，但在急于扩张的过程中给下游市场造成的负面事件，则使得其在公众心中的公信力大打折扣。

归根结底，在线旅游市场这块蛋糕自然是诱人，但如何优雅地吃下这块蛋糕，在迎合上游供应量的同时，也可以满足下游消费者的需求，很大程度需要中流砥柱OTA们的规范整顿。

不过巨头割据，蒙着眼跑马圈地的日子不会一直纵容下去。据悉，针对此前各级政府在监管OTA过程中存在的法律法规依据不足问题，目前国家文化和旅游部已起草《在线旅游经营服务管理暂行办法》征求意见稿，并已完成向各省市征求意见。这场变革最终能否将在线旅游市场驶向良性持久的发展状态，唯有静静期待。

(资料来源：http://www.lvjie.com.cn/distribution/2019/0112/10437.html.)

项 目 小 结

人力资源是当代旅行社经营管理中最重要的资源。本项目由人力资源的特点入手，阐述旅行社人力资源管理工作的概念和人力资源计划、招聘、培训、绩效管理、薪酬设计等具体的人力资源管理工作。旅行社为了保证和提高产品质量，综合运用一整套质量管理的体系、思想和方法进行旅游服务质量管理活动。具体而言，旅游服务质量管理是旅行社各个部门和全体员工同心协力，把服务技术、经营管理、数理统计等方法和职业思想教育结合起来，建立从市场调查、产品设计、制定标准、计划执行及过程控制、检验、销售、服务及信息反馈等产品生产销售全过程的质量保证体系。旅游电子商务以一整套的、基于互联网技术的、有着规范的业务流程提供旅游中介服务，形成了一种独特的在线旅行服务模式体系。

思考与练习

一、单项选择题

1. 旅行社质量管理的特点是(　　)。
   A. 全面性　　　　B. 科学性　　　　C. 预防性　　　　D. 以上皆是
2. 旅行社员工的薪酬不包括(　　)。
   A. 工资　　　　　B. 奖金　　　　　C. 小费　　　　　D. 福利
3. 旅行社和相关部门的硬件设施设备、服务设施的外观、宣传品的摆放和员工的仪表仪容属于(　　)。
   A. 可靠性因素　　　　　　　　　　B. 快速反应性因素
   C. 有形因素　　　　　　　　　　　D. 保证性因素
4. 旅行社电子商务(ETA)的核心是(　　)。
   A. 旅行社　　　　　　　　　　　　B. 一系列规范的业务流程

C. 互联网技术 D. 在线旅游服务模式

二、多项选择题

1. 旅行社员工培训的意义体现在( )。
   A. 提高员工的职业能力 B. 改善旅行社的工作质量
   C. 消除职业枯竭感 D. 有利于留住优秀人才
2. 影响旅游服务质量评价的因素有( )。
   A. 有形因素 B. 可靠性因素
   C. 快速反应性因素 D. 临时性因素
3. 员工培训的方式有( )。
   A. 课堂讲授 B. 案例研究
   C. 情境培训 D. 示范法
4. 旅行社的内部质量评价标准包括( )。
   A. 旅游线路安排合理
   B. 保质保量地提供接待计划预定的各项服务
   C. 保证旅游者在旅游过程中的人身及财产安全
   D. 旅游景点的服务

三、名词解释

1. 人力资源规划
2. 服务质量
3. 员工培训
4. 薪酬
5. 旅游投诉
6. 电子商务

四、简答题

1. 旅游人力资源规划有哪些程序?
2. 旅行社员工招聘的来源有哪些?
3. 旅行社薪酬体系的特点是怎样的?
4. 简述旅游服务质量管理的内容。
5. 旅游服务质量管理有什么特点?
6. 如何进行旅游服务质量管理?

五、论述题

由于信息技术的高速发展,旅游电子商务的发展也日新月异,请你阐述旅游电子商务未来的发展趋势，以及旅行社应该采取的应对策略。

六、案例分析

2017年7月，游客黄先生一家桂林—阳朔4日自助游。在桂林汽车站买票去阳朔时，遇到路边揽客的天天游旅行社人员，旅行社人员称可以"乘坐游轮竹筏游玩漓江，从桂林沿水路到阳朔"，并确保说游漓江2个半小时，加上路程共需3个小时。黄先生一家原本打算第二天游玩漓江。听了旅游人员介绍后，便交纳了400元费用(2大1小)参加了当地旅游团。

交费后，旅行社把黄先生一家送上了一辆"桂林—草坪"的中巴客车。在乘坐2个小时的中巴后，到达桂林草坪码头，码头人员告诉黄先生一家，游漓江行程是"草坪—草坪"，即沿途游玩40分钟后，再从草坪码头上岸乘坐巴士车送往阳朔。因一艘船可乘坐4人，码头工作人员要求黄先生一家补差价40元。黄先生一家发觉被骗，便与旅行社交涉，要求退返费用，送他们回桂林。但码头工作人员要求黄先生一家交纳桂林到草坪车费，并自己购买回桂林的车票。明知被坑，考虑人身安全，无奈之下，黄先生一家被迫选择游玩。原本承诺的游漓江也被缩减至半小时。

游漓江后，黄先生一家又被安排大巴车送往阳朔，上车后才发觉大家都是被骗的，而且价格不一，90~200元不等。就这样，原本承诺的3小时游程最后花了5个小时才到达阳朔。

思考：针对案例的情况，假如你是旅游主管部门工作人员，应该如何处理这些现象遏制损坏旅游城市形象的行为？假如你是游客，应该如何甄别正规旅行社和山寨旅行社？如何避免自己利益受损？一旦发觉自己被骗后，如何采取正当手段维护自身利益？

七、实训题

2017年8月，游客吴先生一行3人，参加了中国国旅某旅行社的8月1日上海5日游团(苏州、杭州、南京、黄山四个地方)。根据中国国旅行网上信息，该团为纯玩团。结果8月3日在杭州导游将游客带进了一家丝绸店，要求购物。同时，大大缩短了其他景点的游览时间。根据团行程说明，该团没有自费景点，8月4日，在苏州，导游却说增加了2个自费景点，要求游客交了400元自费景点费用。8月5日因为行程沟通问题，导游直接把他们扔在苏州，不管游客。客人打电话投诉到旅行社，旅行社将如何处理这个投诉？

1. 实训项目：旅游投诉处理。
2. 实训目标：学生通过投诉的角色模拟，更能直观地了解和掌握旅游投诉处理的流程和技巧，提高学生实际工作能力。
3. 实训指导：
(1) 指导学生掌握旅游投诉处理的流程。
(2) 帮助小组同学学习旅游投诉的处理技巧，掌握相关的法律法规。

4. 实训组织:
(1) 把所在班级学生分成小组,每组 4~5 人,确定组长,实行组长负责制。
(2) 将学生分为游客和旅行社工作人员,进行角色模拟。
(3) 完成投诉处理方案,在课堂上进行讲解交流。

5. 实训考核:
(1) 根据每组所写报告,由主讲教师进行评分和点评,占比 50%。
(2) 课堂讲解完后,由 4 个小组各给出一个成绩,取其平均分,占比 50%。